钱穆传

杨明辉 著

江苏人民出版社

图书在版编目（CIP）数据

钱穆传 / 杨明辉著. -- 南京：江苏人民出版社，2019.3
ISBN 978-7-214-23341-7

Ⅰ. ①钱… Ⅱ. ①杨… Ⅲ. ①钱穆（1895-1990）—传记 Ⅳ. ①K825.81

中国版本图书馆CIP数据核字（2019）第063756号

书　　　名	钱穆传
著　　　者	杨明辉
责 任 编 辑	朱晓莹
装 帧 设 计	末末美书
版 式 设 计	张文艺
出 版 发 行	江苏人民出版社
出版社地址	南京市湖南路1号A楼，邮编：210009
出版社网址	http://www.jspph.com
印　　　刷	天津光之彩印刷有限公司
开　　　本	880毫米×1230毫米 1/32
印　　　张	9
字　　　数	210千字
版　　　次	2019年6月第2版　2019年6月第1次印刷
标 准 书 号	ISBN 978-7-214-23341-7
定　　　价	49.80元（精装）

目录

第一章

读书种子

一、七房桥的传说 002

二、书香未断的家世 004

三、父亲的士大夫形象 008

四、保留几颗读书种子 011

五、新式小学的启蒙 013

六、常州府中学遇恩师 018

第二章

乡村小教师

一、初登讲坛 028

二、十年自学苦读 030

三、终生受益的静坐 035

四、探索新式教育 038

五、初试牛刀的著述 044

第三章
中学教国文
　　一、厦门集美学校 050
　　二、无锡第三师范 053
　　三、苏州中学 058
　　四、考订先秦诸子生平 064
　　五、初识胡适 066
　　六、伯乐与千里马 068

第四章
北大讲历史
　　一、燕大印象 074
　　二、执教北大 077
　　三、"北胡南钱" 086
　　四、出版两部力作 088
　　五、结交学界名流 093
　　六、畅游北平书海 104
　　七、游览名山大川 108

第五章

辗转西南

一、西南联大 **114**

二、编著《国史大纲》**121**

三、入蜀讲学 **131**

四、转向文化研究 **140**

五、昆明五华书院 **145**

六、无锡江南大学 **150**

七、1949 年的选择 **156**

第六章

香港办大学

一、创办新亚书院 **162**

二、因祸得福结良缘 **169**

三、香港中文大学 **178**

四、拒签《文化宣言》**185**

五、与港台新儒家的分歧 **190**

六、耶鲁大学名誉博士 **201**

七、毅然引退 **210**

第七章

定居台湾

- 一、台北素书楼 216
- 二、迟来的"院士" 220
- 三、"当代朱子" 229
- 四、弦歌不辍 233
- 五、八十忆亲友 239

第八章

隐入历史

- 一、现代中国的士 250
- 二、告别杏坛 252
- 三、最后的澈悟 254
- 四、落寞中离世 259
- 五、归葬故里 266
- 六、不朽的生命 270

主要参考书目 275

第一章 读书种子

钱先生自幼以中国读书人之本色,独立苦学,外绝声华,内无假借,30年来,学问局面一步开展一步,而一直与中国甲午战败以来之时代忧患共终始。——唐君毅钱穆（1895—1990），原名恩鑅，民国元年（1912）改名为穆，字宾四，笔名公沙、梁隐、与忘、孤云等，晚号素书老人、七房桥人。中国现代著名历史学家，国学大师。江苏无锡人，世居无锡县荡口镇南延祥乡七房桥村。关于七房桥的由来，有这么一个传说。

一、七房桥的传说

无锡县东南有一条不起眼的小河，叫作啸傲泾。明朝时，啸傲泾的北岸住着一户钱姓人家。他们的远祖可以追溯到五代十国时期的吴越王钱镠。如今，他们通过经商成为这一带的巨富，拥有啸傲泾两岸良田十万亩。

然而，这户人家父母已故，又无子女，只有夫妇二人。男主人才三十左右，却患有阳气衰虚之病，面色淡白，少气乏力。远近的名医请了不少，也用了不少名药，却丝毫不见起色。

眼看丈夫的病越来越重，妻子终于鼓起勇气说："我心中有个想法，一直想跟你说，怕你不听，反过来怪我。"丈夫说："我已经身患重病，你的话能听自然会听。如果实在不能听的话，也不会怪你。"

妻子说："你的病看来不是吃药可以治好的，唯一的办法是长年静养。我已经把西边的别院整治好了，希望你一个人在里面安心静养三年，家里的事都交给我。我在院门上开了一个小门，一日三餐就送到小门里，你听见摇铃声就可来取。一个人住开始可能会寂寞，十天半个月后就习惯了。万一家里有事，你仍然可以出来处理。我曾经把这个想法问过两个医生，他们都说可以一试。"丈夫听完，慨然同意了。

被誉为药王的孙思邈曾经说过："凡大病治病，必当安神定志，无欲无求。"清心寡欲的长年静养，果然是祛病强身的不二法门。三年过后，当妻子怀着紧张的心情打开院门把丈夫接出时，发现丈夫竟然病态全消，精神奕奕。高兴之余，妻子郑重地对丈夫说："自从你静养以后，我就在佛前发誓，要终生吃素，独处一生。但为钱家的子嗣考虑，我已经为你物色了两个善良又宜男的女子，教导她们已有两年，你与她们同房，便可无后顾之忧了。"

常言道，不孝有三，无后为大，丈夫只能勉强答应了。后来生下七个儿子，为他们在啸傲泾的北岸分别建造了七座豪华的大宅院。每一宅院都是七进，每进都是七开间。七房骈连，东西一线，极其气派。又在啸傲泾上建了一座桥，取名"七房桥"。以后这个钱姓人家便在七房桥一带繁衍开来，发展成为一个家族聚居的大村落。

由于七房中人丁衰旺不一，贫富逐渐分化。虽然各房开始各分得良田一万亩以上，但几代、十几代以后，人丁兴旺的必然每家愈分愈少，也就愈来愈穷，而人丁稀少的则能长保其富。

七房中长房人丁最旺，到清朝后期一度出现五世同堂、其乐融融的局面，但经济情况却每况愈下。尤其是经过太平天国之乱后，"东南到处有啼痕"，长房更加衰败了。到钱承沛这一代时，已经不占一尺之地，沦为赤贫。

虽然家道中落，但钱承沛依然爱子如命，经常对人说："我得一子，就像别人增田二百亩一样高兴。"就在这种强烈的企盼中，1895年7月30日，钱承沛的第二子，也是本书的传主——钱穆先生出生了。

在中国这个信奉天人感应的国度里，伟大人物出生时都会有不同寻常的征兆。钱穆出生时的异象，就是整整哭了三天三夜。父亲一直把他抱在身上哄着，对妻子说："此儿当命贵，误生吾家耳！"

此时离中国甲午战败、割地赔款才三个多月。不知小钱穆是为北洋水师永远沉入海底而哭，是为中华民族的奇耻大辱而哭，还是为中国传统文化的巨舰即将沉没而哭？

二、书香未断的家世

七房桥钱家向来以诗书传家。祖上有人在南京中过举，做过官，有一批贡生、廪生和监生，但都称不上显赫。到了清朝末年，随着大家族的衰败，全族中实际上只有五世同堂的长房书香未断，也就是钱穆的曾祖、祖父这一支。

钱穆的曾祖父绣屏公，国学生。钱穆的祖父鞠如公，邑庠生。祖父中年体弱多病，年仅37岁即辞世，留有一本手抄《五经》。全书首尾正楷字，一笔不苟。墨色浓淡，也前后如一，就像同一日所写。因为祖父患有眼疾，抄写《五经》时常常眼泪滴下，所以纸上泪渍斑斑。钱穆幼年时，和哥哥还读不懂《五经》经文，却喜欢拿此书翻看，想象祖父握笔抄经时的情景，怀想无已。

祖父还留下大字木刻本《史记》一部，五色圈点，并附批注，眉端行间皆满。钱穆从识字开始阅读的第一本史书，就是祖父留下的这本《史记》。后来随着读书渐多，钱穆才知道祖父对此书的圈点，大体采用归有光和方苞的评点本，批注略似《史记菁华录》，都可以增加人的智慧。

这部《史记》对钱穆治学深具启蒙作用。他说:"余自知读书,即爱《史记》。皆由此书启之。"多年以后,钱穆在台北中国文化大学为博士班讲授"中国史学名著"课程时,独为《史记》一书开讲三个课时,并反复向学生强调《史记》背后司马迁其人之伟大,足见钱穆对此书的重视。由此也可见孩童时代一部好书对人成长的深远影响。

钱穆的父亲承沛公,字季臣,清同治丙寅年(1866)生。自幼聪慧过人,有"神童"之称。他从小发奋苦学,由于家贫无书房,就在老宅的破屋中读书,寒暑不辍。夏天晚上为防蚊虫叮咬,把双脚放入两个空酒瓮中,苦读如故。由于读书专心,虽然每天深夜有家人喊他回去睡觉,但第二天早晨问他,竟然不知道昨晚是谁喊他。

16岁时,钱承沛以县试第一名考上秀才。但也许是命运多舛,后来三次赴南京参加乡试,都因体弱多病而在考场中病倒,未能完成考试就被迫退出。

生死有命,富贵在天。钱承沛从此绝意仕途,无意功名,在七房桥设馆授徒。虽然他科举不第,但才名很高,远近前来求学的,前后有四十多人。可惜经他指导的得意学生,也都未能高中。他因此就不再招收学生,把教育的厚望放在子女身上,希望他们"学而优则仕",完成自己的未竟之业。

钱承沛对子女的教育,主要是进行启发式教育,善于调动孩子的学习积极性。他很少从正面进行直接的教诲,更不会板起脸来训斥。如果子女犯了错误,主要是从侧面进行启发和引导,让子女自己醒悟错在哪里。这就是古人所说的:君子之教,喻也。意思是说,君子的教育方式,重在启发诱导。

后来钱穆的侄子钱伟长在回忆这种教育方式时说:"我们钱家有一家风是好的,长辈教育孩子,从不疾言厉色,更不打骂,而是示范、启导、熏陶……祖祖辈辈都鼓励读书上进，学业有成。"（转引自印永清：《百年家族——钱穆》，第62页）可见，钱家人才辈出并不是偶然的。

钱穆无疑是这种教育方式的受益者。他七岁入私塾，不仅记忆力绝佳，而且悟性极高。每天学习生字三四十，后来增加到七八十，都能强记不忘。有一次，父亲来检查功课，正好钱穆在读朱子的《大学章句·序》，当他读到"及孟子没"时，父亲指着生字"没"问："你知道这个字的意思吗？"钱穆答："如人落水，没头颠倒。"父亲又问："你何以知道没字就是落水？"钱穆答："我是根据字旁的三点水猜测的。"父亲大惊，摸着他的头说："这孩子或许前生读过书。"

聪明的孩子难免会骄傲。在钱穆9岁那年，他到父亲常去的鸦片馆玩时，有个客人忽然对钱穆说："听说你能背诵《三国演义》，是真的吗？"钱穆点了点头。又有一个客人说："今晚可以给大家表演一下吗？"钱穆又点了点头。于是有客人让钱穆背诵《三国演义》中非常精彩的"诸葛亮舌战群儒"那一段。

小钱穆并不怯场，一边背诵一边揣摩人物的个性进行表演。表演诸葛亮时，站在一处，配以相应的动作；表演张昭等人时，又站在另一处进行表演。背诵完毕后，客人们纷纷举起大拇指向父亲夸奖钱穆，但父亲只是淡淡一笑，一言不发。小钱穆因受到表扬而沾沾自喜。

第二天，父子俩在去鸦片馆的路上经过一座小桥时，父亲问钱穆："你认识桥字吗？"钱穆点头说："认识"。父亲接着问："桥字是什么偏旁？"答："木字旁。"父亲又问："木字旁换成马字旁，是什么字？"钱穆答："是骄字。"父亲继续问："骄字的意思你知道吗？"钱穆点着头说："知道。"父亲于是蹲下来挽着钱穆的手臂，轻声地问道："你昨晚的表现是不是有点像骄字啊？"

父亲的和声细语，在钱穆听来犹如巨雷轰顶，瞬间受到极大的震撼，心中羞愧难当。以致到了晚年，钱穆回忆起此事时，当时的情景依然恍如眼前。可以想象，假如当时父亲只是不痛不痒地提醒钱穆不要骄傲，估计他很快就会忘得一干二净。

等父子两人到了鸦片馆，客人们见了钱穆，兴致盎然地说今晚要换个题目再考考钱穆。有客人说："今晚由我来命题，就背诸葛亮骂死王朗吧。"但钱穆却扭扭捏捏，不再像昨天晚上那样主动、得意地表演了。客人们不知原因，不过也就不再勉强他了。

钱承沛晚上一有时间就会给钱穆的哥哥钱挚讲解古文和读书方法，钱穆因为年龄小，未能与哥哥同听，但常常在枕上偷偷地听。他曾听父亲教导哥哥说："读书当知言外意。写一字，或有三字未写。写一句，或有三句未写。遇到这种地方，一定要运用自己的聪明，才算把书读懂。"这样的读书方法让钱穆听得兴奋地睡不着觉。钱挚每晚要读书到11点以后才上床睡觉，而钱承沛自己仍披灯夜读，必过12点才睡。

钱承沛一向体弱多病，41岁就撒手人寰。去世后留下两本习作，都是平日所写的诗赋。多年之后，钱穆依然记得两篇赋的题目，一篇是《春山如笑赋》，一篇是《岳武穆班师赋》。

《春山如笑赋》中的景色描写，是钱穆幼年时特别喜爱的。长大后，钱穆喜欢朗诵魏晋以来文人的小品骈文，又喜爱自然山水，都是受此影响。《岳武穆班师赋》所写的岳飞事迹，也使钱穆深受影响。他说："余自幼即知民族观念，又特重忠义，盖渊源于此。至其押韵之巧，出神入化。余此后爱读宋人四六，每尚忆及先父此文。"（《八十忆双亲·师友杂忆》，第12页，北京三联1998年）

这就是所谓的家学。家学是中国历史上一种特殊的文化现象，它是由一个家族几代人共同研究一门学问，使这门学问不断发展和完善，逐步形成一种为社会所公认的学派或学说。七房桥钱氏向来以文史传家，在家学的熏陶下,钱穆在幼年便打下了良好的文史基础。

三、父亲的士大夫形象

钱承沛虽然因为家贫体弱未能踏上仕途,却一贯本着正心、诚意、修身、齐家的古训,一生实践着士大夫的传统。他为人耿直仗义,曾经为族中义庄抚恤之事据理力争,主持正义,逐渐得到族人的尊重和信赖。

义庄本是农业社会的一种善举。它由捐赠人拿出一定的田地,将田租用于慈善事业。钱氏家族的义庄制度,所谓"家富提携宗族,置义塾与公田,岁饥赈济亲朋,筹仁浆与义粟",不仅能保证族中贫困人口的基本生活,而且能够资助族中贫困但有希望的读书种子完成学业,类似于现在的"教育基金"。这是钱氏家族人才辈出的制度支撑。

七房桥全族本有义庄三所,其中以长房创建的怀海义庄最大。后来长房变得最为贫困,往往老死的没钱下葬,幼小的没钱上学,年轻的婚嫁费用无从所出,想外出就业的也缺少资金。但此时义庄由七房中富有的三房轮流管理,长房却无权过问。

钱承沛自己就是贫苦孤儿出身,所以特别同情族中的孤儿寡妇,他心想祖宗办此义庄,本来是为子孙救灾恤贫,现在族人有了困难,应该广施拯恤。但当他把这个想法告诉管理义庄的富有三房时,没人理会他。多次请求不获同意后,钱承沛一气之下向无锡县署投诉。富有三房则联合抗诉。

从七房桥到无锡县城,相距几十里。富有三房都自备大船,船中可坐可卧,后舱还可煮饭,进城非常方便。但钱承沛无船可坐,身体又弱,大清早起程,下午三五点才能赶到县城,极其劳累。知县看到他的状辞,虽然感觉理由充足,但也怀疑他年少好事。而富有三房的三个抗辩人,都是钱承沛的伯伯和叔叔,年龄都在钱承沛一倍以上,而且都温文多礼,惯于官场应酬。知县权衡再三,嘱咐双方回去和解。

没想到回去交涉几个月仍没达成协议,终于再次对簿公堂。但此次富有三房也为钱承沛的志节所感动,又同情他家贫体弱,所以招他同船进城。于是双方同船往,同船返。到了城中,他们也请钱承沛同住。但到了县衙,双方争持如故。

经过多次往返,知县慢慢开始了解钱承沛的为人。有一天,他把钱承沛叫到县衙,私下跟他说:"我多次读你的状辞,情理俱到,充满诚意。现在我准备按你的意思,将义庄判给长房管理,你意下如何?"钱承沛答:"长房中的长辈,都不熟悉庄务,恐怕不能胜任。"县官说:"那就由你来掌管。"钱承沛说:"我在长房中年纪最小,辈分最低,更不能担当此职。"县官不禁又问:"那你想怎么办呢?"钱承沛说:"我的意思是仍由富三房管理。但希望他们重新选择一人,改弦更张,使五世同堂的长房孤寡能免受饥寒。"县官问:"你认为何人掌管最合适?"钱承沛答:"二房某叔叔较合适。"县官说:"此言差矣。我看他恬澹静让,似乎不愿管此事。"钱承沛说:"正因为他不愿,所以希望由他担任。"县官高兴地说:"我明白你的意思了,我明白你的意思了。明天我再召集双方一起协商。"

第二天,县官对双方说:"同族久讼不决,绝非好事。现在我有一个办法,可满足两方的要求。"他首先对钱承沛说:"现在按照三房的意思,义庄仍由他们轮管,你意下如何?"钱承沛答:"我本意就是如此。"县官又对富三房的三人说:"现在要按照起诉方的意见,义庄重新选择一个管理者,改变管理措施,你们意下如何?"三人都点头说:"可以。"县官于是指着二房某叔说:"此事盼你能勉为其难,你意下如何?"二房某叔答:"长官为敝族事如此操心,我虽不胜任,回去后必定与起诉方好好协商解决,以报答长官的诚意。"县官说:"很好。"诉讼就此解决。

回去后,二房某叔召钱承沛商谈,请他为义庄抚恤救济的办法,制定详细条款。从此以后,五世同堂的长房幼有所养,老有所归,粗衣淡食无忧,一宅欢然。不想没过多久,受抚恤的纷纷前来诉苦,说所获的米粮品质低劣,难以下咽。

钱承沛让他们把样米带来,取两小包藏在衣袋中,前往义庄。管理义庄的账房先生上茶陪坐。但钱承沛久坐不去,只能留他午膳。等上了饭菜,钱承沛对账房先生说:"感谢您为五世同堂的贫病老弱操劳,不过这也是您的主要职责。他们贫病老弱,却是您服务的真主人。"账房先生点头称"是"。钱承沛于是拿出衣袋中藏的两小包样米,指着桌上的饭说:"这是您的真主人吃的米,和您每天吃的米,粗精之间有天壤之别。"账房先生立即道歉。从此,长房孤寡都吃上了白米。

从此以后,族中乃至周围乡间的事务纠纷,往往都来与钱承沛商量,往往得他一言而决。虽然此时钱承沛尚未满30岁,但隐隐约约已成为族长和士绅。他的言行显示了开明士绅对维护乡村社会的稳定所起的重要作用,也为钱穆树立了典型的传统士大夫形象。

在钱穆的印象中,幼年时从未见过县官下乡,七房桥的世界宁静而和谐,宗亲乡党,聚族而居,守望相助,休戚与共。如遇有邻里相争,都是在乡里协商解决,所依靠的即是一乡之士。此士必为读书通识之人,还因为品德高尚而受到大家一致认可,从而为乡党邻里评判是非曲直。在钱穆眼里,父亲便是文质彬彬的士君子。

所谓家庭是子女的第一所学校,父母是孩子的第一任老师。父亲的人格风范深深地影响了钱穆。钱穆这样评价自己的父亲,他说:

谓先父乃一中国传统士人最后具体之一例则可，谓先父乃开前古未有之局，为适应时代当时一创造人物，则又大不可……先父可谓乃中国两千五百年来士传统之最后一代，继此后乃渐不见有所谓"士"。（《怀念我的父亲》，载于《八十忆双亲·师友杂忆》，第367页，九州出版社2012年）

这无疑是夫子自道！因为从钱穆一生言行来看，这些评价完全可以套用到钱穆自己身上。因为钱穆正可谓是中国士传统的最后一代，此后"士"就转变成知识分子了。而且钱穆和他父亲一样，并不是适应时代的创造性人物，而是固守传统的文化守成型人物。

四、保留几颗读书种子

钱穆的祖父中年患肺病去世，不幸的是父亲也是刚到中年就患上严重的肺病。有一天晚上，日益病重的父亲忽然对家人说："我明天午前就要走了，今晚有些话要嘱咐一下。"他先把钱穆的母亲叫到枕边，随后又叫了钱穆的哥哥钱挚。等轮到钱穆的时候，父亲只有一句话："你要好好读书！"

就这么短短的一句遗言，钱穆奉行了一生！孔子说："父在，观其志；父没，观其行；三年无改于父之道，可谓孝矣。"（《论语·学而篇》）从这一点上说，钱穆可谓至孝。

这一年，钱穆12岁。一个历史的巧合是，在儒家最出色的大儒中，幼年丧父的比例很高。孔子3岁丧父，孟子2岁丧父，欧阳修4岁丧父，而范仲淹也是3岁丧父，张载等儒家的典范人物虽然不是幼年丧父，但也都是在13岁左右丧父。

父亲去世后，孤儿寡母，家境更加贫困不堪，可谓外无一亩之地，内无片瓦之屋。钱穆除了上面有一个哥哥钱挚外，下面还有两个弟弟。一家人只好依靠怀海义庄的抚恤为生。

亲友们出于好心，想把钱穆的哥哥介绍到苏锡两地的商店经商，但母亲宁愿忍受贫苦，也不愿意孩子辍学，她说："先夫教育两个孩子，用心良苦。我当遵照先夫遗志，为钱氏家族保留几颗读书种子，不忍心就这样让他们弃学。"

钱穆的母亲蔡氏虽然不识字，但颇知礼节，16岁时嫁给钱穆的父亲后，所言所行深为族人所敬。钱穆小时候获得的知识，主要来自母亲与哥哥的日常言谈。等后来慢慢懂事了，才知道母亲凡是和子女说话，绝非教诲，更无斥责，只是闲话家常。她的话看起来像谈琐事，像闲谈，但都有一定的启发性和针对性。

等父亲去世后，母亲对钱穆兄弟所说的话，都是以父亲的遗言遗行为主。一家人的生活虽然贫苦枯寂，但钱穆兄弟每天以多闻父亲的遗言遗行为乐事。

精神分析学派认为，童年是一个人精神生活结构形成最关键的时期。一个人童年的生活经验对他一生的精神生活结构具有决定性的影响。

父亲文质彬彬、受人尊敬的士大夫形象，以及乡村生活的温馨与宁静，都在钱穆幼小的心中烙下了深深的印迹，以至于他后来始终对中国传统文化，乃至中国传统政治充满了温情和敬意，无法忍受西化派对中国传统文化的全盘否定，也无法认同马克思主义学派所宣扬的阶级压迫和阶级斗争理论。

他越来越相信士大夫所奉行的"道"，也就是士大夫精神，是中国传统文化的精髓。尽管社会变迁,士大夫作为一个社会阶层渐渐不复存在,但此"道"或这种精神却不能废。在此后漫长的教学生涯中,钱穆常以父亲为榜样,希望能继承士大夫的精神传统,将"道"一脉相承。

五、新式小学的启蒙

幼年时候的经历,就像下围棋时最初布置的那几颗棋子,看似漫不经心,收官时却生死攸关。它们所决定的格局与大势,终究会随着时间的流逝而逐渐显现。

幼年的钱穆无疑是幸运的,他不仅有循循善诱的父母,而且在新式小学里遇到了许多有学有识、善于育人的好老师,受到了他们的诸多鼓励与启发,从而开启了自己一生的治学路向。

无锡自1895年杨宗濂、杨宗瀚兄弟创办"业勤纱厂"以来,工厂林立,成为中国近代民族工业的发祥地之一。工商业的发展,推动了教育事业的发展。经商有成的工商界人士纷纷在家乡出资办学,造福桑梓。兴学之风,席卷县城,遍及四乡,使得无锡与南通被并称为重视教育的"全国两模范县"。

尤其是1905年废除科举后,知识分子传统的"出息"之路被彻底堵死,新式教育体制开始发挥作用,新式学堂如雨后春笋般大量出现,达到了前所未有的46所,无锡因此号称"中国教育之最"。

虽然新式学堂之"新"应该是以教授西学(如外语、声光化电)为标识,但此阶段的新式学堂实际上仍以人文学科为主。无锡的地方精英和有识之士不仅通晓时局走向,而且对中国的传统文化也是珍爱有加,因此使当地的新式小学充满了浓厚的传统文化味道。

1904年，钱穆与哥哥一起考入新式小学，即无锡荡口镇的果育学校，开始了为期四年的小学生活。果育学校分高、初两级，各四年。哥哥入高级小学一年级，钱穆入初级小学一年级。当时教文史的老师不太吃香，因为宿学硕儒容易招聘到。教理化、自然科学的，则不容易聘到。而教体操、唱歌的老师尤为难得。因为这都是开风气之先的课程。

钱穆的体操老师钱伯圭（1883—1948，他也是物理学家钱临照、力学专家钱令希两兄弟的父亲，兄弟两人都是中国科学院院士），早年就读于上海南洋公学（上海交通大学前身），思想激进，同情革命。辛亥革命爆发时，他在家乡带头率全家剪长辫迎共和，并和弟弟一起到无锡参加反清武装斗争。1904年秋，他回到家乡荡口镇，协助舅公华鸿模创办果育学校。

有一天，钱伯圭拉着钱穆的手问："听说你能读《三国演义》？"钱穆答道："读过。"钱伯圭说："这种书以后不要再读。此书一开始就有天下合久必分，分久必合，一治一乱之类的话，这是中国历史走错了路，固有此态。如今欧洲英、法各国，合了便不再分，治了便不再乱，以后应该向他们学习。"

钱伯圭的这番言论对年仅10岁的钱穆来说犹如五雷轰顶，全心震撼。他晚年在《师友杂忆》中回忆道：

余此后读书，伯圭师此数言常在心中。东西文化孰得孰失，孰优孰劣，此一问题围困住近一百年来之全中国人，余之一生亦被困在此一问题内。而年方十龄，伯圭师即耳提面令，揭示此一问题，如巨雷轰顶，使余全心震撼。从此七十四年来，脑中所疑，心中所计，全属此一问题。余之用心，亦全在此一问题上。余之毕生从事学问，实皆伯圭师此一番话有以启之。

钱伯圭接着问钱穆，"你知道今天统治我们的皇帝不是中国人吗？"

钱穆第一次听到这个说法,非常惊讶,只能回答说:"不知道"。后来才知道皇帝是满洲人,自己则是汉人。钱伯圭的这番话同样给钱穆以极大的震撼。钱穆称自己"自幼就抱有民族观念,同情革命民主,也离不开伯圭师的启发"。

任何大学问家治学都有内在的驱动力量。从此,"中西文化究竟谁优谁劣?""中国民族文化究竟该何去何从?"这两个问题时时萦绕在钱穆心头。他毕生治学的主旨就是解答这两大时代问题。

教唱歌的老师叫华倩朔,名振,字树田,荡口镇人。他风度翩翩,平易近人。曾游学于日本,擅长音乐、书法、绘画,并能吟诗填词。他是全校师生共同敬仰的中心,甚至超过钱伯圭。他曾自编唱歌教科书,由上海商务印书馆出版,书中歌词浅显而描写真切,尤以《西湖十景歌》最为出名,畅销全国20余年。

华倩朔又兼任初级小学一年级的国文课。有一天,华倩朔出了一道作文题:鹬蚌相争。钱穆挥笔写下了400字的作文。等第二天早晨钱穆走进学校时,发现昨天所写的作文已贴在教室外墙上,同学们正在围观。钱穆走上前去,看到老师在自己的作文后面加了评语:"此故事本在战国时,苏代以此讽喻东方诸国。惟教科书中未言明出处。今该生即能以战国事作比,可谓妙得题旨。"针对钱穆作文的结语:"若鹬不啄蚌,蚌亦不钳鹬。故罪在鹬,而不在蚌",华倩朔的评语是:"结语犹如老吏断狱。"钱穆因此跳了一级。

华倩朔又奖励钱穆《太平天国野史》一部,是当时春冰室主人所写。钱穆生平爱读史书,从头到尾通读的,这是第一本。

升一级后,国文老师改为华山。钱穆的一篇作文,又受到了华山的表扬,因此又跳了一级。华山也奖励了钱穆一本书,叫作《修学篇》,上海广智书局出版,是蒋百里译的日本人著作。书中介绍了西欧各国不经学校而自学成才的学者几十人，一一记述其苦学的情况。钱穆自中学肄业后，能够苦学不倦，自学成才，受这本书的影响很大。

等钱穆升入高级班，国文老师改为由无锡县城聘来的顾子重。顾子重学识渊博，深得学生尊敬。他精通历史地理之学，在课堂上喜讲三国两晋，对于桓温、王猛等人的故事常娓娓道来，令学生非常神往。顾子重的地理学兼通中外，时发精辟之论。当时上海有童世亨号称地理学大师，同学们认为顾老师的地理学还远胜于他。钱穆中年以后，治学喜欢历史地理，"盖由顾师导其源"。

有一天，顾子重带来一本大字木刻的《水浒传》。同学们问，"这是一本闲书，怎么会有这么好的版本？"顾子重说：《水浒传》是中国文学巨著，你们怎么能把它当成闲书？"同学们又说："学校里有个年龄很小的同学，叫钱穆，勤读《水浒传》，每天早晨上课前，同学们经常听他讲书中的故事，老师肯把他叫来问一问吗？"顾老师点头同意了。于是有两个同学出去找钱穆，把他带了过来。

顾老师问："你能读《水浒》吗？"钱穆答："能。"顾子重随后问了《水浒传》中几个情节，钱穆都能应答如流。顾老师突然说："你读《水浒》，只看大字，不看小字，所以知道的也就这些。"

钱穆听了非常惊讶，很奇怪老师怎么知道自己读书的秘密。顾子重接着告诉钱穆："不读小字，等于没读，你回去再读读看。"钱穆羞愧而退，回去后赶紧重读《水浒传》，从头到尾一个字也不敢遗漏。这才知道小字都是金圣叹的批语，非常精辟，细读不忍释手。一遍又一遍，全书反复读了六七遍，直到滚瓜烂熟。

此后钱穆读其他小说，都感觉不如《水浒传》精彩，因而就没兴趣再读了，而是开始有意读《庄子》、《离骚》、《史记》、杜诗这些"才子书"（金圣叹曾把《离骚》、《庄子》、《史记》、杜诗、《水浒传》与《西厢记》合称为

"六才子书"），从而开启了研读古文辞的路径。在顾子重的启发下，钱穆还读了些英文小说，首先读了阿拉伯神话《天方夜谭》，后来又读了不少林纾翻译的小说，眼界日益开阔。

顾子重对钱穆的作文也是大加赞赏。有一次，有同学问顾老师："钱穆最近写了一篇作文，开头就用呜呼二字，而先生倍加称赏，这是什么原因？"顾老师说："你怎么这么善忘，欧阳修的《新五代史》各序论，不都以呜呼二字开始吗？"同学们因此和钱穆开玩笑说："你写作文能学欧阳修啊！"没想到顾子重郑重地说："你们不要取笑他，他如果今后学有所成，应该能学韩愈！"

钱穆第一次听到老师这么高的评价，顿时深受激励，从此存心想学"文起八代之衰"的韩愈。入中学后，钱穆曾一心一意地读韩愈文集，并称自己"正式知有学问，自顾师此一语始"。

在果育学校四年中，使钱穆终身难忘且受益匪浅的老师，还有华倩朔的弟弟华紫翔。华紫翔在苏州某个中学教英文。有一年暑假，华紫翔在果育学校开设暑期讲习班，专教果育学校高级班。他讲授中国各体古文，上起《尚书》，下迄晚清曾国藩，经史子集，无所不包。选的都是各时代的代表作，一代不过几人，每人只限一篇。一个暑假，约讲30篇左右。当华紫翔讲完《史记·孟子荀卿列传》后，让学生写读后感，钱穆的作文深得华紫翔的赞赏，被贴在教室墙上作为范文。

尤其让钱穆难忘的，是华紫翔选授了南宋朱熹的《大学章句·序》和明代王阳明的《拔本塞源论》。钱穆后来由治文学转入治理学，极少存文学与理学的门户之见，受这两篇文章的影响很大。他治王学特从《拔本塞源论》有所启悟，后来才知道王阳明的《拔本塞源论》，也是从朱子的《大学章句·序》中转来。

华紫翔讲授的最后一篇文章是曾国藩的《原才篇》。这篇选文也让钱穆获益良多，他逐渐体会到"人才原于风俗，而风俗可起于一己之心向"，因此，他一生的志业就是以一己之心向，力图改变风俗，重造人才。

总之，钱穆在果育小学四年，受到了众多良师的鼓励、启发和点拨，使他既接受了良好的传统国学教育，又得以接触新学，开阔了眼界。果育诸师开启了他日后喜治历史地理、重历史演变和民族意识，而又兴趣广泛、博学多思的治学风格，为他日后从事学术研究打下一个良好的基础。（参见陈勇：《国学宗师钱穆》，第30页）钱穆晚年回忆起这段求学经过时，非常感慨地说：

在七十年前，无锡县城四十里外小镇上的一个小学校，竟能网罗如此多的良师，他们对于旧学都有深厚基础，对于新学也能接受融汇。这实在是历史文化即将发生巨变时的时代特征。可惜后来的造时势者未能抓住这个机运，善加引导，虽也闹得天翻地覆，震动一世，而终究未能回复到大道。随后祸乱不断，人才日趋凋零，今天想在乡村中再找这样一个学校，恐怕渺茫不可复得了。近人必谓，现代中国社会人文，自知西化，已日渐进步。如上举，岂亦足为社会人文进步之一例乎？（《八十忆双亲·师友杂忆》，第53—54页，北京三联1998年）

钱穆的反问不无道理，我们能说现代社会的小学老师比一百年前钱穆小学时代的老师道德学问更高吗？如果不能，又是什么原因呢？

六、常州府中学遇恩师

钱穆与哥哥钱挚同年考入果育学校时，本相差三个年级，等钱穆跳了两级后，与哥哥仅差一级。到了1907年，哥哥在高小四年级班，而钱穆在三年级班。此时正好常州府中学堂创立，果育学校四年级班八名同学全部报名考试，钱伯圭、华倩朔也让钱穆随他们报名应试，最后全部被录取。

常州府中学堂的监督（即校长）是屠元博（1879—1918），江苏武进人，民国名士。在钱穆入学考试那天，屠元博前来巡视。等钱穆交了国文考卷后，他略微看了看，拍着钱穆的肩膀说，这孩子可以录取。钱穆当时不知道他是什么人，入学以后才知道他是学校的监督。

当时的常州府中学分师范班和中学班，师范班一年毕业，中学班则读四年。哥哥钱挚入师范班就读，钱穆则入中学班。中学班的学生年龄大约在二十岁左右，而师范班大多是中年人，在三四十岁之间。当时钱挚年仅19岁，是师范班中年龄最小的一个。所以屠元博召他到办公室问他："你年纪轻轻，当求深造，为何投考师范班？"钱挚向他报告了家中的情况：上有慈母，下有诸弟，考师范班可以省学费，而且一年就能毕业，可以早点就业，奉养寡母，扶持幼弟。

屠元博听完后大加称赞，不仅任命他为师范班班长，而且特令他管理理化实验室，按月给奖金一份，以示资助。等钱挚快毕业时，屠元博想介绍他到常州一所高级小学任教，但钱挚表示愿回家乡执教，继承父亲致力于乡里宗族的遗志，教授七房桥子弟读书。此一志向，又得到了屠元博的称许。

钱穆在常州府中学堂学习时，也深得屠元博的关心和爱护。

当时在学校所开设的各门课程中，钱穆比较偏爱国文和历史，所以对这两门课用功较勤，考得最好，而对图画课则不太注意。有一年图画课考试，分临画和默画两项，默画的题目是《知更鸟，一树枝，三鸟同栖》。教科书上本有此图，钱穆照着画一根长条表示树枝，长条上画三个圈表示三只鸟，又在各个圈上各加两墨点表示鸟的眼睛。由于这几个点用的是浓墨，结果又圆又大。同学们看了钱穆的考卷，开玩笑说，你画的鸟眼睛又大又圆，极像图画课的杨老师。没想到被杨老师听见了，非常生气，结果给钱穆图画课的成绩打了0.2分。

当时学校规定，各课平均成绩必须满60分，才能升级。任何一门课分数不满40分，必须留级。为此，屠元博把钱穆叫到监督室，告诫他各科均需打好基础，全面发展，不得偏爱一科而忽视其他。他告诉钱穆今年图画课得分太低，已和老师商量过，可以将其他各课得分多的酌情移补。没想到钱穆非常固执，说图画课考试不及格是自己罪有应得，监督的爱护之意更加感激，但平日对国文、历史两课非常用心，不愿将此两课的分数减低。

屠元博故意装出生气的样子，说小孩子不懂事，赶紧去杨老师那里请罪，其他话别说了。钱穆只能硬着头皮去杨老师那里请罪，好在杨老师已经和监督沟通过了，所以没有加以批评。等后来公布考试成绩时，钱穆的国文、历史两课分数没有改动，而图画课也得以过关，这让钱穆深深体会到老师的爱护。

屠元博的父亲屠寄，字敬山，近代著名历史学家，尤精于蒙元史，著有《蒙兀儿史记》一书，书未成已名满中外。其时已退休居家。

有一天，钱穆与几个同学因事到屠元博家中，偶然进入了太老师屠寄的书房，发现里面四壁都是图书，而在靠近窗子的长桌上，放着数卷书。走近一看，其中打开的一本是唐代李商隐的诗集，眉端行间用朱笔小楷写满了批注，字字工整，一笔不苟。另外还有碎纸批注，放在每页夹缝中，似乎是临时增入。书旁有五色砚台，有五色笔，架在一笔架上，似乎尚在临时添写。

钱穆一时呆立凝视，不知所措。他心想太老师是一代史学巨擘，没想到也精研文学，又没想到他虽然已到晚年，却依然如此用功，精勤不已。这种好学不倦、不知老之将至的老成宿儒形象，深深地印在了钱穆的心中，对鼓动他此后终身不倦的好学之心，其影响无法计量。

在常州府中学堂读书的三年中，除监督屠元博外，对钱穆影响最大的还有历史、地理老师吕思勉。吕思勉对虚心问学的钱穆殷切期勉，奖掖有加，可谓是钱穆的恩师。

吕思勉（1884—1957），字诚之，江苏武进人，中国现代著名历史学家。早年受业于屠寄门下，勤治历史、地理。他以阅读二十四史为"日课"，一生曾将二十四史通读过三遍。1905年，吕思勉进入常州溪山小学堂任教，开始了长达半个世纪的教书生涯。著名语言学家、清华国学研究院四大导师之一的赵元任便是他这一时期的学生。

1907年6月，在苏州东吴大学教授国文和历史的吕思勉，因不习惯教会大学的环境辞职回到常州。此时正值常州府中学堂创办，受业师屠寄长子屠元博的邀请而到学校执教。此时吕思勉年仅25岁，是常州府中学堂最年轻的教师。

吕思勉年纪虽轻，但知识广博，国学功底深厚。上课时，从不看讲稿，尽在讲台上来往行走，口中娓娓不断，但无半句闲言旁语，而且时有鸿议创论，深得同学们的喜爱和推崇。

吕思勉教地理课时，必带上海商务印书馆所印的中国大地图。先将地图册各页拆开，讲一省，选取一图。讲课时先在附带的小黑板上画一"十"字形，然后绘出这个省四面的边界线，说明这一省的位置。然后在省界内画上山脉，画上河流湖泊。等讲完自然山水地理后，再加注都市、城镇、关卡以及交通道路等。一省讲完，小黑板上所绘的地图，五色粉笔缤纷皆是。让人犹如身临其境，永生难忘。钱穆后来喜治历史、地理之学，在考证古史地理上卓有成就，和吕思勉当年对他的影响有很大的关系。

有一次考试，吕思勉出了四个题目，每题二十五分。钱穆拿到考卷后特别喜欢答第三题。这题是关于吉林省长白山的地势与军情。钱穆下笔后思如泉涌，欲罢不能，直到交卷时，才发现自己只答完了这一题。

考试结束后，吕思勉在阅卷时，看到钱穆的考卷，不仅批了分数，而且开始写评语。本来这种考卷只需批个分数就行了，没想到吕思勉竟然和钱穆一样，下笔不能休，评语一张纸加一张纸地写，也不知写了多少张。等后来公布成绩的时候，钱穆虽然只答了一题，竟然也得了75分。这说明师生之间极为投缘。

吕思勉在常州府中学堂执教两年多以后，便应屠寄之召前往南通国文专修馆任教。不过他与钱穆的师生情并没有因他的离去而中断，后来钱穆多次写信向老师求教，虚心问学。吕思勉对这位天赋极佳的学生也另眼相待，在学术研究上时有提携和鼓励。

常州府中学堂让钱穆印象深刻的还有国文老师童斐。童斐（1865—1931），字伯章，江苏宜兴人。平时庄严持重，步履不苟，被同学们戏称为道学先生。但等到上课时却判若两人，语言诙谐幽默，又善于动作表演，像说滩簧，像演文明戏（中国早期话剧，20世纪初曾在上海一带流行。演出时无正式剧本，可即兴发挥）。

有一天，童斐讲《史记·刺客列传》中的《荆轲刺秦王》。只见他先挟着一卷大地图上讲台，讲到图穷匕见的时候，他在讲台上慢慢地翻开地图，等到地图快全部打开的时候，突然里面露出一把尖刀，童斐迅速将尖刀抓在手中向教室对面投去，尖刀远远地钉在了教室对面的墙上，刀锋直入墙中。童老师接着绕着讲台急走，模仿荆轲追秦王的样子……

童斐还深通音律。笛、笙、箫、唢呐、三弦、二胡、鼓、板等乐器，生、旦、净、丑诸角色，他都能一一教授。钱穆因为老家七房桥有世袭乐户丁家班，专为族中喜庆宴会唱昆曲助兴，因此自幼就爱好昆曲，所以跟童斐学昆曲，较之学校其他正式课程更用心，更乐学。钱穆又跟童老师学吹箫。后来遇到孤单寂寞的时候，就以吹箫自遣。听着乌乌然的箫声，仿佛进入另一个境界，实为他生平一大乐事。

不知不觉间，钱穆升入了常州府中学堂三年级。有一次上唱歌课，教室中无桌椅，只有几条长凳，同学们拼起来坐在一起。钱穆身旁有个同学带了一本小书，钱穆拿过来一翻，非常喜欢，爱不释手，于是找机会偷偷地溜到教室外面，找了另一个教室把书读完后，才还给那个同学。

当天晚上，钱穆辗转难以入睡。第二天一大早，钱穆顾不上吃早饭，就出校门来到了街上的一家书店。当时的商店都是排列长木板为门，此时正逐个拆卸。钱穆从门板缝中侧身窜入店里，着急地问店主："您这有没有《曾文正公家训》？"这就是钱穆昨天所读的小书。店主说："有，但必须和《曾国藩家书》一起买。"

钱穆付完钱后，拿着书准备离开。这时店主抓着钱穆的手臂，问他从哪里来。钱穆答："常州府中学堂。"店主说："现在还很早，你肯定还没吃早饭吧，可以留下来一起吃早餐，顺便谈一谈。"于是钱穆留了下来。店主夸奖钱穆说："你年纪这么小，就知道读曾文正家训，真是了不起！今后你可以常来，店里的书可以随便翻阅，也可以借给你带回学校，读完后再送回来。"从此以后，钱穆常去书店看书，店主也把钱穆视为亲族晚辈。

有一次，店主拿来一套关于史籍汇钞的书，小字石印本，共二十册。他对钱穆说："你应该喜欢读这套书，可以带回去读读看。"钱穆一读之下果然非常喜欢，就问书价，但又说明不能付现款。店主说："可以暂时记账，等放假回家时，你再决定购买还是退回。"这让钱穆非常感动。钱穆后来教读一生，虽然也经常与书商来往，但这种情深义厚的书商却再也没有遇到。

钱穆在常州府中学读四年级时，学校发生了反对舍监陈士辛的学潮。当时常州府中学堂的行政领导，监督之下设有舍监，类似以后的训导长。钱穆所在的四年级班在期末考试前，集体请求校方对明年的课程加以改动，要求减去陈士辛所担任的修身科，增加希腊文课程。学生公推钱穆等五名代表前去晋见监督，商谈此事，结果遭到拒绝。于是大家提议由五代表上全班退学书，以集体退学相要挟。

监督屠元博知道后非常生气，宣布签名者全部开除。经过一些老师的斡旋，只要划去签名，就可以改为记过的处分。在此高压下，不少同学都划掉了自己的名字，但生性倔强的钱穆不肯妥协。面对好心教师的反复劝导，钱穆断然回答说："我签了名，就认为这样是对的，哪能把签名当儿戏！"二话不说，卷铺盖离开了学校，自动退学。

在这次学潮的五代表中，除钱穆外，还有两位后来成为近代学术史上的著名人物。一位是常州的张寿昆，民国时考入北京大学，创办《国故》杂志，以倡导文言文、昌明国粹为己任，受其师刘师培、黄侃等人的支持，与傅斯年、罗家伦创办的《新潮》杂志相抗衡。

另一位是江阴的刘寿彭，即五四新文化运动时期大名鼎鼎的刘半农。刘寿彭以江阴第一名的成绩考入常州府中学堂，在学校成绩优异，名列前茅，同学们争相以一识刘寿彭为荣。他学潮后"退学去沪"，卖文为生。后在上海受陈独秀《新青年》的影响，随陈氏北上，任教北大，积极为《新青年》撰稿，提倡白话文，创作白话诗，成为新文化运动的干将。

当时的常州府中学堂，可谓人才辈出。五代表中，除钱穆、张寿昆、刘寿彭外，还有一位是监督屠元博的三弟屠孝寔，后留学日本，学成归国后任教北京某大学,教授宗教哲学,深得梁漱溟的称赞。比钱穆低两个年级的瞿双,后改名为瞿秋白,以聪慧闻名全校。他民国时考入北平俄文专修馆学习,后留学苏俄,成为中国共产党早期主要领导人之一。刘寿彭的弟弟刘天华,也在常州府中学堂学习,后来成为著名的作曲家、演奏家。

钱穆退学后,回到了七房桥老家。监督屠元博对这位年幼倔强、聪明好学的学生依然非常关心,特意写信给他的哥哥钱挚,希望钱穆向校方提出复学申请。但申请复学之事因舍监陈士辛的反对而作罢。于是由屠元博代为申请,推荐钱穆到南京私立钟英中学就读。

1911年春,钱穆转入南京钟英中学读五年级。钱穆在钟英中学最受刺激的,是每日清晨环城四起的军号胡笳声,以及腰佩刺刀在街上迈步的陆军中学生。此情此景,让他油然升起一股从军热,想投笔从戎,出山海关,赴东三省,与日军对垒。每逢星期天上午,他和学校的几位热血青年,在学校附近的马厩租几匹马,出城直赴雨花台古战场,俯仰凭吊,半日而返。此一活动,成为他每星期最主要的一门功课。

到了暑假,钱穆因患伤寒,用错了药,在家里大病了三个月,几近死去。幸得母亲的精心照料,才得以康复。此时梁启超在《国风报》上发表了《中国前途之希望与国民责任》一文,针对清末流行的"中国不亡是无天理"的亡国论,提出了"中国不亡论"。钱穆读到此文后,心灵上激起了极大的震动。他自述说:

我读了这篇文章,无异如在黑暗中见到了一线光明……当时,我只希望梁先生的话可信,但还不敢真信梁先生的话。因为要能证明梁先生这句"中国不亡"的话,才使我注意到中国的历史。我总想知道一些已往的中国。……对梁先生"中国不亡"这四个字,开始在我只是一希望,

随后却变成了信仰。(《中国历史精神·前言》,收入《钱宾四先生全集》第29册,第1—2页)

钱穆认为,要判断梁启超的说法是否正确,只有透过对中国历史的考察才能得到真切的答案。受梁启超的影响,钱穆开始注意到中国的历史与文化,他对革命的同情逐渐转化为对学术的热诚。中国的历史与文化,成为他往后几十年治学的重心,其目的就是要从中国以往的历史与文化中寻找中国不会亡国的根据,并且要从中找到挽救危亡的方法。可以说,钱穆此后八十年的历史研究都是为这个信念所驱使。

等钱穆康复返校后不久,1911年10月10日,惊天动地的辛亥革命爆发了。11月初,上海、浙江、江苏相继起义,宣告独立。辛亥革命使自幼具有强烈民族观念的钱穆非常振奋,准备和常州府中学堂的老同学张寿昆一起投笔从军。不料张寿昆家中来电,谎称其父亲生病,要其速归,从而使二人的投军计划告吹。

由于时局混乱,钟英中学宣布解散,校方下令全体师生、仆役全部离校。钱穆投军不成,又遇学校解散,无奈之中只好乘坐南京开出的最后一班火车离去,由上海返回家乡,从而没有拿到中学毕业证书,就结束了自己的学生时代。

也就是说,中学肄业是国学大师钱穆的最高学历。

第二章 乡村小教师

18岁起已开始致力于学术,以后研究、讲学、教育、著述兀兀80年未尝中断,这番毅力精神旷古所无。而学问成就规模之宏大,实朱子以后一人。——孙国栋

一、初登讲坛

1912年春，辍学在家的钱穆自知家贫无依，升学无望，经远房亲戚钱冰贤介绍，前往离七房桥不远的秦家渠三兼小学任教，开始了长达十年的乡教生涯。这一年，他才18岁。

在前往三兼小学之前，钱穆听钱冰贤说，三兼小学由秦仲立创办，但秦仲立性格有点古怪，曾经参加清代科举考试，交白卷出场，一时传为笑柄。他后来在无锡城中学习物理和化学，回家后发明一种磨墨机，能够快速磨出满砚的墨汁；又曾在自己的船上设计出一个自动桨，多次试验后获得成功。目前学校由他和两个弟弟负责授课，想要聘请一个英文教师，在授课之余能和他一起学习英文。

等到了三兼小学，钱穆由仆人直接领到秦仲立的书房外。进房间后，钱穆向秦仲立鞠躬行礼，没想到秦仲立没有起身，只是微微点了点头。钱穆虽然有些不快，但转念一想，秦钱两家向来是亲戚，虽然从辈分上难分谁高谁低，但此时钱穆年方十八，而秦仲立已过四十，论年龄应该算钱穆的父辈，因此也就不以为意了。

秦仲立告诉钱穆："去年从无锡城中聘来一个英文老师，年纪很大，英语是半途自修的，水平不太可信。你在常州府中学堂学过英文，应该能胜任愉快。"于是指着桌上药瓶的英文标签，问钱穆："你来看看，这是什么药水？"

钱穆不认识，只能据实回答道："中国文字与英文不同，中国特殊名词都以普通文字拼成，如轮船电灯之类。英文是拼音文字，特殊名词也都用语音拼成，与普通文字有别。我在学校只学过普通文字，各种药水属于特殊名词，我不认识。"不久，钱穆起身告辞，向秦仲立鞠躬行礼，秦仲立仍然不离座，只是微微点点头。

三兼小学分高级班和初级班两个班。钱穆任教高级班，除理化课由秦仲立担任外，其余国文、史地、英文、数学、体操、音乐等，都由他一人担任。

有一天秦仲立来上课，看见钱穆办公桌上放着《文选》，就问钱穆："你也喜欢这本书吗？"钱穆答："因为读过《曾文正公家训》，所以知道要读此书，但不甚理解。"秦仲立面露笑容，说："我也喜欢读《曾文正公家训》，你和我倒有同样的嗜好。"

过了几天，钱穆去秦仲立书房，入门鞠躬，秦仲立点点头，微微耸了耸身，想要起立但终究没有起身。他指着桌上的《东方杂志》告诉钱穆："你投给这个杂志的征文已经录取，你知道了吗？"钱穆回答："还没得到通知。"秦仲立打开杂志，指着上面钱穆的名字，告诉他他得了三等奖。

秦仲立随后告诉钱穆，他在商务印书馆函授学校进修，将要毕业，考试题寄来后需要一一作答，甚觉忙碌，有一作文题，想请钱穆代写。钱穆说："我写好后请您改定。"于是回去赶紧写好，把它交给秦仲立的长子请他转交。

第二天早晨，钱穆去秦仲立书房，入门鞠躬一如往常。秦仲立起身答礼，请钱穆就座。他亲自选了一个旱烟管，用桌上的湿毛巾反复将烟嘴擦净，送到钱穆嘴边，亲手点燃，礼貌谦恭，前所未有。

秦仲立首先感谢钱穆为他代写文章，随后指着书架上的书说："请你为我分读书架上的书，将书中大意告诉我，我可省再读之力。我们再加讨论，这样就能加速进步，不知是否可以。"钱穆答好。

秦仲立于是取了一本书递给钱穆。钱穆发现书中各页眉端，粘上很多纸条，粗细长短不等，满纸都是正楷小字。秦仲立解释说："我向来读书，遇不认识的生字，必查字典抄录注释，然后贴在书上，等他日已经认识，可逐条撕去，而不伤原书。我希望你也能按这种办法读书。"钱穆点头答应。

钱穆先后阅读了严复翻译的《群学肄言》和《名学》。等到与秦仲立讲解交流后，秦仲立不禁赞叹钱穆善于读书，能见人所未见。于是对钱穆更加亲近，钱穆也常到他的书房畅谈。钱穆自读这两书后，又遍读严复的各种译著，接触了西方的一些新思想，开阔了眼界。

过完暑假后，钱穆再去三兼小学上课时，秦仲立忽然生病了。他告诉钱穆自己得了肺病，请钱穆远离自己，以免传染，但请钱穆帮他完成英文函授课程。到了冬天，秦仲立终于不治而亡，这让初入社会结交好友的钱穆伤感不已。

二、十年自学苦读

1913年，钱穆不再去三兼小学，而转入鸿模小学任教。鸿模小学，鸿模小学旧址即前面的果育学校。为了纪念1911年去世的老校长华鸿模，改名为"鸿模学校"。校长是华鸿模的长孙华士巽，年长钱穆一岁，与钱穆在果育学校和常州府中学堂两度同学。

华士巽，字绎之，无锡荡口镇人，实业家。深通养蜂之术，创办华氏农场，有"养蜂大王"之誉。他遵守祖训，致力于家乡教育事业，主持鸿模学校时，学校规模较以前大为扩大，高小初小八年各分班。钱穆

鸿模小学旧址

担任高小三年级的国文和史地课教师,每周 24 小时。较三兼小学课程减了三分之一,而月薪则增加到 20 元。华士巽对钱穆非常器重,常邀请他去家中做客。

授课之余,钱穆心中常以未能进入大学读书为憾,因此决心自学苦读。他想到自己在私塾时,儒家经典《四书》仅读至《孟子·滕文公章句上》,此下都没有读过。于是决定先读完《孟子》,再继续读《五经》。读《孟子》时,钱穆规定自己第一天上午读《梁惠王章句上》,等能全体背诵后才回家吃午饭。午饭后,再读《梁惠王章句下》,等能全体背诵后再回家吃晚饭。像这样连续七天,读完了《孟子》七篇。

正当钱穆苦读儒家经典时,有一天,忽然看到报上登载北京大学招生广告,报考者须先读章学诚的《文史通义》,入学后则以夏曾佑的《中国历史教科书》为教材。一向仰慕北京大学的钱穆立即找来两书日夜勤读。

《文史通义》是清代史学家章学诚的名作。章氏的"六经皆史说"和"史学经世观"对钱穆影响甚大,以至于日有所思,夜有所梦。有一天晚上,钱穆梦到自己登上一小楼,楼上所藏都是章学诚的著作,有些书世所未见。二十多年后,钱穆在北京大学任教时,果然看到了章氏没有面世的书。这不能不说是一件奇事。

夏曾佑的《中国历史教科书》是我国第一部采用章节体写成的通史著作。该书对中国历史有崭新的见解,因而深得梁启超的推崇。钱穆找到此书后"读之甚勤",收获也很大。比如书末详钞《史记》十二诸侯年表、六国年表等,不加减一字,而篇幅几乎占了全书三分之一以上。钱穆此后读史籍,特别重视年表,就是受了夏氏的影响。十年以后,钱穆撰写《先秦诸子系年》,订正《史记·六国年表》,最早的影响也是来自夏氏。

1914年夏天,无锡县创办六所高等小学,梅村镇得到一所,即县立第四高等小学,校舍借用市区的泰伯庙。华澄波被聘为校长,邀请钱穆兄弟同往。但鸿模坚决不放行,钱穆不得不在两校兼课,每周乘船往返于梅村、荡口两镇。

钱穆记得第一次上船时,坐在船头上读《史记·李斯列传》,沿途湖泊连绵,秋水长天,一望无际,书中上下千古,恍如目前,从此读书又进入新的境界。

独学而无友,则孤陋而寡闻。读书之余,钱穆也常与好友进行讨论。当时在鸿模负责具体事务的,是钱穆在果育学校和常州府中学堂的另一个同学须沛若。须沛若家中经商,非常富有,但他衣着打扮看起来像一个十足的乡巴佬,没有任何市井习气。他谦恭多礼,勤奋异常,口袋里常常带着一本英文字典,不论室内室外,一有空就拿出来诵读。从第一个单词开始,背诵一个,就用红笔划去一个,依次而下。

须沛若非常佩服钱穆的学问,把钱穆视为师长。有一天,两人在学校的坐廊上聊天。须沛若说:"先生爱读《论语》,《论语》中有一条说:'子之所慎,斋、战、疾。'如今先生患伤风感冒,虽然不发烧,但也不能大意。应该按照《论语》所说,遵守小心谨慎的'慎'字,使病不加深,让其自愈。"这番话使钱穆深受启发。从此钱穆读《论语》,知道应当逐字逐句地从自己的日常生活中去体会。

又有一次,须沛若告诉钱穆,自己性格过于拘谨,想多读《庄子》以求解放,但自己资质愚钝,领悟不深,想请钱穆在暑假中为他讲授《庄子·内篇》七篇,顺便叫上一些聪慧的学生一起听讲。钱穆答应了。在讲课中,须沛若敦促大家积极提问,他自己必定最后一个发问,逐段逐节不肯轻易放过。教学相长,这使钱穆大大加深了对《庄子》的理解。

钱穆在鸿模兼课一年后,就专门任教梅村县四高小。有一天下午,学校放假,钱穆很悠闲地在躺椅上翻阅范晔的《后汉书》。忽然想到自己的读书方法都是来自于曾文正家书家训,曾国藩教人读书,要求从头到尾通读全书,而自己读书经常是随意翻阅,今后应当痛戒。于是决定从今以后读书,必定先读完一本之后再读下一本。

钱穆又模仿古人刚日诵经,柔日读史的办法,定于每天清晨读经书、子书这些比较艰深的书,晚上读些史籍,而中午休息时间读些闲杂书。他开始写日记,把每天读书的进程记上,不许一日间断。

后来钱穆结婚时,亲朋好友先后前来祝贺,使得他整个上午竟然没机会读一个字,下午又接着应酬操劳。本来以为当天的日记要破例了,正好理发师来为钱穆理发,于是他在理发期间默默成诗两首,才释然自慰,使读书日记勉强交卷。这一习惯,直至钱穆进入大学任教后,才有断续。

1917年,鸿模小学校长华士巽出巨资兴建了一幢五间二层的新楼,命名为"鸿模藏书楼",藏书万卷。但藏书楼楼门不轻易开启。好在华士巽是钱穆的两度同学,对他信任有加,破例给了他一把钥匙,任凭他自由进楼读书。钱穆因此得以在书海里纵横驰骋,博览群书。

此时西潮和新潮纷至沓来,尤其是陈独秀主编的《新青年》杂志风行全国。钱穆也开始逐期阅读,接触着新思想和新潮流。但他认为自己既然有意于探究中国历史与文化,就应该多读历史古籍,大可不必追赶时尚,于是决心重温旧书,不被时代潮流挟卷而去。正因为如此,他打下了深厚的国学基础。

回忆自己当年的十年苦读,钱穆感慨地说:

我没有机会进大学,从十八岁起,即已抗颜为人师,更无人来做我师,在我旁指点领导。正如驾一叶舟,浮沉茫茫学海中,四无边际,亦无方针。何处可以进港,何处可以到岸,何处是我归宿,我实茫茫然不知。但既无人为我作指导,亦无人对我有拘束。我只是一路摸黑,在摸黑中渐逢光明。所谓光明,只是我心自感到一点喜悦处。因有喜悦,自易迈进。因有迈进,更感喜悦。如此循循不已,我不敢认为自己对学问上有成就,我只感得在此茫茫学海中,觅得了我自己,回归到我自己,而使我有一安身立命之处。(《从认识自己到回归自己》,《钱宾四先生全集》第42册,第468页)

钱穆十年苦读逐渐寻得的安身立命之处,就是"要为我们国家民族自觉自强发出些正义的呼声!"这种"正义的呼声"将随着钱穆学术思想的成熟变得越来越自信,越来越响亮……

三、终生受益的静坐

钱穆自幼体弱,尤其从1911年起,几于每年秋天都会生病,重的时候几乎不治。有一天,他读到日本人的一本小书,说人生不寿,是一大罪恶,应当努力讲究日常卫生。他又读到陆游晚年诗作,深羡其长寿;读《钱大昕年谱》,知谱主中年时体质极差,后来注意养生而转健,高寿而治学有成。钱穆联想到自己的父亲和祖父不注意养生,都是中年去世,于是决意讲究日常生活的规律化,并开始有意练习静坐、散步之类的养生活动。

静坐是我国传统养生学中的宝贵遗产。《庄子》上就有颜回坐忘(即静坐)之说,宋、明儒曾提倡"半日静坐,半日读书"。通过静坐,人的精神处于自由开放的状态,同时又保持宁静与松弛,肌肉也得到放松,呼吸自然顺畅,可使人体阴阳平衡,经络疏通,气血顺畅,从而达到益寿延年的目的。对于用脑较多的知识分子来说,静坐可使脑神经思维静止,从而获得最佳的休息。

钱穆从二十多岁就开始练习静坐。有一年冬天,七房桥一叔父辞世,钱穆与哥哥自梅村赶回家送殓。夜深人静时,钱穆独自一人在房间里静坐。忽然听到堂上响起火铳声,钱穆一时受惊,突然觉得全身失其所在,整个外部世界也同时消失,只觉得有一股气直上直下,不用呼吸,也不知有鼻端与丹田,一时茫然爽然。也不知过了多久,才慢慢恢复知觉。从这一刻开始,钱穆才知道静坐竟然有如此佳境,心想如果今后练习静坐,经常得此佳境,岂不大好?

在梅村县四高小任教时,钱穆练习静坐更勤。他最先尝试用"止法",也就是心中一有杂念立即加以禁止。然而钱穆性躁,越想禁止杂念反而杂念越多,终于禁止不住。于是改用"观法",心中出现一种杂念,就反观自问,这种杂念从何而来。如此反问,则杂念不禁自止。如果杂念又生,就再反观自问,如此这般,一一息念。

钱穆描述自己在静坐时的感觉时说:"初如浓云密蔽天日,后觉云渐淡渐薄,又似得轻风微吹,云在移动中,忽露天日。所谓前念已去,后念未来,瞬息间云开日朗,满心一片大光明呈现。纵不片刻,此景即逝,然即此片刻,全身得大解放,快乐无比。如此每坐能得此片刻即佳。又渐能每坐得一片刻过后又来一片刻,则其佳无比。"(《八十忆双亲·师友杂忆》,第100页,北京三联1998年)从此,钱穆更加坚信静坐养生之功。

有一天,钱穆在梅村桥上等候从梅村返回荡口的航船,看见航船靠近时,钱穆大声呼唤其靠岸。上船后,钱穆坐在一老人旁。老人对钱穆说:"君必静坐有功。"钱穆问:"何以知之?"老人说:"我看你在桥上呼唤时,双目炯然,所以知道。"钱穆听后非常高兴。

1918年夏天,钱穆七房桥老家遭遇火灾,房屋全毁,全家不得不迁至荡口镇。恰好母亲胃病又犯了,为了就近照顾,钱穆辞掉县四的教职而回鸿模任教。此下一年,是钱穆一生中读书和静坐最专最勤的一年。

每天下午4点放学后,钱穆必在寝室里练习静坐。当时鸿模有一个军乐队,放学后必在操场上练习。钱穆在寝室中能听见他们的演奏声。当时的国歌是《中华独立宇宙间》,歌中后半部有一个音节,每次军乐教官教到这个音节时,都会错四分之一拍。钱穆因为曾经在常州府中学堂学过昆曲,乐感很好,所以知道。此时他练习静坐工夫渐深,入坐即能无念。但无念并非无闻。就像有些学生在午后的第一堂课,迷迷糊糊地听老师讲课,虽然听得到,但是不进脑子。

钱穆每次听到节拍的错处，心中就会起念。等到错处过去，再次复归无念。钱穆因此想到人生最大的学问在于虚心，心虚始能静。自己自恃知道正确的节拍，所以不虚心，反而扰乱了自己的清静。所以不虚心的话，一个人的长处往往会成为一个人的短处。钱穆想到自己此时正发愤苦学，日求长进，如果觉得自己时有长进，岂不是每天增加自己的短处。于是暗暗告诫自己，一定要虚心，千万不能自傲自满。

有一天傍晚，家中派人来学校喊钱穆回家。钱穆刚好在房间里静坐，听到呼喊声后大惊。于是知道静坐一定要选择安静的时间和地点，以免受到打扰。所以古代人常常在寺院中辟出静室，进行静坐。否则在静坐中受到打扰，反而会让人感到不适。

持之以恒的静坐使钱穆具有充沛的精力来从事学术活动，对他的健康长寿也是功不可没。对此，钱穆的妻子胡美琦回忆时说：

我和宾四（钱穆的字）刚开始共同生活时，他整天在学校，有应付不完的事；下班回家一进门，静卧十几分钟，就又伏案用功。有时参加学校全体旅游，一早出门，涉海、爬山，黄昏回家，年轻人都累了，但宾四一进门仍只休息十几分钟便伏案。我觉得很奇怪，有一天谈起，他说：这是因为有静坐之功。他年轻时为求身体健康，对静坐曾下过很大工夫，以后把静坐中的"息念"功夫应用到日常生活中来，乘巴士、走路，都用心"息念"，所以一回家就能伏案。（转引自余开亮、李满意：《国学大师的养生智慧》，第115页，东方出版中心2006年）

四、探索新式教育

1919年秋天,钱穆转入后宅镇泰伯市立第一初级小学任校长之职,时年二十六岁。这也是他一生中担任教育行政工作的开始。

钱穆以往在鸿模和县四这些小学都讲授高年级课程,之所以这次决心到初级小学任教,原因有二。一是报纸上报道美国实用主义大师杜威博士访华,作教育哲学的演讲(杜威反对灌输式教学,提倡教育即生活,学校即社会,让儿童"从做中学",注意培养儿童解决实际问题的能力)。钱穆读其演讲词,极感兴趣,觉得杜威的教育理念与中国古人的教育思想有很大的不同,因此想转入初级小学,在幼童身上作一番实验,从而比较中外教育思想的异同及其得失。二是当时大家提倡白话文,初级小学教科书已经全部改成白话文体,钱穆也想试一试白话文教育对幼童的影响。

当钱穆怀着这些办学思想决定赴后宅初小任职时,县四的同事安若泰受其鼓舞,也愿追随钱穆前往后宅小学任教,为其助手。安若泰到校后又聘得蔡英章教体育和唱歌两门功课。三人"每事必会谈相商",对后宅初小进行了多项实验和改革。

钱穆告诉安若泰和蔡英章,他办学有一理想,就是使一切规章课程尽量融入学生的生活中,务必使课程规章生活化,学生生活也课程规章化,使两者融归一体,不要让学生感到两者的分别。他认为如果让学生感到学校生活是学校生活,学校课程规章是学校课程规章,这决非好事。

安、蔡两人都同意,请钱穆谈谈具体办法。钱穆说,要想课程生活化,先要改变课程,如体操和唱歌,明明是一种生活,但排定为课程,学生也就视为课程。现在我们要废去这两门功课,每天上下午都安排体操和唱歌,全体学生必须参加,老师也同时参加,使它们成为学校的日常生活,由蔡英章任指导。两人对此都表示同意。

钱穆又说,要使学校规章生活化,这比较复杂。第一件事就是要废止体罚,不要让学生将学校的规章视为法律,误认为一切规章都是外在的束缚,而是要让他们视为内在的道德要求,从而使规章生活化。

然而,安若泰和蔡英章对此不同意,他们认为钱穆仅谈理想,不顾经验。因为当时的初级小学,学生的年龄小的六七岁,最大的也不过十三四岁,童稚无知,容易出各种意外状况,有时非加体罚不可。

但钱穆坚持说,即使幼稚,也要对他们抱有理想。如果仅有理想不顾经验,这是空想;但如果只仗经验,不追求理想,教育就成为一种习惯,也就失去了意义。因此,钱穆表示,有关训育方面的事务,他愿意一人承担,以试验他的理想,只是希望两人随时在旁协助,遇有困难,再从长计议,另作决定。两人也就不再反对了。

当天,钱穆就贴出布告,要求学生课后都到操场上散步玩耍,不要一直留在课室。钱穆随后前去巡视,发现有一个学生仍然规规矩矩地坐在教室里。钱穆就问:"你怎么不去操场啊?"没想到那学生还是端坐在那里,也不答话。钱穆又问他的姓名,还是不答。

于是钱穆叫来班长询问。班长告诉钱穆,这个同学叫杨锡麟,曾经犯校规,前校长命令他到校后除非大小便,否则就坐在课室不许出去。钱穆说,这是前校长的命令,现在前校长已离开学校,这项命令就作废了。他让班长把杨锡麟带到操场上去玩。

不久以后,一群学生围拥着杨锡麟来到钱穆的办公室,报告说杨锡麟在操场边水沟中捕了一只青蛙,将之撕成两半。有个同学还把青蛙的尸体带来了。钱穆对同学们说,杨锡麟因为久坐在教室中,对外面的情况不熟悉。现在能和你们在外面一起玩,你们要把知道的情况告诉他,要随时随地地好好劝告他,不要大惊小怪,他犯了一个小错误,你们就一起来告发。以后再如此,就要罚你们,不罚杨锡麟。学生们只能默默地离去了。

学生中又有兄弟两人,都是钱穆的亲戚,钱穆也让他们去操场玩。不久之后,一群学生拥着弟弟来到钱穆的办公室,他的哥哥也跟在后面,大家报告说弟弟随手打人。钱穆说,他年纪还小,你们年纪都比他大,为什么怕他。如果他再打人,你们就回手打他,我不会处罚。学生们听完后高兴地散去。

此时他的哥哥突然大哭起来,哭诉道:"如果我的弟弟被人打,如何受得了?"钱穆告诉他:"你不用担心。如果你的弟弟不先打别人,别人是不会打他的。你要好好看着他,不要让他再打人就行了!"此后弟弟就不敢再打人了。安、蔡两人见钱穆处理这两事得当,都很赞许,再也不主张体罚。

钱穆上课的时候,喜欢用两种方法测验学生是否用心学习。一种方法是,先在黑板上写一段文字,让学生专心地看上几遍,然后擦去黑板上的字,叫学生默写;另一种方法是,口头朗读一段文字,学生听上几遍,要求默写。经过几次测试,钱穆发现杨锡麟的成绩很好,特别是听力更佳。

于是,有一天放学后,钱穆特地把杨锡麟留了下来。他自己弹琴,让杨随着琴声唱歌,果然杨的音节声调都非常准确。接着,钱穆越弹声音越低,最后琴声慢慢地停了下来,而杨锡麟依然能正确地唱下去。

钱穆非常满意,就问:"明天上课的时候,你敢不敢一个人站起来独唱?"杨说:"敢。"钱穆又问:"如果琴声停了,你能不能像今天这样接着唱下去?"杨说:"能。"第二天,钱穆上课的时候,问谁能起立独唱,杨锡麟果然举手起立独唱。琴声停下来的时候，杨也能准确地唱下去。全班同学都非常惊讶，一下子对杨锡麟刮目相看，纷纷鼓掌叫好。

在此之前，同学们虽然不再告发杨锡麟，但与他的关系终究不太融洽，大家多多少少有点歧视他。但自从杨锡麟一"唱"惊人之后，同学们再也不歧视他了，而杨也变得自信乐观开朗了，和以前判若两人。在钱穆的鼓励下，杨锡麟知道珍惜读书的大好时光，学习成绩一直很好，后来成为当地一个为人称道的人。

学校里还有一个姓邹的学生，在家是个独子，父亲去世了，他与母亲生活在一起。该生在学校表现还好，学习成绩也属上等，就是在校外经常不守规矩，是个成绩好的"坏孩子"，他的母亲拿他没办法。钱穆听说以后，认为一个学生千万不能校内校外两个样，更不能以成绩好来掩盖品行的不端，于是一直注意寻找机会对他加以教育。

有一天，校工来向钱穆反映两个学生违反校规的事，其中一个就是姓邹的学生。钱穆想起《汉书》中诸名臣治郡的故事，于是先找来另一个违反校规的学生，严厉责问他违反校规之事，这个学生供认不讳。钱穆于是对这个学生说，我知道你与邹姓同学来往密切，我也知道他在校外经常不守规矩。现在我要求你继续与他在一起，遇见他有不守规矩的事，就来告诉我，但不要把这件事告诉他。

过了一天，这个学生果然来报告说，邹同学有一个开猪肉铺的叔叔，每天上学前，他都在肉铺帮叔叔收钱，但经常私下截留肉钱，他叔叔不知道。他又说，昨天他和邹同学在一个糖果铺买糖时，乘店主转身的时候，邹又偷偷地拿了一包糖果。

钱穆对"学生打小报告"显然也是反对的，此次不得已用之，用完之后对这个学生说："你现在能听老师的话，此前的错误就记一小过，不再深究了。我因为担心邹姓同学犯错不承认，又不希望你来当场对证，所以叫你悄悄地告诉我他违反校规的事。他如果知错能改，相当于你也帮他改过自新。希望你自己以后改正错误，做一名好学生，也要珍惜友谊，不要轻易说别人的坏话。"这个学生听完后高高兴兴地走了。

第二天，钱穆叫来邹同学，责问他违反校规的事，果然他拒不承认。钱穆说："若要人不知，除非己莫为。你每天上学前代你叔叔收肉钱，常常私下截留据为己有，有没有这件事？还有前天，你在街上买糖果，又私自拿了店主一包糖果，有没有这件事？"邹同学听了大为吃惊。

钱穆接着说，"你不守规矩的事我们知道的还有很多，因为你学习成绩好，所以一直没有深究。希望你能知错就改，主动向叔叔认错，我相信你叔叔肯定会原谅你。如果你不听我的话，就要对你重罚！"

听了钱穆严厉而又不失温切的一番话，这位学生被触动了，果然去向叔叔承认错误。叔叔说，这件事我早就知道了，现在你能主动悔改，真是好孩子。于是每月给他一定的劳务费，金额比他偷偷拿走的还要多。有一天，这位学生的妈妈特地到学校来感谢钱穆，说："这孩子最近好像变了一个人，在家知孝道，在外懂规矩，真要感谢你们的教化。"

钱穆在后宅小学还担任四年级学生的作文课。他告诉学生，出口为言，下笔为文。作文就像说话，口中如何说，笔下就如何写。有一天下午，钱穆让学生写作文，题目是《今天的午饭》。等学生全部写完后，钱穆选了一篇写得不错的，抄在黑板上。这篇作文是这么写的："今天午饭，吃红烧猪肉，味道很好，可惜咸了些。"钱穆因此告诉学生，写作文虽然像说话，但是要有曲折，就像作文的最后一句。

有一次作文课，钱穆让学生们带上纸和笔去校外写作文。他们来到郊外一个古墓附近，周围有苍松近百棵。钱穆让学生各自选择一棵树坐下，认真观察四围的形势和景色，把它写下来。写完后钱穆让大家围坐在一起，让学生分别朗读自己的作文。每次学生读完，钱穆都会因势利导地告诉学生何处忽略了，何处遗忘了，何处轻重倒置，何处先后失次。

钱穆又对学生说，现在有一景，同学们都没注意到，大家注意听一下头上的风声。于是让学生们静静地听，仔细地分辨与平日所听的风声有何不同。学生们于是都静静地倾听。钱穆接着说，这种风因穿松针而过，松针细，又多隙，风过其间，其声飒然，与它处不同，这就是松风，请大家再试着写一写，看看能不能写出特色。同学们于是各用苦思再写，又经讨论，钱穆定其高下得失。经过这样半天，夕阳西下，大家才扬长而归。从此以后，同学们都把写作文当作很有趣的事，经常问钱穆，今天是不是要写作文。

还有一次，上作文课正好下雨。钱穆对学生说："今日要写作文，但下雨不能出门，请大家坐到楼上的走廊里看雨。"等大家坐好，钱穆问："今天的雨是什么雨？"学生们争着回答："黄梅雨"。钱穆又问："黄梅雨与其他雨有何不同？"学生们把各自知道的写了下来。钱穆又组织大家讨论，品评各自的高下得失。

经过这样半年的作文课，等钱穆所教的四年级学生毕业时，最短的能作两百字以上的白话作文，最多的能达七八百字，都能文通句顺，条理清楚。这是钱穆作文课生活化的尝试，也是他半年中所得的一大语文教学经验。

又这样教了半年的作文课以后，有一天钱穆忽然生病了，被医生诊断为初期肺病，令他休息疗养。安若泰和蔡英章因此不许钱穆再管理校务，说萧规曹随，不用担心。此时镇上正好在筹建一个图书馆，请钱穆主持，馆址就在学校旁边。安、蔡两人强行把钱穆迁居到图书馆楼上。钱穆一人孤寂，日夜临摹东汉许慎的《说文解字》，学写篆体大字。等病好以后，镇上又让他以采购图书的名义赴杭州、上海、苏州等地疗养。

1922年春，钱穆等人筹备的图书馆一切准备就绪，于是举行开幕典礼。这是无锡县各乡镇创办的第一个图书馆。高兴之余，钱穆心中也有隐隐的不快，因为他听说初级小学的毕业生，除士绅子弟到外地继续上学外，镇上的工商家庭子弟，毕业后就留家，在商店中服务。或茶肆，或酒馆，或猪肉铺，或糖果摊，极少有再升学的。钱穆虽然极少上街，没有亲见，但听说这种情况后还是很不开心，因为他在初级小学任教，心力交瘁，放弃了很多读书时间，而收获不过如此，因此决心离去。

五、初试牛刀的著述

在长达十年的小学任教期间，钱穆不仅读书精勤，教学有方，而且逐渐探明了自己的治学旨趣与治学方法，在著述上渐入佳境，名声渐起。

在梅村县四高小任教时，钱穆讲授《论语》课，课后仿照《马氏文通》的体例，积年写成《论语文解》一书。此时五四新文化运动方兴未艾，对孔子的批评一浪高过一浪，但他不为所动，隐隐地萌生了尊孔卫道的意向，所以著成《论语文解》一书。该书于1918年11月由上海商务印书馆出版，是钱穆生平出版的第一部著作。

《论语文解》出版后，商务印书馆按规定要赠给作者一百本书，但钱穆申请改为一百元购书券。他用这一百元书券到无锡的书店购书，在经史子集四大部类中，选择自己所缺的陆续购买。借助这百元书券所购的图书，钱穆学问又获大进。

有一天，钱穆购买了浙江官书局出版的《二十二子》。依次细读，读到《墨子》时，开卷就觉得有错误。他心中大疑，认为官书局版本不应该有这种错误。再往下读时,发现错误百出,几乎每页皆有。带着疑惑,钱穆奋笔记下各条错误,并加以改正,取名为《读墨闇解》。几天下来,罗列了很多错误,不免心生疑云:《墨子》为先秦名著,两千多年来不可能没人发现其中的错误,而且这本书的校注者毕沅是清代大儒,更不应该不知其中的错误。

于是钱穆翻查商务印书馆出版的《辞源》,在墨子条下看到有《墨子间诂》一书。于是前往书店中购买了孙诒让的《墨子间诂》。拿到书后赶紧阅读,发现自己怀疑有错的地方,孙书都已列举,自己没有疑问的地方,孙书也列举了不少。而且孙书所有修改的地方,都有明确的证据,取材非常广博。钱穆再看看自己的《读墨闇解》,有"如初生婴儿对七八十老人,差距太远"。

看到自己的浅薄孤陋,钱穆感到十分羞愧,于是逐字逐句细读孙书,不敢有丝毫疏忽。他开始钟情于清代乾嘉以来的考据之学,就是受孙诒让《墨子间诂》的启发。只是清儒治考据之学多从经学进入,而钱穆从子学进入而已。值得注意的是,考据之学今后将成为钱穆进入20世纪主流学术殿堂的通行证。

钱穆细读到孙书关于墨经的那部分时,对孙氏的解释并不完全满意。因为他在三兼小学时读过《穆勒名学》,对逻辑学有一定的基础。于是又奋笔从《读墨闇解》改写为《墨经闇解》,逐条改写孙书的解释未能惬意的地方。这是钱穆写《论语文解》后第二部有意的撰述。

为了防止自己的孤陋寡闻,钱穆规定每日必读新书,一定要做到"日知其所无"。他看到书架上还有很多书没读,心中想读的书更是无穷无尽。于是《墨经闇解》的写作进程就慢了下来,暂时未能成书。数年后,钱穆读到章太炎、梁启超、胡适等人的著作,才知道墨学已经成为当时的显学。

在后宅初小任教时,钱穆开始给报纸投稿。当时,上海《时事新报》副刊《学灯》的主编是刚从欧洲留学归来的李石岑。在每期《学灯》上,他写的文章都以大一号字登在头版,其他文章则以小一号字排版。钱穆与安若泰、蔡英章聊天时说,李石岑的文章语简意远,确实比其他文章好。他也想试投一稿,看看能不能也以大一号字登在头版。安、蔡两人怂恿钱穆试试看。

于是钱穆写了一篇文章,大约三百多字,题目为《爱与欲》,向《学灯》投稿。这是他生平第一次向报纸投稿。

过了几天,钱穆的文章果然以大一号字在《学灯》头版刊登。这是《学灯》历史上第一次以大一号字刊登李石岑之外的作者的文章。安若泰和蔡英章大加夸奖,催促钱穆继续写文章投稿。几天后,钱穆的文章再次以大一号字登在《学灯》头版。

安、蔡两人更加兴奋,又催促钱穆写第三篇文章。此时《学灯》忽然刊登一条公告:请钱穆先生告知通讯地址。安、蔡两人非常高兴,说老兄从此结交当代哲人,通讯久了,前途无量。

于是,钱穆准备写信把自己的通讯地址"后宅镇第一小学"寄给《学灯》。安若泰和蔡英章看了,赶紧阻止说:"您的学问高人一等,为何做事这么愚蠢?"钱穆问:"怎么愚蠢啦?"安若泰说:"应当通信久了,才可以让他知道底细。像您寄这样的通讯地址,我敢打赌,必无通讯希望。"

钱穆说:"行不更名,坐不改姓。所写文章和所任职务是两回事。我不愿打赌,但也不愿意不把自己的真相告诉别人。"安若泰接着劝道:"图书馆地址也是这里,不如用图书馆的通讯地址,他也许会怀疑你是宿学老儒,如此也许还有通讯希望。"钱穆不听劝告,把后宅小学的通讯地址寄上,顺便向《学灯》投出了第三篇文章。

不久以后，这篇文章改为小一号字体，登在青年论坛中，也没有来信。安若泰说，果然不出我所料。并对钱穆说，你如果不信，可以继续投稿，将决不会再以大一号字登在头版。钱穆不信，又寄去第四篇文章，结果继续登在青年论坛。自此以后，钱穆再没兴趣投稿。

所谓人微言轻，自古皆然。名报如《时事新报》，贤人如哲学家李石岑，都未能免俗，更何论其他？

十几年后，钱穆已任教北京大学，暑假回苏州，正好在宴会上与李石岑同席。虽然两人第一次见面，李石岑还记得钱穆的名字，见面就问："您现在在北大，还作文言文吗？"钱穆回答："是的。"接下来两人随便说些别的，不再提当年投稿之事。

好在冥冥中自有天意，钱穆的文章虽然没有见知于李石岑，却见知于老同学施之勉。就在钱穆投稿《学灯》的第二年春天，安若泰去上海与常州府中学堂同学施之勉会面。旅馆夜谈，两人纵论一时作家名人。

施之勉首先提到钱穆的名字，说在《学灯》上看过此人文章，文体与众不同，可惜不知此人来历。安若泰说，此人是我们在常州府中学的老同学，现在和我一起在后宅小学。因为曾经改过名字，所以你不知道。当时施之勉在厦门集美中学任教务长，所以对安若泰说，我此去，必加推荐，你们等我的消息！

第三章 中学教国文

君似不宜长在中学中教国文,宜去大学中教历史。

——顾颉刚

一、厦门集美学校

1922年秋季，钱穆辞去后宅初级小学校长及泰伯市立图书馆馆长之职，转至无锡县立第一高等小学任教。到校还不满一个月，忽然接到厦门集美中学的电报，接着又收到该校寄来的聘书。这是钱穆第一次得到任教中学的邀请。毫无疑问，肯定是老同学施之勉的鼎力推荐。

钱穆准备前往厦门应聘，一方面是出于经济方面的考虑，当时钱穆的月薪是24元，而集美开出的月薪是80元；另一方面是钱穆觉得长期留在乡村教书，对自己的学业发展不利，于是向校长提出辞职，得到了校方的同意。

在家过完中秋节以后，钱穆一人前往上海，搭海轮赴厦门。这是钱穆第一次渡海远游，只见"长风万里，水天一色"。他早晨观日出，傍晚观日落，整日都在船头或船尾饱览海景。

海轮在大海上航行了三天之后，终于缓缓驶入厦门港。由于到达时已近傍晚，钱穆只得在厦门大学借宿一晚。他发现这里的师生都说闽南语，叽里呱啦，不知所云，如入异国。

第二天一大早，钱穆就前往校长办公室报到。到了集美中学后，发现学校既没围墙，也没校门，校园内高楼林立，只有校长办公室是一间不起眼的平房。

校长叶采真看见钱穆来，非常高兴，寒暄过后，把钱穆送到预定的寝室。寝室很宽敞，三面都是窗，让人感觉很舒适。学校本来安排钱穆和施之勉两人同住，但施之勉在校外另租了一个房子，所以平时不住在学校。

当天下午，施之勉就来看望钱穆。施之勉（1891—1990），无锡人，幼时读过私塾。清宣统年间考入常州府中学堂，与钱穆不同班，虽不相识但彼此知晓。毕业后执教于家乡小学。1915年考入南京高等师范学校，师从中国近代著名史学家柳诒徵。1920年起任厦门集美中学历史老师兼教务长。如今两人虽是初次见面，但一见如故。

钱穆在集美担任高中部两个师范毕业班的国文课。到校第二天就上堂讲课，讲授曹操的《述志令》。当时钱穆研究中国文学史有心得，认为汉末建安时，是古今文体的一大转变。不仅五言诗在此时兴起，即使散文也与从前大异。而曹氏父子三人，对此贡献很大。

上课时，校长也不时在教堂外徘徊听讲。而学生们本来只知道曹操是一个大奸雄，没想到他在中国文学史上也有如此特殊的地位，听完后都深表佩服。

当天晚上学校举行欢迎新同事的宴会，校长请钱穆坐首座。正当钱穆受宠若惊之际，施之勉向钱穆道出了原委。原来这两个班的国文课，前任一人是五十开外的老名士，西装革履，教白话文，现返南京自办一学院；另一人是施之勉在南京高等师范学校的同学，三十岁左右，戴瓜皮帽，穿长袍，教文言文。两人年龄相差很多，而且新旧意趣不同。年老者趋新，年幼者守旧，但两人都得到班上学生的推崇佩服。今年两人因故辞职后，学校想聘请一个新人兼此两班课，但能否获得两班学生的肯定实在没有把握。当施之勉向校长推荐钱穆时，校长虽然同意一试，但心中还是不安，等到今天获得两班同学的一致好评后，心中大喜，特别向施之勉称赞钱穆。

钱穆在集美的教学任务比以前减轻不少，于是一心一意努力读书。

图书馆离钱穆的寝室不远。校长多次告诉钱穆，图书馆的事务，还希望他经常指导。估计施之勉在推荐钱穆时，只说他是图书馆长，没说钱穆是小学校长，所以校长有此印象。然而，也许是怕喧宾夺主，集美的图书馆长看见钱穆并不热情，钱穆也就不再多言。

钱穆在集美所读的著作，以《船山遗书》最为浩繁，也最受启发。依照在梅村县四高小养成的习惯，钱穆读《船山遗书》时，不抽读，不翻阅，通体读之。遇到有心得的地方，加以笔录。后来在北京大学写《中国近三百年学术史》，船山一章所用资料就来源于此。他读到王夫之所注的《楚辞·九歌》，看到书中说屈原居湘乃汉水，非沅湘之湘，尤受启发，后来在《先秦诸子系年》一书中详细阐发。钱穆也从中注意到古史地名的沿革。

读书之余，钱穆喜欢出游。每逢星期日，就和同事结伴游鼓浪屿。他喜欢游览鼓浪屿上的两个公园，一个在山上，一个在海滨。海滨的公园有曲折的长桥架在海上，可以饱览海天胜景，钱穆尤其喜欢。他又喜欢作海滩游，预估每天涨潮的时间，在涨潮之前提前来到海滩，坐在大石上迎接潮水，等潮水近身而退。

1923年5月，集美学校发生学潮。当时全国正掀起收回旅顺、大连这两个日本租界的爱国运动，集美学校的学生也参加了反日宣传和抵制日货运动。学生派代表向校方提出停课。校长却以"鼓动学潮，破坏学校"的名义开除了两名学生代表，从而引起了学生罢课。

校长不肯让步，反而又开除了十几名学生。双方僵持不下，冲突愈演愈烈。钱穆和另外两个老师想要出面调停，但校长一意孤行，拒绝他们介入。最后激起学生的公愤，大家讨论散学。钱穆对校长开除学生的做法深表不满，决定辞职以示抗议。虽然校长反复挽留，他还是决意离去。

二、无锡第三师范

返回无锡后不久,经钱基博介绍,钱穆转入无锡省立第三师范任教。无锡三师创建于1911年,是一所江苏名校。第一任校长顾述之,将"弘毅"定为校训,要求学生志向远大、意志坚强。校内名师众多,有钱基博、沈颖若、胡达人等南社成员,都是东南国学俊秀,其中尤以钱基博最为知名。

钱基博(1887—1957),字子泉,江苏无锡人,民国时期著名古文学家、国学大师,被张謇誉为"大江南北一人而已"。他与钱穆同宗不同支。无锡钱氏有句老话:"东有七房桥,西有七尺场"。七房桥指的是湖头支,七尺场指的是堠山支。钱穆属于湖头支,而钱基博属于堠山支。这两支钱氏都是学术大师辈出。在湖头支中,有"一门六院士"(指台湾中央研究院院士钱穆,钱穆的女儿中国工程院院士钱易,钱穆的侄子中国科学院院士钱伟长,以及同支的中国科学院院士钱俊瑞、钱临照和钱令希)的佳话。而在堠山支中,则以钱基博、钱钟书父子为代表。

钱基博早年曾创办一个定期专刊《思潮月刊》,钱穆在上面投稿,解释《易经》坤卦的"直、方、大"三字,颇有新意,因此获知于钱基博。当钱基博听说钱穆自集美回无锡后,立即来邀请他前往三师任教。

此时钱基博已经在上海圣约翰大学和光华大学任教,只是因为他所带的四年级班还未毕业,所以暂时留在三师兼课。钱基博的家靠近三师,钱穆常去他家长谈。钱穆和钱基博除了同宗以外,两人还有不少相似之处,比如他们都没有"高学历",主要是靠自学苦读走上文史研究的道路;两人都热心于教育事业,以弘扬中华传统文化为己任,因此相谈甚契。

钱穆对钱基博的学问、人品深为钦佩，直到晚年，仍念念不忘地赞叹道："余在中学任教，集美无锡苏州三处，积八年之久，同事逾百人，最敬事者，首推子泉。生平相交，治学之勤，待人之厚，亦首推子泉。"（《八十忆双亲·师友杂忆》，第133—134页，北京三联1998年）

钱基博的儿子钱钟书，此时刚刚小学毕业。钱基博常常把钱钟书的考卷给钱穆看，钱穆发现他果然聪慧异常。后来钱穆在清华大学任教时，钱钟书也在清华外文系读书，此时的他已经兼通中西文学，博览群书，宋代以后的集部书籍无不过目。毕业后，留学英国。回国后，又一度与钱穆同在西南联大任教。

三师同事中，钱穆除了与钱基博、沈颖若、蒋锡昌、诸祖耿等人交往频繁外，还与在常州府中学的同班同学郭瑞秋有交往。郭瑞秋，江阴人，曾游学日本。他的书架上有很多日文书，钱穆尤其喜欢林泰辅的《周公传》和蟹江义丸的《孔子研究》。

为了能读日文书，钱穆自修日文，不到一月就能读这两本书。他曾经翻译《周公传》的一部分，交给商务印书馆出版。后来写《论语要略》的时候，陈述孔子的事迹，也从蟹江义丸的《孔子研究》中受益不少。此时的日本，汉学研究正开创出新境界，而此时的中国，自新文化运动以后，疑古非孔，古籍成了国渣。

在三师期间，钱穆还结识了著名教育家唐文治。唐文治（1865—1954），字颖侯，号蔚芝，江苏太仓人。早年在江阴南菁书院学习，师从经学大师黄元同、王先谦。曾任上海南洋公学校长，孟宪承、邹韬奋、朱东润等人都是他这一时期的学生。

1920年冬，施省之等人出资创办无锡国学专修馆，延请唐文治为馆长，授徒讲学。唐文治为宿学名儒，记忆力很强，许多古籍都能倒背如流。虽然他主持国学专修馆时已双目失明，但在助手的协助下照样能登坛授课。钱穆早年读过他的作品，对他深厚的国学功底深为佩服。

国学专修馆就在三师对面，仅有一水之隔。钱穆虽然多次途经专修馆的大门，但自念后生小子，默默无闻，不敢轻易上门拜访。后来一次偶然的机会，钱穆在唐文治的家中拜见了这位前辈高人。当时唐文治精神健旺，两人一见如故，相谈甚欢，畅谈近两个小时。临走时，唐文治把自己的全部著作打成两大包送给钱穆。

此后钱穆又曾几度拜谒唐氏，两人成为忘年之交。唐文治是钱穆一生交游中年龄最大的一位学者，他在晚年的回忆中对两人的交往仍怀想不已，称"蔚老的气度风范常留余心目中"。而钱穆自己，也在晚年目盲之后，授课著述不已。

钱穆在三师担任一年级国文课教师并任班主任。依三师惯例，国文老师要随班升至四年级学生毕业，而且每年必须兼开一课。钱穆第一年开"文字学"课，第二年讲《论语》，第三年讲《孟子》，第四年开"国学概论"课。当时的学校，不像现在有统一的教科书，都需要自编讲义。第一年开"文字学"时，钱穆虽然自编讲义，但因篇幅不长，所以没有付印。

第二年，钱穆主讲《论语》，将讲义编成《论语要略》一书，交给商务印书馆出版。此时的钱穆，在学问上喜欢创新，喜欢突破别人已经得出的结论，总是要自己想，执着于自己的见解。

例如在《论语要略》中，他对孔子"直"的解释，颇具新意。他说孔子论"直"，大约有三层意思：第一，直者，诚也；第二，直者，由中之谓，称心之谓；第三，直道即公道。不论孔子言忠言直，言礼言恕，简而言之，都以"仁"道为本。

钱穆对"直"的解释，得到了哲学家冯友兰的赞同。30年代初，钱穆在燕京大学任教，冯友兰第一次遇到钱穆时就说："从来讲孔子思想极少提到'直'字，您的《论语要略》特别提到这个字，极新鲜又有理。我写《中国哲学史》，已特别加以采纳。"

第三年，钱穆主讲《孟子》，编成《孟子要略》，后由上海大华书局出版。第四年讲"国学概论"，讲义仅成一半，后在苏州中学完稿，交给商务印书馆出版。至此，加上钱穆在梅村县四高小完成的《论语文解》一书，已经有四部著作。只是这四部著作都是由课堂讲义编写而成，还不算专门的学术著述。

钱穆在无锡三师任教期间，对当时学术界的动态也非常关注。学校图书馆藏书丰富，钱穆在此饱览新出版的《独秀文存》《胡适文存》以及《学衡》《科学》《醒狮》《向导》等学术杂志，也常常浏览《申报》《新闻报》《时事新报》《时报》《民国日报》等各种时报，因而视野大开。

此时正值五四新文化运动进入尾声，学术界爆发了"科学与玄学之战"。1923年2月，张君劢在清华园作了题为"人生观"的演讲，提出人生观的特点是"主观的"、"直觉的"、"自由意志的"、"漫无是非真伪之标准"，科学无论怎样发达也解决不了人生观以及人的情感和道德问题。

张君劢的主张让他的好友、地质学家丁文江"勃然大怒"。丁文江随后在《努力周报》上发表了一篇题为《科学与玄学》的长文，认为科学与人生观不可分离，科学对人生观具有决定作用。他把张君劢的人生哲学斥之为"玄学"，痛斥张君劢是"玄学鬼"，号召学科学的人去打倒他。随后梁启超出来为张君劢助阵，胡适出来为丁文江呐喊，张东荪、林宰平、王星拱、吴稚晖、任鸿隽、唐钺、范寿康等学界名流数十人纷纷加入论战，场面相当热闹。

钱穆虽然此时在学术界还默默无闻，但对这场论战的关注并不亚于学界名流。他写了一篇题为《旁观者言》的文章，发表在玄学派主将张君劢、张东荪主编的《时事新报》上。他虽然肯定了科学的价值，但对科学派把科学与玄学对立起来的做法作出批评，对张君劢用宋明理学来力挽世风的做法表示敬意。作为"旁观者"，钱穆似乎更多地同情和支持玄学派。

钱穆一生尽量远离现实政治，无党无派，超然独立。然而，他不去找政治，有时政治却来找他。1926年春，后宅小学的同事赵君从上海过来，约钱穆到旅馆见面。赵君告诉钱穆，他已加入国民党，特意前来邀请钱穆入党。他赠给钱穆一本孙中山的《三民主义》，请钱穆试着读一读，准备下周来听意见。

到了下周，赵君如约而来。赵君问：是否读过了？钱穆答是，并告诉赵君，读了此书，震动佩服，感觉远远超出现代其他人的一切著作。赵君说，这样的话您今天就可入党。钱穆说："这件事我仔细考虑过了，等我将来学问有成，一定致力于阐发此书的精神。但如果入党，就成为一个党员，尊崇领袖，传播党义，国人都会认为我是为自己政党服务，效果有限。如果我不入党，就能以普通国人的身份尊奉中国当代大贤，弘扬中华民族精神，一公一私，效果绝对不同。我已决定了，请你不要再劝。"赵君只能怅然而去。后来钱穆撰写《国学概论》，以孙中山的《三民主义》作为最后一章，就是受了赵君的影响。

又有一次，钱穆昔日好友的儿子，也是钱穆在鸿模小学时的学生，来劝他加入同善社。同善社是以伪善名义创立的邪教组织，阴谋复辟帝制，尊奉溥仪为弥勒佛。这自然遭到具有强烈民族意识的钱穆的拒绝。没想到对方坚劝不已，称老师如果能够入社，功德胜过千万人入社。钱穆没办法，只能推说改日再说。没想到过了几天，对方又来，请求更加坚决，几乎不给钱穆说话的机会。钱穆生气了，严词请他离开，并告诉学校的门房，今后不要再让此人进门，此事才作罢。

三、苏州中学

1927年，国民革命军北伐成功，定都南京，学校改组。在三师同事胡达人的推荐下，钱穆转赴苏州中学任教，担任国文首席教师，兼高三班主任，开始了近四年的苏中执教生涯。

苏州中学位于苏州城南三元坊，设在清代紫阳书院的旧址上。紫阳书院创建于清康熙五十二年（1713），是江南地区的著名学府。当时康熙提倡朱熹之学，钦定《紫阳全书》，用以"教天下万世，其论遂归于一"。因为朱熹别号紫阳，所以书院命名为紫阳书院。乾隆皇帝六下江南到苏州，每次都要来紫阳书院题词，可谓前无古例，后无来者。

紫阳书院的师资向来是一流的。清朝时期的27任山长全部都是进士出身的学界名流。其中彭启丰、石韫玉为状元，邹福保、冯桂芬为榜眼，还有清代诗学家沈德潜、乾嘉名家钱大昕、近代改良家翁心存等著名学者。到了晚清，曾国藩的得意门生、朴学大师俞樾曾在此担任山长。

时任苏中校长的汪懋祖（1891—1949），字典存，苏州人，教育家。曾留学美国，师从美国哲学家杜威，归国后一度代理北平师范大学校长。1927年，满怀办学理想的汪懋祖返回家乡创办苏州中学，准备办一所堪与欧美一流中学相媲美、同时又能延续中国文教传统的学府。他要办的是一所学术质量一流的学府（Academy），而不是杂货铺式的中学（High School）。

为此，他经常聘请学界名流来校讲课。民国时期的著名学者章太炎、张君劢、吕思勉、吴梅、吕叔湘等人都曾在此讲学。尤其是吴梅，在中国古典诗词领域的造诣堪称绝顶高手，只有北方的顾随可以与之齐名，因而学界有所谓"南吴北顾"之说。

钱穆来到苏州中学后，第一感觉是苏中校风与无锡三师大为不同。三师风气纯良，师生如一家人，四年未遭风波。而来到苏中，发现学生参与校务较为活跃。有一天，班上学生来到钱穆办公室，说现在学校欠发薪水，受学生尊敬的老师必定告假缺课。如果依然来上课，必遭学生鄙视。如今先生您上课受到学生尊崇，但学校欠发薪水却依然上课，我们觉得很奇怪，想知道原因。

钱穆听后也非常奇怪，说，学校欠发薪水是暂时的事，你们的学业关乎你们的前途，怎能随时停止。你们只管安心上课，其他的事不用管。学生们听了，面面相觑，无语而退。

过了几天，学生又来办公室，告诉钱穆准备全班罢课，派代表去南京催发薪水。钱穆说，这是学校的事，和你们有什么关系。学生们说，如果由学校催薪水，政府不动心，必由学生催，才能有效。钱穆告诉学生，你们还小，不懂社会人事，也不知道政府的内情，不要听信别人的挑唆，轻举妄动。学生们说，全班公议已决，定期罢课，特来相告，随后就离开了。到了那天，果然罢课。钱穆非常气愤，上书校长，引咎辞去班主任一职。

校长汪懋祖亲自来到钱穆办公室，恳求万勿辞去班主任一职。他说，我已经亲自训斥过学生，他们都表示此后诚心听从训诲，不敢再有违抗。第二天，钱穆叫来学生问话，学生们都表示悔悟，恳请钱穆继续担任班主任，并保证以后每件事都来请示。自此之后，学校风气有所改进，与钱穆初来时大为不同。那些鼓动学生闹事的老师，言行也有所改变。

1928年秋考入苏州中学的胡嘉，回忆钱穆当时上课的情景时说：

钱先生身躯不高，常穿布大褂，戴金丝眼镜，头发偏分，口才很好。讲解古文，巧譬善导，旁征博引。他的"国语尽皆吴音"，但音吐明白，娓娓动人。有时还高声朗读，抑扬顿挫，余音绕梁。他教国文和学术文两门课……他讲当时学术思想的演变，还教学生做笔记……钱宾四先生和苏高中其他老师著书立说、努力写作的精神，蔚然成风，对当时学生起了鼓舞的作用。（转引自周勇：《大师的教书生活》，第43—44页，华东师范大学出版社2008年）

钱穆性喜山林。苏州名山胜迹，园林古刹，美不胜收。苏中校园也有山林之趣，山上有道山亭，山麓有尊经阁，设有图书馆，藏书丰富。出校门有三元坊，向南右折有孔庙，甚为宏伟。钱穆也喜欢徜徉于田野之间，感觉比在梅村泰伯庙外散步更胜百倍。

苏州城中有许多小书摊和旧书店，钱穆常常前去购书。书商们说，"从前我们常常看到王国维，现在常常看到您了"。明清以来江南经济繁荣，苏州地区藏书家辈出，虽然几经战火，但"宋元刊刻、明清善本散于坊间，供识者披寻。在堆积如山的书海里觅书，并且与儒雅知书的店主人攀谈，可能是钱穆在苏州三年生活中最大的享受了"。

钱穆早在无锡三师就为四年级学生讲授"国学概论"，写成讲义七章，未全部完稿。到苏州中学后，续讲此课，继续编写未完成的讲义。在讲授"国学概论"时，钱穆对中国民族与文化的热爱与信心自然地流露出来，使学生在感受中国历代学人心路历程的同时，也被老师的学术人格魅力深深打动。他告诉学生："学术不息，则民族不亡。凡我华胄，尚其勉旃！"

1928年春，钱穆续写完后三章。他每写好一章，就把油印本寄给钱基博请求指正，又与施之勉多次通信，讨论秦焚书坑儒及两汉经学这两章。后来该讲义由吕思勉介绍给商务印书馆，于 1931 年 5 月出版。

《国学概论》是钱穆早年研究中国学术思想史的力作，与国学大师章太炎的《国学概论》同名。1922 年 4 至 6 月，国学大师章太炎在上海讲授国学，由弟子曹聚仁加以笔录整理，辑成《国学概论》一书，于当年 11 月由上海泰东图书馆出版，在学术界影响甚大。钱穆在章太炎著作出版不久后又写成一部同名的书，而且在书中公开声称不用章太炎以经、史、子、集编论国学的体例，立即引起学界的关注，出版后广为流传。

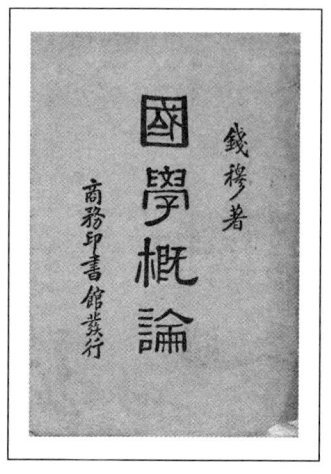

钱穆在《国学概论》中开宗明义地表达了尊奉中国传统文化的态度。他说："中国文化，于世界为先进。古代学术思想，当有研讨之价值。"书中扼要地叙述了中国两千多年来学术思想的发展，"其用意在使学者得识两千年来本国学术思想界流转变迁之大势，以培养其适应启新的机运之能力"（《国学概论》"弁言"，第 1 页，九州出版社 2011 年）。内容颇多新意，如以"阶级之觉醒"论先秦诸子，以"个人之发现"论魏晋玄学，以"大我之寻证"论宋明六百年之理学。该书第九章专论清代考据之学，常有精辟之论，时人有"竟体精深"的评价。

在任教苏州中学期间，钱穆的学问也逐渐在江南传开，许多机构人员前来结交。1928 年春，也就是钱穆任教苏中的第二个学期。毕业于清华国学研究院的方壮猷，从上海前来拜访钱穆。他告诉钱穆，正在为商务印书馆编《万有文库》，其中有两本书，即《墨子》和《王守仁》，还没有找到作者。钱穆说,可由我一人承担。方壮猷说,出版在即,能否及时交稿。钱穆说,我力争一周写成一书。方壮猷欣然同意,定下稿约。

钱穆于是用半个月时间写完这两本书,收入《万有文库》之中。虽然写作时间很短,但质量颇高。如《墨子》一书,不仅点评了清代及梁启超、胡适等近人的相关论述,而且亮出了自己的墨学研究思路与观点。

天有不测风云。1928年夏秋之交,正当钱穆舒心治学之时,两月之间家中忽然连遭三丧:出生不久的幼子、妻子和哥哥钱挚相继去世。"妻孥哭未已,兄死方余恸",百日之内,连失三位至亲,令钱穆悲痛欲绝。且不说幼子与发妻之丧,光哥哥钱挚之死,就足以让钱穆痛不欲生。

钱挚,字声一,比钱穆大六岁。父亲逝世后,钱挚尽心奉养母亲,承担全家生计,资助弟弟们完成学业。等弟弟们毕业后,又把他们安排在学校教书,替他们完婚,帮他们成家,不愧为一家之长。钱挚喜爱音乐,能弹奏多种乐器,尤其擅长琵琶与笙。而钱穆喜欢箫笛,寒暑假里兄弟俩常合奏,自有一番和乐融融的景象。钱穆的幼子和妻子去世后,又是钱挚主动承担责任,帮钱穆料理后事,好让弟弟减轻哀思,但没想到劳伤过度,旧病复发,不幸溘然长逝。想起这些,钱穆怎能不感到"椎心碎骨,几无人趣"?

钱挚遗有手圈《通鉴》一部,钱穆以后常带在身边。他又尽力搜集兄长的遗诗,编印成集,分赠平日好友和从学弟子,聊以寄托对兄长的哀思。

钱挚有子钱伟长,其名为钱穆所取,当时正跟着钱穆在苏州中学读书。钱穆与钱挚常常以未能升入大学为憾,虽然各自学有所成,但因为没有学历还是会遭受歧视,所以立誓下一代一定要出大学生。(参见钱伟长:《怀念先叔钱穆》,载于《跨越世纪——2000年至2001年文集》,上海大学出版社2002年)钱挚去世后,钱穆义不容辞地担负起培养钱伟长的重任。他告诉钱伟长要努力学习,不要辜负父亲的希望,一定要成为全家的第一个大学生。从此,叔侄俩忍着悲痛,相伴苦读。钱伟长在一篇怀念四叔钱穆的文章中写道:

钱穆(前排中)与钱伟长(前排右一)

  我到苏州中学读书,学费书杂费、生活开支全由四叔负担。他在苏州任教时,朝迎启明、夜伴繁星地苦读,经、史、子、集无不精读,时而吟咏,时而沉思,时而豁然开朗。我看他读书的滋味,简直胜过任何美餐。与当年一样,我仍从旁伴读……我和他朝夕相处,耳濡目染,学到了不少东西。

  钱伟长也不负所望,1931年考入清华大学物理系,后来成为著名的力学专家,成为新中国科技界的"三钱"(即中国导弹之父钱学森、中国力学之父钱伟长、中国原子弹之父钱三强)之一。钱穆在台北逝世后,钱伟长送的挽联是:"生我者父母,幼吾者贤叔,旧事数从头,感念深恩宁有尽;于公为老师,在家为尊长,今朝俱往矣,缅怀遗范不胜悲。"表达了对叔父教养之恩的感激和怀念。

  身旁好友见钱穆身陷悲痛,纷纷设法相助,尤其是学界前辈、《孽海花》的最初起稿人金松岑,更是多次为钱穆续娶操心。金松岑首先为钱穆介绍自己的表侄女。女孩毕业于东吴大学,有校花之称。钱穆在寒假中与她通了几封信,春季开学后就如约前往金松岑家会面。等钱穆与女孩单独会谈后,女孩告诉金松岑说,钱先生当老师不错,当丈夫则不太合适。

金松岑又为钱穆介绍自己在外县任教的女弟子。等金松岑在信中把这个意思告诉女弟子后,女弟子回信说,钱先生属羊,她自己属虎,羊入虎口,不宜婚配。金松岑又无功而返。为了感谢金松岑,后来钱穆续娶苏州姑娘张一贯时,请他作为介绍人,算是圆了他一个红娘梦。

四、考订先秦诸子生平

就在金松岑不断为钱穆操心的同时,钱穆也在努力调整心情,争取尽快走出连续失去至亲的巨大精神打击。他能作出的最大努力就是尽量将心思转移到学术上,转移到他考辨先秦诸子生平与思想的文稿——《先秦诸子系年》(以下简称《系年》)之上。他自称"枯槁之余,重得生理,颇有意刊《系年》"。

自清代以来,考论先秦诸子年世的学者不少。清末章太炎、梁启超提倡先秦诸子之学,一时成风靡之势。风气所及,影响到胡适在美国的博士论文以"先秦名学史"为题。但由于资料的缺乏以及现有材料未能得到很好利用,使得很多问题无法得到解决,诸如先秦诸子的先后渊源与系统,以及战国史的发展环节等,都仍处于不清不楚的状态之中。

钱穆于1923年秋开始有意写作《系年》。当时北平、上海各大报章杂志,由于章太炎、梁启超、胡适等人的大力提倡,都在谈先秦诸子。钱穆所持观点与别人不同,因此没有向报章杂志投稿,怕引起争论、忙于答辩而浪费时间。于是将稿子常留手边,时时加以改定。

后来钱穆在无锡三师讲《论语》课时，成《论语要略》一书，考订孔子生卒行事。他在讲课的过程中，对先秦诸子的生平事迹不断进行考订，花了好几年的功夫，得到考辨文章一百六十三篇，近三十万言。每一篇文章，有的花费上月，有的花费上年。少的改三四稿，多的改十几稿。

1929 年冬，就在钱穆的《系年》初稿基本完稿之时，钱穆与当时史学界的一位泰斗级人物相遇了，他就是经学奇才、著名历史学家蒙文通。蒙文通，四川人，经学大师廖平的高足。他偶然在无锡三师校刊上读到钱穆《先秦诸家论礼与法》一文，认为和他老师最近所持的观点可以相通。于是写了一封万字长信，与钱穆讨论。等钱穆转入苏州中学，蒙文通正好在南京的支那内学院听欧阳竟无讲佛学。

有一天，蒙文通从南京来苏州拜访钱穆。两人同游灵岩山，又到太湖之滨的邓尉赏梅。"有朋自远方来，不亦乐乎？"两位神交已久的朋友俯仰湖天，畅谈古今，非常痛快。

时值冬季，两人各乘一轿，轿中一有空闲，蒙文通就读钱穆的《系年》文稿，尽情品尝一睹为快的乐趣。书还没有读完，一向吝啬赞美之词的蒙文通不禁称赞道："君书体大思精，惟当于三百年前顾亭林诸老辈中求其伦比。乾嘉以来，少其匹矣。"

蒙文通早在 1915 年就撰有《孔氏古文家》，辨别旧史与六经的区别，受到他的老师廖平的嘉许。1922 年，蒙文通撰《经学导言》，时已偏瘫的廖平以左手写数纸给蒙文通，称："文通文如桶底脱落，佩服佩服，将来必成大家。"也就是说，在阅读钱穆的《系年》时，蒙文通已是研究先秦学术的大行家了。

等返回苏州，由于蒙文通急着回去，但《系年》文稿还未读完，所以钱穆就让他带着文稿返回南京。蒙文通有朋友专治墨学，看见钱穆的稿子，手抄了其中有关墨家的各篇，刊载在柳诒徵、缪凤林主办的《史学杂志》上。这是钱穆的《系年》文稿最先唯一发表的部分。而全书完全成稿并出版，则要等到六年之后。事详于后。

东吴大学教授陈旭轮，字天一，兼任苏州中学教师，与钱穆互为知音。陈旭轮是个识才之人，非常看重钱穆的学术才能。钱穆也把他看作学术上的知音，每部著作脱稿后，总把原稿给陈旭轮先睹为快，并请其指正。

有一天，陈旭轮读了钱穆的《先秦诸子系年》文稿，认为这是一部"谨严不朽之名著"，以钱穆学力之精博，考据之严密，"吾同学同志中，无此能力，可以匹敌"。同时，陈旭轮也为钱穆不得他人赏识而慨叹。因此，每有学人来苏州，他总忘不了把苏州中学的钱穆夸赞一番，并真诚地称钱穆为"畏友"。

五、初识胡适

在中国近代学术史上，有两位"但开风气不为师"的思想家，一位是"五四"前的梁启超，另一位则是"五四"后的胡适。

胡适（1891—1962），字适之，安徽绩溪人，比钱穆年长4岁，属同辈中人。他幼时受过私塾教育，有较深的国学功底。1904年至上海新式学堂接受"现代"教育。1910年考取第二批留美官费生，进入美国康奈尔大学读农科，不久改读文科。毕业后入哥伦比亚大学研究院，师从著名哲学家杜威，接受了杜威的实用主义哲学，并一生服膺。

1917年，胡适完成博士论文，于当年回国，被聘为北大教授。他高擎"文学革命"的大旗，致力于推翻行用两千多年的文言文，在新文化运动中"暴得大名",与陈独秀同为五四运动的轴心人物。其成名之骤,崛起之速,令学界叹为观止。

此时的钱穆对胡适也非常钦佩和仰慕。在钱穆早年著作《国学概论》中,他对梁启超和胡适二人的诸子学研究作了这样的比较:"梁任公谈诸子,尚在胡适之前,然其系统之著作,则皆在胡后",梁书叙述时代背景,较胡书特为精密详备,"惟其指陈途径,开辟新蹊,则似较胡氏为逊"。

1928年,钱穆应苏州青年学术讲演会的邀请,作"易经研究"的演讲。他在演讲中公开声称,他研究《易经》的方法正是采用了胡适"层层剥笋式"的方法,并宣称这是"一个比较可靠而可少错误的新方法"。

1929年夏,胡适应邀到苏州女子师范讲学。抵达苏州的第二天,他受苏州中学校长汪懋祖的邀请,到苏州中学演讲"我们的生路"。钱穆终于有机会一见这位让他仰慕已久的一代学人。所以演讲当天,钱穆早早地在前排坐定。

不久,汪懋祖陪同胡适进入会场,看见钱穆后,招手让他上台同坐。原来胡适赴苏州前,东吴大学教授陈旭轮曾写给他一纸,提醒他两件事,一件是记得购买长洲江湜的《伏敔堂集》,另外一件是不要忘了见一见苏州中学的钱穆。胡适拿出纸条给汪懋祖看。汪懋祖正巧看到钱穆坐在台前第一排,就特招钱穆到台上同坐,介绍他与胡适见面。

胡适拿着陈旭轮的纸条,对钱穆说:"天一向我推荐你,还说你的考据之学在我之上呢。"钱穆谦虚了一番后,自然不会放弃向他请教问学的机会,便问道:"适之先生,《史记·六国年表》我遍觅遍询不得,您知道它吗?"因为此时钱穆正在撰写《系年》,有两书讨论《史记·六国年表》,但苏州藏书不丰,"遍觅遍询不得"。遇到在学术界如日中天的胡适,而胡适又是海内藏书大家,自然就出口相询。

也许胡适在这方面的研究并非其所长,或者钱穆所问的问题过于冷僻,当时胡适未能回答出来。初次见面,就以疑难相询,这不免使这位学术界的大人物陷于尴尬的境地,让胡适多少有点不快。

演讲后,汪懋祖宴请胡适,钱穆也陪席。汪懋祖挽留胡适在苏州逗留一晚,遭到婉言谢绝。胡适说:"实在抱歉,我没有带剃须刀,这一晚会让我十分难受。"所以他吃完饭就想返回上海。

在上火车之前,众人陪胡适同游拙政园。拙政园是苏州三大名园之一,大家围坐在园中一艘石船的石座上,露天环水,闲谈一个多小时。随后准备一起送他到火车站。胡适在离开石船之前,撕下日记本上的一页纸,写上他在上海的住址,交给钱穆说,你来上海,可到此见面。如果写信,也照这个地址。

对于胡适不冷不热的态度,钱穆自己反思,可能是初次见面,就以疑难相询,事近刁难,所以不免失礼。只是自己"积疑积闷已久,骤见一天下名学人,不禁出口",也属自然之事。在钱穆看来,胡适虽然世俗之名很大,但既不像中国古代的大师硕望,也不像西方近代的学者专家,而是社会名流式的人物,至少骨子里不是纯正的读书人。心中既有芥蒂,钱穆就没有主动与胡适联系。

二人初识,远非思慕已久所应有的亲切自然,这似乎预示着两位学者日后的不谐乃至相斥。

六、伯乐与千里马

世有伯乐,然后有千里马。千里马常有,而伯乐不常有。

和当年投稿《学灯》一样,钱穆虽然未能见识于学界领袖胡适,却见识于胡适的得意弟子，同时也是当时京城学界三大"老板"（指胡适、傅斯年和顾颉刚）之一的顾颉刚。如果不是顾颉刚回苏州探亲慧眼识才，钱穆浮出史学界的水面恐怕还要推迟一段时间，他还要付出更多的艰辛。

顾颉刚（1893—1980），江苏苏州人，著名历史学家、民俗学家。他于1913年考入北京大学预科，1916年入北大哲学系。

在北大当学生的时候，顾颉刚特别喜欢看戏，每天上午第二节课下课的时候，他就出校门到大街上看各个戏园贴的海报。老北京的人把看戏说成是"听"戏。内行的人，在戏园里，名演员一登场，他就闭上眼睛，用手指头轻轻地打着拍子，静听唱腔。只有不在行的人才睁开眼睛，看演员的扮相，看武打，看热闹。

顾颉刚是既不听，也不看，他所感兴趣的是戏中的故事。同是一个故事，许多戏种都有，不过细节不同。看得多了，他发现了一个规律：某一出戏，越是晚出，它演的那个故事就越详细，枝节越多，内容越丰富。故事也好像滚雪球一样，越滚越大。由此他想到，故事是人编出来的，经过编的人的手越多，内容就越丰富。他由此联想到：古史也可能有写史的人编造的部分，经过写史的人的手，就有添油加醋的地方，经过的手越多，添油加醋的地方也越多。这就是他《古史辨》的基本思想，是他从看戏中得来的。

1923年，顾颉刚大胆地提出了"层累地造成的中国古史"说，掀起了一场声势浩大的疑古思潮。他认为传统的所谓中国古史，完全是后人一代代垒造起来的，并非客观真实的历史，所以要对它们进行全面的理性的审查。这一惊人的创见在史学界引起了轰动。

1926年，由顾颉刚编辑出版了《古史辨》第一册，奠定了"古史辨派"的基础。此后，顾颉刚等人又相继编辑出版了6大册的《古史辨》，收入了350篇文章,约325万字,从传说中的大"禹"的存在,到孔子及其学说的地位、秦汉的统一等都进行了系统的考辨,是我国现代史学史上资料最丰的考据学著作之一。

对于顾颉刚的"层累地造成的中国古史"说,胡适认为是"替中国史学界开辟了一个新纪元",顾颉刚的同学傅斯年则指出这一学说是"史学的中央题目",郭沫若也认为"的确是个卓识"。钱玄同称赞顾说"精当绝伦",以后把自己的名字也改为"疑古玄同"。反对者如刘掞藜、胡堇人(胡适族叔)、柳诒徵等撰文批驳,由此引发了一场古史大讨论,顾氏也因此在学术界的地位扶摇直上,成为古史辨派的领袖人物。其风头之健,得名之骤,在民国时期的学术界,除胡适外恐无第二人。

1929年秋,名满天下的顾颉刚由广州中山大学转赴北平燕京大学任教,途中回苏州省亲。陈旭轮觉得这又是举荐钱穆的好机会。他陪顾颉刚到苏州中学拜访钱穆,促成钱穆和顾颉刚的第一次会面。在苏州中学的宿舍里,顾颉刚把目光投向了钱穆刚刚完成的《系年》初稿,面对这个中学教师的心血之作,顾颉刚一览之下惊诧不已,请求将稿子带回家中阅读。

几天以后,陈旭轮带着钱穆回访顾颉刚。顾颉刚对钱穆说,您的《系年》我匆匆翻阅了一下,"君似不宜长在中学中教国文,宜去大学中教历史"。他告诉钱穆,他离开中山大学时,副校长朱家骅曾嘱咐他代为物色新人,现在准备推荐钱穆前去任教。他还说,他在中山大学任课,以讲述康有为今文经学为中心。此次去燕大,将兼任《燕京学报》的编辑任务,请钱穆有空为《燕京学报》撰稿。

有一天,钱穆忽然得到中山大学的电报,聘请钱穆前往任教。钱穆拿着电报,亲手交给校长看。汪校长说,您前往大学任教是迟早的事,我明年也要离去,您能否再留一年与我同进退。在校长的盛情挽留下,钱穆回电婉拒了中山大学的聘书，仍然留在苏州中学，并且写信把情况告诉了顾颉刚。

顾颉刚回信说，请钱穆按照两人的第二个约定，为《燕京学报》撰文。钱穆早在后宅初小时，读到康有为的《新学伪经考》，就怀疑其内容，现在因为顾颉刚正主讲康有为，于是写了《刘向歆父子年谱》一文，寄给顾颉刚。顾将其发表在1930年6月出版的《燕京学报》第七期上，后又编入《古史辨》第五册中。

这篇文章成为钱穆的成名之作。它是钱穆多年来潜心于经史研究的一个成果。在文中，钱穆要解决的是当时学术界共同关注的一个大问题——两汉今古文之争。清末康有为力主刘歆伪造古文经之说，产生了巨大的影响，尽管当时即有章太炎、刘师培等人大力反驳，但双方的争论显然没有从根本上解决问题，直到钱穆登上学术舞台之时，这仍是学界普遍关心的事情，学者头脑中大都还有古文经是否刘歆伪造，《周礼》、《左传》等书是否伪书的疑问。

在这篇奠定学术地位的长文中，钱穆所用的方法很简单，基本是根据《汉书·儒林传》及与此相关的大量史料，梳理出自西汉昭帝元凤二年（前79）刘向出生到王莽地皇四年（23）刘歆、王莽死亡为止的经学史实，逐年排列，以及西汉末及王莽新朝间儒林人物行事，错综排比、融会贯通，将各家各派师承之家法和经师论学的焦点所在以及诸经博士间的意见分歧，都原原本本地凸显出来，以有力证据证明康有为《新学伪经考》说刘歆伪造古文经之不通处28条。

由此，钱穆得出结论：就刘向、刘歆的生卒年来看，刘歆领五经只有大约五个月的时间。在如此短的时间遍造"伪经"，显然不太可能。而且，如果按照康有为的说法，刘歆造"伪经"是为了帮助王莽篡权，但从时间上来看，也不成立，因为在刘歆争立古文经时，王莽还不具备篡权的机会。因此,康有为力主刘歆造伪之说,纯是为其托古改制的政治目的而杜撰的。

这就是钱穆读书的过人之处,同样的书,能读出不一样的东西。由于该文考证细密、证据确凿,所持论断与时贤所论截然相反,因而此文一出,立即引起了北方学界的震动。有人将它视为"学术界上大快事",认为钱穆以翔实证据一举摧破康说,"使人从康有为《新学伪经考》的笼罩中彻底解放了出来","使晚清以来有关经今古文的争论告一结束",意义不可谓不大。原先北平各大学都开设经学史及经学通论课,且都持康说。自钱穆此文一出,此类课程"即在秋后停开,开大学教学史之先例"。

再从钱穆一生坚持的维护中国传统文化的立场来看,钱穆批评康有为的《新学伪经考》,是因为康氏开启了疑古辨伪之风,使年轻人对中国古籍普遍抱有存疑不信之心,从而对中国固有的学术文化也抱有存疑不信之心,进而导致民族精神的涣散。所以钱穆不得不站出来为刘歆平反,让年轻人对中国古籍乃至中国传统文化重拾信心。

钱穆在文中所持的观点与顾颉刚相反,没想到顾颉刚不仅不介意,还既刊登了钱穆的文章,又特别推荐钱穆到燕京大学任教。此种胸怀,深深地为钱穆所钦佩。尽管当时两人的学术地位相去甚远,学问研究方法、学术观点也不一致,甚至截然相对,但是论学不害交谊,顾颉刚这种慧眼识人、举荐人才的胸怀和精神,令人感佩不已。

这就是冥冥之中的命运安排,也是成为大学者的重要条件:机遇。千里马常有,而伯乐不常有。钱穆正是因为受到顾颉刚的多次举荐,由乡村中小学教师登上大学讲台,成为大学讲师、副教授、教授、名教授,成为中国现代学术界的大师级人物。

第四章 北大讲历史

钱宾四先生,在北大任历史讲席已越十年,学识淹博,议论宏通,极得学生欢迎。其著作亦均缜密谨严,蜚声学圃,实为今日国史界之第一人,刚敬之重之。——顾颉刚

一、燕大印象

有学者从古今中外历史中总结出这样一种"人才学"现象：生于穷乡而终老僻壤者，难以成材；生于市井而终老市井者，成材亦稀；唯有生于穷乡而后转入城市者，成材率高。

1930年秋，生于穷乡的钱穆转入大城市北平的燕京大学任教，担任国文系讲师，开始了在北平为期八年的大学教学生涯。这是钱穆学术和人生的一次重大转折。

燕京大学是中国近代最著名的教会大学之一，成立于1919年，由华北地区几所教会大学合并而成。虽然教育部规定校长必须是中国人，但校务实际上全由监督司徒雷登（1876—1962）一人主持。

钱穆到校后，第一时间先去拜访顾颉刚，发现他家非常热闹，来访者络绎不绝。不过顾颉刚擅长写文章，口才却不好，接待宾客时木讷少语。钱穆听说他上课也以写黑板为主。然而，顾颉刚待人情厚，常留客人与家人同餐。对待来访的钱穆自然也不例外，钱穆因此见到了他贤惠的夫人和两个女儿。后来，钱穆经常去拜访，但顾颉刚事忙，很少回访，仅仅去钱穆的寝室回访过一回。

钱穆在燕大担任大一、大二的国文课。他上课时仅持曾国藩的《经史百家杂钞》，以随机的方式，由学生申请选讲一篇。不在上课前预定，反而增加了学生上课的兴趣。

有一次作文课，钱穆出题为《燕京大学赋》，让学生们下课后试写。

有个叫李素英的女生，文笔特好，受到钱穆的赞赏，不仅写了密密麻麻的评语，而且当作范文在课堂上仔细分析，使她一时名播于燕大、清华两校之间。

钱穆上课时采用旧式教授法，最喜欢讲书。据李素英回忆，钱穆在燕大讲课时"总是兴致勃勃的，声调柔和，态度闲适，左手执书本，右手握粉笔，一边讲，一边从讲台的这端踱到那端，周而复始。他讲到得意处突然止步，含笑面对众徒，眼光四射，仿佛有飞星闪烁，音符跳跃。那神情似乎显示他期待诸生加入他所了解的境界，分享他的悦乐。他并不太严肃，更不是孔家店里的偶像那样道貌岸然，而是和蔼可亲，谈吐风趣，颇富幽默感，常有轻松的妙语、警语，使听众不禁失声大笑。所以宾（四）师上课时总是气氛热烈，兴味盎然，没有人会打瞌睡的。而且他确是一位擅长诱导和鼓励学生的好老师"（关国煊：《国学大师钱穆先生传》，台湾《传记文学》，第57卷第4期）。

尽管受到学生的欢迎，但钱穆在燕大时最大的感受是大学的氛围与以往在小学、中学任教迥然不同。以前在小学、中学时，师生相聚，大家宛如一家人。人在学校，不觉得是客人。学校事如家务事，无论大小，都有所预闻。教书就是人生，职业与生活融为一体。而到了大学，这种感觉大为不同，明显感到自己只是一个客人，职业只是生活的一部分，需要在职业外另外找生活。

有一天，司徒雷登在家中设宴，宴请学校的新聘教师。司徒雷登问大家到校后的印象。钱穆还是像以往在中小学任教时那样，视校事如家事，直言不讳地答道："我原本听说燕大是中国教会大学中最中国化的，心中非常仰慕，等来了以后，才感觉并非如此。例如，进入校门就看见'M'楼、'S'楼，这有何含义？所谓的中国化又体现在哪里？所以应改成中国名称才对。"大家听完，都沉默不语。

其实，燕京大学的一切建筑都是以美国捐款人的姓名命名，如"M"楼，"S"楼等。受到钱穆的批评后，燕大专门为此召开校务会议，将"M"楼改名为"穆"楼，"S"楼改为"适"楼，"贝公"楼改为"办公"楼。有人跟钱穆开玩笑说，你提了这个建议，所以以自己的名字命名一楼，并且能和胡适各占一楼，实在是莫大的荣幸啊。

校内的其他建筑也一律赋以中国名称。校园中有一湖，景色绝佳，大家纷纷提名，但都不能令人满意。于是钱穆提议，就命名为"未名湖"，获得认可，一直沿用至今。

即使如此，钱穆认为如今学校建筑虽都以中文命名，论其实，仍是西方精神。只有像果育、东林、紫阳这类的学校名称才是中国传统，才能延续中国传统教育的精神。

有一天，天津南开大学的哲学教授冯柳漪前来拜访钱穆。两人谈到燕大的中国化时，冯柳漪说，燕大建筑皆仿中国古代宫殿，楼角四面翘起，屋脊也高耸，高大雄伟，在世界建筑中，不失为一特色；然而中国宫殿，其殿基必高高筑起，才算相称。现在的燕大建筑，殿基都是平铺在地面，就像人上身西装革履，而脚上却穿双凉鞋，实在有失体统。钱穆听后，叹为行家之言。

除此之外，钱穆在燕大被几件琐事弄得很不愉快。第一件事是在第一次月终考试时，钱穆按照在中学教书时的习惯给学生批分数。为了使分数具有教育意义，高分也就80左右，很少85以上，以鼓励学生继续努力；低分往往有60以下，但很少低于50分，通过补考一次来督劝学生。因此，在这次考试阅卷时，钱穆照例批了不及格的分数。

很快，有学生告诉他说，新生月考不及格必须退学。钱穆大惊，心想这些学生有的不远千里来求学，一月便令退学，他本学年将怎么办。于是到校务办公室，索取考卷，准备重批分数。没想到主事者告诉钱穆，学校无此先例。钱穆说，我今年新到，不知道学校有此规定，否则新生月考决不会批不及格分数。主事者说，你不知学校规定，所批分数更见公正无私。钱穆说，我心中不安，必取回重批。主事者没办法，请示上级，终获同意。钱穆取回重批，于是没人退学。然钱穆心中终不安，觉得学校是主人，自己是客人，喧宾夺主终不应该。

又有一事是学校发通知，都用英文。本来钱穆寝室水电费须按月缴纳，但接到英文通知后，钱穆故意置之不理。等过了一年，学校派人来问，每月通知有没有收到。钱穆说："收到了。"来人问："水电费为何不按月缴纳？"钱穆答："我是学校聘请的国文老师，不一定认识英文。为何在中国办学校却发英文通知？"来人非常生气，说："我只管收费，学校的事情我不管。"虽然钱穆最终交了水电费，但心里总是不愉快。

还有一事就是钱穆每次到学校上课，国文系办公室中空无一人。如果想喝水，非得自带热水壶，尊师重教的传统美德毫无体现。正是诸如此类的不痛快，使得钱穆不愿再留在燕大。

有一天，钱穆到顾颉刚那里，把去意告诉他。让钱穆感到奇怪的是，顾颉刚听完后十分平静，没有对钱穆说一句挽留的话，也不问离去的原因。只是说，"你暂且先回家，此下北大和清华都将争着聘请，到时你再自己决定何去何从。"

二、执教北大

1931年夏天，钱穆在家中等来了北京大学寄来的聘书，正式出任北京大学历史系副教授。这是钱穆在大学讲授历史课的开始。北大是当时中国最为知名的大学，是钱穆心目中长久向往的地方。他早年常以未能进入北大读书深造为憾,现在能够直接进入北大执教,自然是欣慰不已。到校不久,清华大学也请钱穆前去兼课。

钱穆之所以能够进入这所著名的大学,首先得益于他的成名作《刘向歆父子年谱》。当时的硕学通儒对它大都推崇备至。时任北大文学院院长的胡适读完《刘向歆父子年谱》后,在1930年10月28日的日记中就称誉道:"钱谱为一大著作,见解与体例都好。"

其次主要得益于顾颉刚的鼎力推荐。1930年,北大历史系主任朱希祖去职后,系主任一职由傅斯年代理。当时傅氏为北大历史系招兵买马,首先想到了在燕京大学任教的顾颉刚。顾氏向傅斯年推荐钱穆代替自己。他在给胡适的信中说:

北大与燕大之取舍,真成了难题目。此间许多人不放走,当局且许我奉养老亲,住入城内。为我自己学问计,确是燕大比北大为好。闻孟真(傅斯年的字)有意请钱宾四先生入北大,想出先生吹嘘。我已问过宾四,他也愿意。我想,他如到北大,则我即可不来,因为我所能教之功课他无不能教也,且他为学比我笃实,我们虽方向有些不同,但我尊重他,希望他常对我补偏救弊。故北大如请他,则较请我为好。(《顾颉刚书信集》卷一,第473页,中华书局2011年)

在顾颉刚的大力推荐下,此时的胡适和傅斯年也因为欣赏钱穆的《刘向歆父子年谱》,很快作出了聘请钱穆的决定。

初到北大,钱穆开了三门课,一门是秦汉史,一门是中国上古史,还有一门是中国近三百年学术史。前两门都是学校规定的必修课,后一门为选修课。当时北大历史系名师云集,大家公认,讲殷周史以王国维为最好,讲秦汉史以钱穆为最好,讲隋唐史首推陈寅恪,宋史尚未见谁最好,而讲明清史则有孟森。

钱穆早年勤治《史记》《汉书》，对秦汉时期的历史有比较深入的研究。所以他主讲的秦汉史深受学生的欢迎，听者云集，座无虚席，偌大的教室被挤得水泄不通。整个学期，钱穆从未请过一次假，也没有过迟到、早退。每次上课，铃声犹未落，便开始讲，没有一句题外话。让学生们感受最深的是，他一登讲坛，便全神贯注，滔滔不断地讲下去。以炽热的情感和令人心折的评议，把听讲者带入到所讲述的历史环境中，如见其人，如闻其语。

在评价秦汉时期的历史人物时，钱穆不以成败论英雄，不以正统观论是非，对王莽新政评价很高，认为决非"外戚之祸"一语所能概括，肯定王莽是当时统治阶级中一位杰出人物。他说，豪族兼并，贫富不均，是西汉二百年来最大的问题。贾谊、晁错、董仲舒讨论于前，王吉、贡禹诸儒深唏于后；而西汉历代皇帝，很少有人能注意到此，也无人了解这个问题的严重性。只有王莽锐意变法，想解决这个西汉的顽疾，所以不可谓非当时的杰出人物。

在讲授中国上古史时，有人来信说，你不懂甲骨文，怎么还厚着脸皮讲上古史。等钱穆上课时，他拿出这封信对学生们说："我不懂甲骨文，所以在课堂上不讲甲骨文。但同学们要知道，甲骨文外还是有上古史可讲。请你们试听一下，如何？"

当时在历史系就读的何兹全，后来回忆钱穆讲中国上古史时说："钱先生讲课，很有声势，也很有特点。虽然一口无锡方言，不怎么好懂，但吸引人。我听过他的先秦史、秦汉史。他讲先秦史，倒着讲，先讲战国，再往上讲春秋、西周。我听他一年课，战国讲完，也就到学年结束了。他讲课讲到得意处，像和人争论问题一样，高声辩论，面红耳赤，在讲台上龙行虎步，走来走去，这头走到那头，那头走到这头。"(《何兹全学述》，第13页，浙江人民出版社2000年)

针对当时的疑古潮流，钱穆在课上告诉学生："古代确实有不少可疑之事，但也有很多确信无疑的。例如，我姓钱，此钱姓即属古，不用怀疑。我确信有父亲有祖父，乃至以上三十几代前，是五代吴越王钱镠。以上仍有钱姓。现在有人不姓钱，改姓疑古，这是什么道理？"将批评的矛头指向疑古派的急先锋钱玄同。

课后有同事说："你上课怎么如此大胆？"钱穆问何事。他说："你知道班上有钱玄同的儿子吗？"钱穆答："知道。"那人说："您还是谨慎一点，不要多惹是非。"钱穆说："我讲上古史课，如果也疑古，那就没什么好讲的了。"

过了不久，钱穆应邀参加朋友的宴会，来宾都是各个大学的史学教授。其中清华大学西洋史教授孔某，和北大史学系教授孟森，两人皆年老，主人推两人坐首座，说"孔孟应居上，不要推辞"。又指着钱穆与北京师范大学教授钱玄同说："你们两人同宗，并排坐吧。"

坐定后，钱玄同问钱穆："你知道我的儿子在你班上吗？"钱穆答："知道。"钱玄同接着说："你课上讲的每句话、每个字他都仔细地记了下来。"钱穆答："哦，这样勤奋倒是少见。"钱玄同又说："他的笔记我也看了，一个字都不漏。"钱穆听完，一下子紧张起来，因为全北平都知道钱玄同是走到哪里骂到哪里的火药桶，以"十分话说到十二分"著称，有些观点如"废除汉字"、"人过四十皆可枪毙"，都是耸人听闻之论。钱穆担心饭局变成骂场，仓促间不知怎么回答。好在钱玄同接着说："他相信你的话，不信我的话。"钱穆仅仅答应一声，不敢接话。后来钱玄同改说其他，钱穆心中的石头才落了地。

在钱穆所开的三门课中，之所以选择开设选修课"中国近三百年学术史"，是因为清华国学院"四大导师"之一的梁启超曾经在清华大学开过这门课，钱穆在杂志上读过他的讲义，但观点与他多有不同，甚至截然对立,所以自编讲义,申述自己的观点。

简单说来,梁启超认为中国近三百年学术,也就是清代学术,主流是考证学,特征是打倒宋明理学,因而是理学的反动。梁氏的观点得到了新意见领袖胡适的支持。而钱穆不以为然,他认为清代学术大流,论其精神,仍是延续宋明理学一派,因而清代学术与宋明理学是继承—发展的关系。这种立场鲜明的见解,与梁、胡两人的看法显然是南辕北辙。

梁启超是中国近代学术思想史上的领袖人物。他晚年致力于学术史的研究,著有《清代学术概论》和《中国近三百年学术史》这两部研究清代学术史的名作,在学术界享有盛誉,影响深远。钱穆用刘知几所总结的"史家三长",即才、学、识三方面来评价梁启超,认为梁启超有史才,但缺少史学,更缺少史识。他说:

我觉得梁任公该可说有史才,他实能写历史。但所不足的是在史学。他究嫌书读得少,并也不能精读,因此他对这一时代的事情真知道的不多。他论王荆公变法,论清代学术,均无真知灼见。他并没有在这些上详细地学,他可能是有才而无学。至于说到"识"字,那就更高一层。梁任公讲《中国六大政治家》、讲《清代学术概论》,均嫌见识不够。(《中国史学名著》,第126页,北京三联书店2000年)

钱穆开此课时梁启超刚去世不久(梁启超于1929年1月19日病逝于北京协和医院,时年56岁),所以备受瞩目,学生们竞相复印讲义,相互讨论。

第二年,钱穆想把选修课改为"中国政治制度史"。历史系主任陈受颐不同意,认为中国自秦以下政治,只是君主专制,现在改成民国,以前的政治制度可以不再追究。钱穆争辩说:"如果讲实际政治,以前的制度可以不问。但现在研究历史,以前究属如何专制,也应该略知一点,怎么能置之不问?"

钱穆争取了多次,陈受颐始终不同意。此时,钱穆生性固执的脾气上来了,说:"我来教课,上古史、秦汉史是由学校规定,而选修课应由我自由选择,不论选课学生人多人少,我就想开这门课,学校似乎没有理由拒绝!"陈受颐没办法,只能勉强答应了。

当时北大的选修课,学生可先自由听讲,一月后再决定是否选修。令钱穆难堪的是,一个月后竟无人选修。好在法学院院长周炳霖认为,学生来校后只知西洋政治,不知中国政治,现在文学院开此课,当令学生们前去听讲。于是政治系全班学生来选听此课。不久后,历史系学生也来旁听,听课的学生越来越多。由于北大校规松,选定的课可任意缺席,未选的课可随时旁听,所以教室需要经常更换。旁听的多,换大教室;缺席的多,换小教室。结果是钱穆此课不断由小教室更换为更大的教室。

从 1933 年起,钱穆开始主讲中国通史课。中国通史课是当时国民政府规定的大学必修课,是为了激发学生的民族意识。在钱穆主讲中国通史之前,北大的主事者认为通史课必须由治断代史、专门史较有成就的学者合讲,因此分聘当时北平史学界研究断代史的 15 位专家分时代、分专题讲授。历史系主任和助教两人,随班听讲,并负责在期末考试时出考题。

钱穆最初也是讲通史的 15 位教授之一,但他在课堂上明确地告诉学生:"我们的通史课实在不通。我今天在这讲,但不知前堂课何人在此讲些什么,又不知下堂课又来何人在此讲些什么。不论所讲谁是谁非,但彼此没有一条主线通贯而下。各位听此一年课,将感到头绪纷繁,摸不到要领。所以通史一课,除了增加诸位的不通,恐怕没什么收获。"

于是有人向校方反映,中国通史课不应由多人分任。但要找一个合适的人选,非常困难。有人提议由钱穆讲前半部,陈寅恪讲后半部,但钱穆自信地说:"我一个人就能担任全部,不需要与别人分任。"于是北大聘请钱穆一人独自担任中国通史课教师。

俗语说:一部二十四史,不知从何说起。北大的中国通史课并不好讲。有北大学生记载了这么一件轶事:

有位教中国通史的讲师,水平稍差。一天上课,这位教师讲了十几分钟之后,有学生忽然走上讲台,望该教师深深一揖,说道:"希望老师今天就辞职,回家读十年书,再来上课,因为某某、某某等处都讲错了。"这位老师风格也高,下课之后,二话没说,向教务科送个条子转呈校长辞职走了。(邓云乡:《文化古城旧事》,第299页,中华书局1995年)

自从钱穆担任中国通史课教师后,立即开始殚精竭虑地备课。他最初的想法是,通史课必须在一学年内讲授完毕,决不有首无尾,中途停止,有失通史课的精神。当时他住在好友汤用彤家中,距离太庙很近。为了备课,他每天吃完午饭就去太庙,到傍晚才回家。庙里有参天古柏两百棵,散布在一个大草坪上,景色幽然。北边隔着一条御沟,面对故宫的围墙。草坪上设有茶座,而游客很少。茶座的服务员与钱穆渐渐熟悉,专门为钱穆选择幽静的地方,一藤椅,一小茶几,一壶茶。钱穆或漫步,或仰卧,反复思索。就这样到开课前四五天,钱穆终于将通史课的课程大纲写定。

等到正式开课后,钱穆必然在上课前一天的下午前往太庙,预备第二天讲课的内容。主要是确定讲述的取舍,以及时间的分配,力求整个课程根据史实,前后相关,上下相顾,立场客观,不说空话;文治武功,制度经济,择取历代的精要,阐述其演变的过程。而尤为重要的,是根据当时各代人的意见,陈述有关事项的得失。治乱兴亡,哪些应当详而增,哪些应当略而简,就在太庙的半日中斟酌决定。除遇风雨外,一年之内,钱穆几乎全在太庙古柏荫下,提纲挈领,分门别类,逐条逐款,定其取舍。最终在一年内完成了自己最初的想法。上自太古,下及清末,兼罗并包,成一体系。

由于中国通史课是文学院新生的必修课,也有文学院高年级学生和其他学院的学生,以及北京其他学校的学生前来旁听,所以在大礼堂中讲课。每一堂课常常有三百人左右,坐立皆满。

钱穆本来个子不高,如今礼堂很大,听众很多,加上那一排高似一排的座位,衬得下面讲台上的钱穆更为矮小。但这个气定神闲的小个子,却支配着整个大礼堂的神志。

他上课时总带着几本有关的书,走到讲台旁,将书打开,身子半倚半伏在桌上,俯着头,对那满堂的学生一眼也不看,自顾自地用一只手翻书。翻,翻,翻,足翻到一分钟以上,这时全堂的学生都坐定了,聚精会神地等着他,他不翻书了,抬起头来滔滔不绝地开始讲下去。越讲越有趣味,听的人也越听越有趣味。他对于一个问题每每反复申论,引经据典,使大家既惊异于其渊博,更惊异于其记忆力之强。

钱穆讲授的通史课,有五大特点:第一,事实性强,不骋空论;第二,有考有识,简要精到;第三,凭各代当时人的意见,陈述得失;第四,满腔热情,激荡全室;第五,深入浅出,能近取譬。比如他讲秦汉文化和立国形态时,常与罗马帝国作比较,他说:"罗马如在一室中悬巨灯,光耀四壁;秦汉犹如室之四周,遍悬诸灯,交射互映。罗马碎其巨灯,全室即暗;秦汉打碎一盏,其余犹亮。因此罗马民族震烁于一时,而中国文化则辉映于千古。"

钱穆的中国通史课在当时深受学生的欢迎。当年听课的学生詹耳对

钱穆上通史课的盛况有如下描述:

> 当我在北京大学上一年级的时候,宾四先生已是名闻遐迩的名教授了。他那时所授课程"中国通史",差不多和胡适之先生的"中国思想史"同样叫座。……宾四先生给我的第一个印象,是小小个子,可是讲起中国历史来,见解新颖,史实的援引,尤左右逢源,历历如数家珍。每当下课后,同学间总不约而同地问:"那小家伙是怎样的?"语气之间,是赞叹他对中国历史知识的渊博,游夏之徒,实在不能赞一辞。讲到课堂上授课的情形,宾四先生总是越说越有劲,思想兼带着史实,如江河之下泻,一路下来,两小时便不知不觉过去了。(詹耳:《宾四先生二三事》,香港《人生》杂志,1954年第6期)

其实,这也正是钱穆最为陶醉的时刻。他曾这样形容自己在讲课中所获得的愉悦:"一登上讲坛,发言讲论,讲到得意处,不但不见下面有大群人,也浑忘天地人世,连自己都忘记掉了;只是上下古今毫无顾忌地任性尽情地发挥。淋漓尽致,其乐无比。"(严耕望:《钱宾四先生与我》)

钱穆的通史课之所以有这么大的号召力,除了内容精彩之外,更重要的是学生们感受到他讲课时自然流露出的那颗爱国家、爱民族的赤子之心,深深地被老师对国家民族的诚挚热爱和坚定信心所感动。

钱穆告诉学生:从鸦片战争直到最近,都不能说是我们悠久的历史上最黑暗的时期。在过去几千年里,中华民族遇到了几十上百次的天灾人祸,黑暗荒淫和亡国播迁的惨痛苦难,结果总是在苦撑中得到支持延续,若干的例证都能够反映出我们的民族抱持着一种自强不息的信仰,具有刚健坚忍的毅力和雄心。因此,他向学生们大声疾呼:"从三千年来的中国历史的动态波荡仔细地观察思考,今日的中国是绝对地有希望有前途的!"

钱穆的弟子严耕望虽没有在北大听过老师的通史课,但遥想当年,对钱穆的通史课充满向往。他说:"想象他在北京大学讲通史时,正当四十余岁的盛年,精力充沛,驱之以民族感情,发之为锋利讲辞,其能动人心弦,激发青年爱国情操,可以想见。"(严耕望:《治史三书》,第190—191页)

钱穆讲通史课时,常有四五个日本学生前来旁听。课后提问时,钱穆才知道他们已在中国多年。其中有一人,在西安邮局服务已超过十年,并往来于、北平西安,遍游山西、河南各地。后来钱穆才知道他们是日本侵华之前派来的间谍。他们经常到琉璃厂、隆福寺,以及各大旧书店,调查北平各大学教授购书的情形,熟悉各教授治学的偏好,以备不时之需。其处心积虑之细致,令人惊叹!

三、"北胡南钱"

自古英雄不问出处。虽然钱穆没有什么学历,但由于他与留美博士、时任文学院院长的胡适都擅长以演讲的方式授课,而且是"你方唱罢我登场",大唱对台戏,因此学生中有"北胡南钱"之说,并列为北大最叫座的两位教授。

胡适此时开"中古思想史",接着他的《中国哲学史大纲·上卷》讲中古的哲学思想。他长衫西裤,风度翩翩,讲课时抑扬顿挫,亦庄亦谐,条理清晰,内容丰富,语气真挚恳切,带有一股自然的傻气,所以也深得学生们喜爱。

钱穆与胡适的处世风格、治学路径皆有不同,在国学研究、中西文化认同以及学术流派各方面,二人恩怨交错,纠缠难清。在钱穆看来,在北大上课与以前在中小学讲课不同,似乎是在与人争辩,自己似乎卷入了一个巨大的是非场中。

有一天,有人对钱穆说:"你怎么这么无情?"钱穆问:"为什么?"他说:"你知道胡适最近生病住院了吗?"钱穆答:"刚刚听说。"他说:"胡适对你尊崇有加。有人问他有关先秦诸子事,他说只需问你,别再问他。现在病了,大家争着去探望,你怎么能不去?"钱穆答:"这是两回事,你现在合二为一,叫我以后怎么做人?"

又有一次,有学生告诉钱穆,他是一名新生,听高年级同学说,要用心听钱、胡两人的讲课,结果发现两位老师的观点正好相反,因此想问钱穆能不能与胡适当面讨论一下,统一一下观点。钱穆答:"这正好显示学问的重要。你应当从这些不同处悟入。如果大家所讲的都是一种声音,那哪里还需要什么学问?"

钱穆与胡适还陷入老子的生卒年及《老子》成书年代的辩论中。20世纪初,诸子学勃兴,老子其人其书再度成为学术界关注的中心,名家大师纷纷加入这场讨论,结果形成两种不同的观点:一派是以胡适、唐兰为代表的"早出论",认为《老子》在春秋末年或战国早期就已形成,略早于孔子;一派是以梁启超、钱穆、冯友兰为代表的"晚出论",认为《老子》成书于战国中晚期。

两人为此争执不下,经常在课堂上对对方观点大肆抨击。学生们或主胡说,或赞钱说,彼此争论不断。有一次,赞同钱说的学生说胡适在老子年代问题上有成见,胡适愤然说道:"老子又不是我的老子,我哪会有什么成见呢?"

又有一次,钱穆与胡适相遇于教师休息室,钱穆开口就说:"胡先生,《老子》年代晚,证据确凿,你不要再坚持了。"胡适则回敬道:"钱先生,你举的证据还不能使我心服;如果能使我心服,我连我的老子也不要了。"

说句后话，关于《老子》的年代之争，似乎是胡适笑到了最后。1993年冬，在湖北荆门市郭店一号墓出土的郭店楚简，以及1994年上海博物馆在香港购回的另外一批与郭店楚简一同出土被盗的竹简，其年代约为公元前300年前后。内有《老子》、《太一生水》、《鲁穆公问子思》等重要的先秦思想典籍，证明老子其人再怎么晚也不超过战国早期。

不过此后胡适见到钱穆，再不乐意讨论老子，而另撰《说儒新篇》。在撰稿的过程中，经常向钱穆陈述自己的意见，而钱穆也随时表达自己的意见。后来，胡适的文章终于写成，长五万字，而观点正好与钱穆在上古史课上所讲的大相径庭。

学生们看了不免拿胡适的文章向钱穆提问。钱穆于是在课上向学生们陈述自己的观点。有学生劝钱穆写文章反驳。钱穆说："学问贵自有所求，不应分心与他人争是非。如果多在与他人争是非上分其精力，则妨碍了自己学问之进步。《孟子》一书，只在申孔，不在辟墨。遇两说不同，同学们要善作自主判断。"

所以钱穆当时在北大上课，几如登辩论场。据说北大教授的夫人们，上午一窝蜂去听胡适讲课，下午一窝蜂去听钱穆讲课，胡说钱的不对，钱说胡的不是，闹得沸反盈天，成为北大一景。

四、出版两部力作

除了在北大讲台上站稳脚跟，钱穆在学术著述上也声名鹊起，接连出版了两部重量级著作以壮声色。

首先，钱穆整理并最终完成了他早期学术生涯中最重要的著作——

《先秦诸子系年》。该书从 1923 年秋立意撰写，到 1935 年底最终问世，前后花了十余年时间。

《系年》虽在 1929 年冬基本完稿，但钱穆"自知其疏陋，恐多谬误，未敢轻以问世"，所以时时留在手边修改。任教燕京大学后，每周有三天闲暇，为"有生以来所未有"。所居朗润园，环境宁静。而且燕大藏书丰富，学者云集，相互讨论问学的机会较多。在这样一个良好环境下，钱穆"重翻陈稿"，以半年之力对原稿加以增添、修改，成 4 卷 30 万字，成"考辨"163 篇。又仿《史记·十二诸侯年表》及《六国年表》的体例，特制"通表"4 份，与"考辨"4 卷起迄相应。

书成之后，顾颉刚称赞该书"作得非常精炼，民国以来战国史之第一部著作也"。因此推荐给清华大学，申请列入《清华丛书》。当时列席审查此书的有三个人：一是冯友兰，认为此书虽有创见，但必须改变体裁，以便人阅读；二是陈寅恪，盛赞"自王静安后未见此等著作矣"；"心得极多，至可佩服"。由于这两位学者的意见分歧较大，这部经典名著最终与"清华丛书"擦肩而过，直到 1935 年 12 月，才由商务印书馆出版发行。

《系年》是近代中国学术界的一部名作，对先秦诸子年代、行事及学术渊源的考订，以及对战国史的研究都作出了极大的贡献，深得学术界的好评。据说当时圈内有一种说法，称光是这部书的自序足"可以让昔日的北大、清华的任何一位史学研究生细读两天"，而其中任意十行文字都可以"叫世界上随便哪一个有地位的研究汉学的专家，把眼镜戴上了又摘下，摘下又戴上，既惊炫于他的渊博，又赞叹于他的精密"。

作为早年学术生涯中最为重要的一部著作，钱穆对自己积十余年之功完成的著作也颇为自负。他在自序中称自己"以诸子之书，还考诸子之事，为之罗往迹，推年岁，参伍以求，错综以观，万缕千绪，丝丝入扣,朗若列眉,斠可寻指"。他在致胡适的一封信中说:"拙著《诸子系年》于诸子生卒出处及晚周先秦史事,自谓颇有董理,有清一代考《史记》,订《纪年》,辨诸子,不下数十百家,自谓此书颇堪以判群纷而定一是",充分表达了对自己著作的自信。到了晚年,钱穆还对门下弟子说,自己一生著书无数,"惟《诸子系年》贡献实大,最为私心所慊"。

至于此书背后的意图,与钱穆同为现代新儒家的唐君毅看得很清楚,他说:

钱先生《先秦诸子系年考辨》一书,其价值亦不纯为考证的。此书考证诸子年代,归于说明先秦诸子之流派,皆先由儒墨思想之相激相荡而生,道家为后起,而老子之书晚出。原清末民初之中国思想界,复多鉴于中国当时之外患内忧,虑国亡无日,而不免归罪于历代相传之儒家思想,乃转而喜推尊道家、墨家,以贬抑孔子地位。而当时言道家为百家所自来,六经皆史,老子为史官,孔子承之而出者,盖亦有借之以达贬抑孔子地位之目的者。而钱先生此书考证先秦诸子之源流,则直下由孔子与其弟子开始,进而及于诸子兴起之渊源与年代。(唐君毅:《中华人文与当今世界补编》,第916页,广西师范大学出版社2005年第1版)

钱穆本人确实在考证诸子年世的基础上,水到渠成地提出了自己的观点。他认为,开诸子先河的是孔子,与孔子对立并独树一帜的是墨家,并进一步以儒墨为轴心来梳理诸子百家,从而建立了以儒家为主的诸子学系统,为先秦诸子构建一张清晰的思想地图。(参见李零:《先秦诸子的思想地图——读钱穆〈先秦诸子系年〉》,载《清华历史讲堂三编》,第9页,北京三联2011年)

其次,钱穆在北大讲义的基础上,又完成了名著《中国近三百年学术史》。该书是钱穆研究清代学术史的力作,也是他一生中重要的学术代表作。全书共十四章,上自黄宗羲、王夫之、顾炎武等晚明诸老,下至晚清龚自珍、曾国藩、康有为，共叙述了51位学术人物的思想。

钱穆的这部著作与梁启超的《中国近三百年学术史》同名。他最早接触梁著是在1924年的《东方杂志》上。到北平任教后，钱穆曾在东安市场某书店购得一本。钱穆在北大开"近三百年学术史"选修课时，一面授课，一面编写讲义，前后五载终于完成了这部名著的写作。1937年，该书由商务印书馆出版。

就学术而言，钱穆的《中国近三百年学术史》与梁著都是研究清代学术史的力作。就引证广博、论述详瞻、考订精审而言，钱著胜于梁著。就编撰体例、考察内容而言，钱著大体不出传统学案体的格局，以政治、哲学思想为主，对史学、语言文字学、历算学、地理学、乐曲学以及其他学科的介绍、论述，却较少涉及。就此而言，梁著又胜于钱著。两书各有千秋，各领风骚，并行于世，为清代学术史的研究奠定了基本格局。

就创作意图而言，梁著偏重于学术思想，而钱穆深受中国传统史学"经世"思想的影响，通史致用，考史明变，认为从事历史研究要有"以天下为己任"的精神，要"以史为鉴，面向现实"，让历史为现实服务，解决现实问题，因而与梁著在精神实质上有很大的差别。钱穆在书中表彰宋明理学贵经世、以天下为己任的精神，也与当时民族危机的加重和学术界盛行的为考据而考据的学风有关。

钱穆的《中国近三百年学术史》写于"九一八"事变之后，当时日本侵占东三省，步步进逼华北。1935年，日军策动"华北自治"，偌大的华北，"已经不能安放一张平静的书桌了"。当时在北大任教的钱穆，目睹日寇猖獗，痛心疾首，因而在《自序》中说："斯编讲义，正值九一八事变骤起。五载以来，身处故都，不啻边塞，大难目击，别有会心。"

而此时的学术界崇尚考据之学,"言学则仍守故纸丛碎为博实";贬抑宋学,"持论稍近宋明,则侧目却步,指为非类"。在钱穆看来,这种学风尤其有害,特别是在日寇步步进逼、侵夺我大好河山时,这种不问世事、埋首书斋的学风不利于鼓励民众抵抗侵略。所谓"大难目击,别有会心",就是要弘扬近三百年来所晦沉的宋学精神来救世济民。因此,弘扬学贵经世、以天下兴亡为己任的宋学精神,成为贯穿全书的主旨所在。

在全民族浴血抗日的战争岁月里,钱穆的创作意图得到了一些学者精神上的共鸣,如杨树达在日记中写道:"一九四三年七月二十六日。阅钱宾四《中国近代三百年学术史》。'注重实践','严夷夏之防',所见甚正。文亦足达其所见,佳书也。"(《积微翁回忆录》,第144页)

除上述两书外,钱穆在北平任教期间还写有多篇考辨古史地理的文章。钱穆治古史地理,始于1922年。1930年秋,钱穆任教燕京大学,张星烺也在此兼课。张星烺曾留学美国,回国后治地理,尤其擅长中西交通史。钱穆也喜治历史地理,两人比邻而居,见面时常作长夜之谈,所谈内容尽为古史地理。

1931年春,钱穆在燕大朗润园中完成了《周初地理考》一文,刊在当年《燕京学报》第10期上。该文认为,周人盖起于冀州,在大河之东。后稷之封邰,公刘之居豳,皆今晋地。及太王避狄居岐山,始渡河而西。这种说法与以往认为周人起源于陕西西部泾、渭上流,其势力由西东渐完全相反。

该文发表后在学术界产生了不小影响。最早采纳钱穆说法的是吕思勉,其后有陈梦家、邹衡、王玉哲、许倬云等人。王玉哲是钱穆在北大时期的学生,晚年写有《先周族最早源于山西》一文,以申老师的说法。

许倬云在其《西周史》第二章"周的起源"中,运用地下发掘的考古材料为钱穆的说法作证,认为周人来自山西的假设有相当的说服力。1982年春,许倬云到台北素书楼去拜访钱穆,告诉他根据大陆数十年来新出土的铭文考订,可证《周初地理考》的结论大体可以成立,钱穆"闻之大喜"。

除《周初地理考》外,钱穆还著有《秦三十六郡考》《古三苗狙域考》《楚辞地名考》等文章。其中《楚辞地名考》是他继《周初地理考》之后又一篇研究古史地名的重要文章。钱穆自谓这是他"研考古史地名的大发现",对文中的观点"深信不疑"。

1934年3月,顾颉刚创办《禹贡》半月刊,倡导历史地理研究。以后又成立了禹贡学会,钱穆被推为学会理事,他这一时期又撰写了一系列考辨古史地理的文章,如《提议编纂古史地名索引》《西周戎祸考》(下)、《黄帝故事地望考》《子夏居两河考》《中国史上之南北强弱观》《水利与水害》(分上下两篇)、《秦三十六郡补考》等,皆刊布在《禹贡》杂志上。

钱穆在古史地理研究上取得的成绩,逐渐得到了学术界的认可。顾颉刚在《当代中国史学》中说:"沿革地理的研究,以钱穆、谭其骧二先生的贡献为最大。"

五、结交学界名流

钱穆在北平前后八年,结交了众多的学界名流,以文会友,相互切磋问学。

在民国史学界,居于主流地位的史学学派毫无疑问是新考据学派。该派以史语所为中心,以整理和考订史料真伪为目的,以"为学问而学问"的治学态度相标榜。其领袖和舵手便是"学界霸才"傅斯年。

傅斯年(1896—1950),字孟真,山东聊城人,著名历史学家。他比钱穆小1岁,和钱穆一样,都出生于书香之家,幼年丧父,由母亲教养成人。所不同的是,钱穆中学尚未毕业便因家贫辍学,18岁时便在家乡当了乡村小学教师,而傅斯年则在他父亲的学生资助下,不仅读完了中学、大学,还出国留了学。

1913年,傅斯年考入北大预科,3年后升入本科国文门,成为著名语言文字学家黄侃的高足。后来胡适在北大采取"截断众流"的方法讲授中国哲学史,傅斯年受其思想、方法的影响而改投其门下,成为胡适门下最得意的弟子。后来在胡适的推荐下,留学欧洲,在英、德求学六年,深受德国兰克学派实证主义史学方法的影响。

1926年冬,傅斯年学成归国。不久,被广州中山大学副校长朱家骅聘为该校文学院院长和国文、史学两系主任。1928年,中央研究院历史语言研究所成立,傅出任所长,正式亮出"科学史学"的大旗,以提倡"史学本是史料学"而名著学界。

1929年,史语所从广州迁往北平,他为该所招揽了一大批优秀人才,陈垣、陈寅恪、赵元任、李济等一批著名学者皆聚集在他的麾下,傅斯年因此也成为史料学派的舵手、新考据派的领军人物。

傅斯年虽与顾颉刚都是胡适的得意弟子,但师徒三人的学术理念并不相同。傅斯年重考证,顾颉刚重疑古,而胡适则提倡"大胆的假设,小心的求证",于考证和疑古兼而重之。顾颉刚成名较早,傅斯年在留学期间曾对顾氏"层累地造成的中国古史"理论推崇备至,他感叹"颉刚在史学上称王了","几年不见颉刚,不料成就到这么大!"

为了超越顾颉刚建构的"史学王国",他决意在古史辨派之外另辟蹊径。所以,当傅氏回国担任中山大学历史系主任、正式跨入了史学这一领域时,他逐渐由"疑古"转向了"考古",决心以考古来重建中国古史。因此,傅斯年在史语所专设考古一组,把田野考古定为考古组的工作重心,在他的倡导和主持下,由李济等人负责实施,从1928年至1937年间,先后对殷墟进行了15次发掘,为中国上古史研究提供了可靠的实物资料。

钱穆与傅斯年初识于1931年秋,即钱穆任教北大史学系之后。没有大学文凭的钱穆之所以能进入傅斯年的视野,主要得益于他的成名作《刘向歆父子年谱》。钱穆虽然没有运用傅氏提倡的考古方法证史,但他的文章一扫晚清今文学家主张的刘歆伪造群经说,对疑古派疑古过头、辨伪太甚有矫正之功,同样为重建古史作出了贡献,所以被傅斯年视为同道。没有傅斯年的点头同意,钱穆要进入人才济济、名师辈出的北京大学史学系,恐怕是难以想象的。

钱穆到北大后,傅斯年欣赏他扎实的史学功底,对他考证精微深表佩服,经常邀请他到史语所作客。有外国学者来访,如法国学者伯希和之类,傅斯年必请钱穆陪同,并经常让他坐在贵客之旁,向客人郑重介绍说:"这是《刘向歆父子年谱》的作者"。

与此同时,钱穆对傅斯年重建古史的工作也寄予了厚望,对傅氏倡导和主持的地下考古发掘和甲骨文字研究深表赞同,乐观其成,有"确然示人以新观念、新路向"的积极评价,进入了两人交往的蜜月期。

钱穆又在历史系的教师休息室中结识了明清史大家孟森。孟森(1868—1938),字莼孙,笔名心史。江苏武进人。早年毕业于江阴南菁书院,后留学日本东京法政大学。1929年,孟森受聘为南京中央大学历史系副教授。1931年,他与钱穆同时进入北京大学历史系。

此时孟森虽然已经年近七十,但仍孜孜不倦于史学研究,在北大讲授"满洲开国史"和"明清史"。他考证清初三大疑案,即"太后下嫁"、

"顺治出家"和"雍正入统",皆有独到见解。

有一天,孟森与钱穆在休息室中相遇。年迈的孟森问年轻的钱穆:"你几年级啊?"钱穆答:"惭愧,我也在这里教书。"大概是因为经常有学生来休息室提问,所以孟森误认为钱穆也是前来问学的学生。

钱穆把自己发表在《燕京学报》上的《周官著作年代考》一文请孟森指正。孟森浏览了一下,说:"这是经学上的一个专门问题,你也兼治经学吗?我带回去细细读一读。"从此两人经常在休息室中闲谈,孟森还曾专门去钱穆的住所拜访,两人的友谊日益加深。

在北大学生柳存仁看来,钱穆与孟森都属于"静态"的教授,他们与刘师培、陈独秀、胡适、梁漱溟、顾颉刚、陶希圣等"动态"的教授不同,后者"常常先在北平正阳门车站发表一篇对新闻记者的谈话,然后赶着火车到南京去参加中央研究院的评议会;而静态的教授们则至多到北平故宫博物院的文献馆去搜集档案或到琉璃厂、海王村一带去搜罗旧书……"(《北大旧事》,第272页)

孟森是个好好先生,心气平和。所讲的明清史,由于讲义写得太详密,上堂就容不得说闲话。有时学生缺席太多,只少数人在教室,遇孟森点名时就轮流答"到"。孟森也不予计较,只是说:"今天教室中人不多,但点名却都到了。"说完就开始上课。学生们传为笑谈。

有一年暑假,钱穆回苏州省亲。开学回到北平后,特去拜访孟森。钱穆问:"今年暑假,不知先生作何消遣?"孟森说:"暑期完成一项大工作,针对新出版的《水经注》,作了许多考订。"于是向钱穆展示桌上的积稿,并讲述清代各家治《水经》的得失,娓娓忘时。然而,当孟森所作的考订送到北大《国学》季刊后,主编因为胡适远在国外,而孟森的意见又与胡适不同,所以不敢轻易发表,结果导致孟森苦心考订的成果,发表出来的极为有限。

与钱穆同年来北大的，还有哲学系的汤用彤。汤用彤（1893—1964），字锡予，湖北黄梅人。1911年考入清华学校，接受了近8年的美式教育。1918年留学美国，入哈佛大学哲学系学习。其间与吴宓、陈寅恪交往密切，有"哈佛三杰"之称。1922年获哲学硕士学位后回国，任教南京中央大学。

汤用彤研究中国佛教史，极精勤，常与胡适书信往返讨论禅宗问题。胡适的成名作《中国哲学史大纲》仅有上部，迟迟未能写出中部、下部，一个重要的原因就是被汉魏两晋以来的佛学发展问题难住了。此点汤用彤的好友贺麟看得很清楚，他说：

> 写中国哲学史最感棘手的一段，就是魏晋以来几百年佛学在中国的发展，许多写中国哲学史的人，写到这一期间，都碰到礁石了。然而这一难关却被汤用彤先生打通了。（贺麟：《五十年来的中国哲学》，第21页，商务印书馆2002年）

汤用彤治中国佛教史的成就为胡适所激赏。1931年夏，胡适以英庚退款补助特聘教授的名义，迫不及待地把汤氏请进了北大文学院哲学系，主讲"东汉魏晋南北朝中国佛教史"一课。他与钱穆同在文学院共事，得以相识。

有一天，汤用彤前来拜访钱穆，两人一见如故。第二天，汤用彤的母亲又来访，希望钱穆与汤用彤结为好友。此时钱穆对汤用彤治学谨严也很钦佩，很乐意与他交往。两人"时相往返"，交往日密，成为终身的挚友。

汤用彤又介绍熊十力与钱穆认识。熊十力（1885—1968），湖北黄冈人，著名哲学家。幼时家中贫困，只读过半年私塾，没有受过正规的新式教育，所以要说学历，比钱穆还低得多。熊十力自幼即与众不同，独具才思而又非常自尊、自信。他曾口出"狂言"道:"举头天外望,无我这般人。"(此语出自心学大家陆九渊)令其父兄诧异不已。

辛亥革命时期,熊十力痛感清王朝政治腐朽,民族危机深重,常以范仲淹"先天下之忧而忧"一语置之座右而自警。辛亥革命后,目睹政治黑暗,认为革命不如革心,于是弃政向学,研究佛学。1920年入南京支那内学院,投身欧阳竟无门下学佛,前后三年,打下了坚实的唯识学和因明学的基础。当时汤用彤、蒙文通都在支那内学院学佛,三人成为听讲之友。

1932年,熊十力从杭州来到北平后,暂时没有地方居住,汤用彤就和钱穆商量,从钱的居所让出一部分给熊居住。汤用彤考虑到钱穆一个人居住生活多有不便,于是又安排他住到自己寓所前院的书斋。

熊十力常有佛学所谓"天上地下、唯我独尊"的意识。他在北大讲课时,谈到重要的地方,往往情不自禁,随手在听讲者的头上或肩上拍一巴掌,然后哈哈大笑,声振堂宇。学生们都不敢坐第一排,怕遭熊先生"棒喝"。有的人躲在最后一排,他就从最后一排拍起。朋友们与他谈话,也不敢靠近他。北大教授冯文炳(笔名废名)是黄梅人,与他算是大同乡,两人经常争论佛学,争着争着,常常对骂起来,甚至扭打成一团。过两天,两人又和好如初。

有一次,熊十力与林宰平、汤用彤、李证刚、邓高镜等人约好在北平中央公园喝茶。熊十力最后一个到,见面后把桌子一拍,大声叫道:"当今之世,讲晚周诸子,只有我熊某能讲,其余都是混扯。"在座诸人哈哈一笑。当时上大三的牟宗三第一次见到熊十力,心想,"这先生的确不凡,直恁地不客气,凶猛得很"。他"从熊先生的狮子吼里得到了一个当头棒喝",从此虚心向熊十力问学。

不久,熊十力的另一个佛学听讲之友蒙文通,受到汤用彤的推荐,从开封河南大学来到北大,与钱穆一起任教于历史系。蒙文通刚下火车,就来汤宅拜访汤用彤和钱穆,三人畅谈,一夜未眠。曙光已露,而谈兴未尽。三人于是前往中央公园吃早餐,又换一处喝茶续谈。谈到中午,共进午餐后,才分别回去睡觉。

钱穆、汤用彤和蒙文通三人,学问各有专长,都是当时北大有名的教授,被北大学生称为"岁寒三友",学生们认为"钱先生的高明,汤先生的沉潜,蒙先生的汪洋恣肆,都是了不起的大学问家"。

钱穆与汤用彤、熊十力、蒙文通四人常常相聚论学。当时熊十力创立新唯识论,驳其师欧阳竟无的观点。蒙文通不以为然,坚守师说,对熊的观点大加批驳。论佛学,汤用彤正在哲学系教中国佛教史,应该最为权威,但有"汤菩萨"之称的汤用彤却在一旁默默不语。只有钱穆时时为熊十力和蒙文通打圆场。后来熊、蒙两人从佛学又辩到宋明理学,钱穆又常常在二人之间作缓冲。

除熊十力、汤用彤、蒙文通与钱穆四人常相聚外,又有林宰平、梁漱溟两人,也时时加入讨论。只是两人皆住在前门外,离北大较远。梁漱溟又不常在北平,所以有时加林宰平,有时加梁漱溟,往往是五人聚谈。

梁漱溟(1893—1988),广西桂林人,但生长于北京。现代新儒家的早期代表人物之一。从小在新式学堂接受小学、中学教育,最高学历和钱穆差不多,中学毕业。二十岁起潜心于佛学研究,于1916年在《东方杂志》上发表了学习佛学的心得《究元决疑论》,受到北大校长蔡元培的赏识。

蔡校长于是与文科学长陈独秀商量,决定聘请梁漱溟为印度哲学的特约讲师。在此之前,梁氏曾经报考过北大,没有被录取。这就是人们常说的"梁漱溟没有考取北大当学生,却当上了北大的讲师"。后来他逐步转向儒学，说："我愿终身为华夏民族社会尽力，并愿使自己成为社会所永久信赖的一个人。"

五四新文化运动时，在"打倒孔家店"的呐喊声中，梁漱溟第一个站出来为孔子说话，此后终生以尊孔、扬孔、弘扬儒学为己任。

正当钱穆与蒙文通等人相聚畅谈时，有一天，胡适突然来访。这是钱穆在北平的八年中，胡适唯一一次来访。胡适告诉钱穆，"秋后将不再续聘文通"。钱穆答："您是北大文学院院长，此事与历史系主任商量就行，我绝对无权过问。而且文通是汤用彤推荐来的，要想转告文通的话，应该告知汤用彤才对。"

胡适没有接话，继续说："文通上课，有的学生听不懂他的话。"钱穆争辩说："文通所授是必修课，学生多，就会如此。班中学生有优劣，优生肯定不会说这种话。如果班中差生说这种话，那就不应作为评价教师的标准。在北大尤该如此。您作为文学院长更该如此。"

胡适又没接话。钱穆接着说："文通担任的魏晋南北朝和隋唐两时期断代史，我敢断言，如果他离职，至少在三年内找不到合适的人选。"胡适不置可否，最终两人不欢而散。在钱穆看来，蒙文通在北大历史系任教几年，而始终未去胡适家一次，这实在是稀有之事。

蒙文通解聘后，历史系主任请钱穆讲授魏晋南北朝史，遭到钱穆拒绝。而隋唐史一门，则聘请陈寅恪兼任。上课才一个多月，陈寅恪就辞去不再来，据说是因为身体弱。他夫人说，如果不辞去北大兼职，就不再过问他的一日三餐。于是此课只得临时请多人分授。

钱穆又通过汤用彤的介绍认识了陈寅恪。陈寅恪（1890—1969），江西义宁（今修水县）人。祖父是曾任湖南巡抚的陈宝箴。父亲陈三立，著名诗人，是清末四公子之一。可谓家学渊源，出身名门。陈寅恪少时即博闻强记，后留学东西洋两万里。懂十几种语言，学问广博，被吴宓赞为"全中国最博学之人"。

陈寅恪虽然学识渊博，但也没有什么文凭。虽然他曾经留学日、德、法、美诸国，却从没获得博士、硕士学位，甚至连大学文凭也没拿到。和钱穆一样，陈寅恪的考证功夫惊人。例如，在白居易的《琵琶行》中，他能考证出琵琶女有多大年龄，在长安属于第几流妓女，那天晚上白居易到底有没有登上她的船，等等。所以他讲课的时候，很多教授都会来听，因而被誉为"教授中的教授"。

穿衣戴帽都是政治，向来受到中国人的重视。陈寅恪的服色可谓颇具象征意味。他的服饰与清华园里那些留洋归来的教授截然不同，那些教授大多西装革履、发光鉴人，而陈寅恪的装束却是一身土气，没有半点洋味。他通常都穿着长袍，冬天带着可以遮盖住耳朵的皮帽，肘下夹着一个布包，里面装满了讲课时用的书籍和资料。不认识他的人，会把他看成琉璃厂某个书店来送书的老板。

他穿中国传统的长袍而不穿西服的习惯，得到了钱穆的效仿。至于他的思想倾向，他自述为"平生思想囿于咸丰同治之世，议论近乎曾湘乡、张南皮之间"，是典型的"中国文化本体论"，这与钱穆也有相通之处。

钱穆通过汤用彤的介绍还认识了"哈佛三杰"中的另外一杰——吴宓。吴宓，字雨生（雨僧），陕西泾阳人。早年就读于陕西三原宏道学堂，1911年以优异的成绩考入清华学堂，在此求学七年。1917年吴宓赴美留学，归国后在东南大学任教。

"五四"后期，吴宓与梅光迪、柳诒徵等人在南京创办《学衡》杂志，与北方的《新青年》相抗衡。此时的钱穆在无锡乡间小学任教，对《学衡》杂志的文章悉心拜读，对吴宓"昌明国粹，融化新知"的文化主张深表赞同。

1925年，吴宓任清华大学研究院筹备主任，聘请当时学术界最负盛名的梁启超、王国维、陈寅恪、赵元任等四位学者担任研究院导师，一时号称得人。研究院被称为"国学研究院"，培养了不少优秀的国学人才。

吴宓在清华大学任教时，住在"藤影荷声之馆"——工字厅西客厅，院内雪松翠竹，紫藤满架，院外湖光山色，红莲映窗，是清华园中风景极佳之地。钱穆执教北京大学，又在清华文学院兼课，课后常与钱稻孙去"藤影荷声之馆"拜访吴宓。临窗品茶，看着窗外湖水，忘记是在学校中。

钱穆又因吴宓的关系，认识了他的学生浦江清、王以中、赵万里、贺麟、张荫麟等人。浦江清，江苏松江人，是吴宓任教东南大学时的学生，1926年秋由吴宓引荐入清华研究院，任陈寅恪的助教。在浦江清的《清华园日记》中，有不少他与钱穆交往的记录。例如，1932年1月23日，"与以中、宾四谈至夜午，宾四所发议论尤有俊绝者"。1936年1月18日，"下午至马大胡同，访钱宾四。宾四谈康有为之思想矛盾处，又伪造文章事，甚趣。其《近三百年学术史》不久即脱稿矣"。

贺麟和张荫麟是吴宓在清华任教时的学生，都是吴宓很欣赏的学生，号称"二麟"。贺麟，字自昭，四川金堂人。1919年秋，他以优异的成绩考入清华学校，读书期间深受吴宓的影响。当时吴宓为清华学校高年级学生开设外文翻译课，讲授翻译的原理和技巧，选修吴宓这一课程的人不多，有时课堂上只有贺麟、张荫麟和陈铨三人。三人志同道合，成为挚友，常到吴宓居处问学，被当时清华大学的学生称为"吴门三杰"。1926年9月，贺麟负笈欧美，专攻西方哲学，尤其是黑格尔哲学。1931年回国后，在北京大学哲学系任教，与钱穆相识。

贺麟虽然留学欧美，精通西学，但与其他留学回国后宣传西化思想的学者不同。他对中国传统文化抱有"温情与敬意"，在文化观上与钱穆精神意气相通，所以两人在文学院共事七年间，相互切磋学问，往来甚密，后来都成为现代新儒家的代表人物。

张荫麟，广东东莞人，笔名素痴。在民国学术界中，张荫麟是一位天赋极高、聪明早慧的学者，18岁时因在《学衡》杂志上发表批评梁启超考证《老子》晚出的文章而一鸣惊人，受到梁启超激赏，被誉为"天才"。他在清华大学学习期间，经常得到吴宓的点拨。1929年秋，张荫麟以公费出国留学，入美国西部斯坦福大学学习哲学和社会学。1933年秋，他在获得博士学位后归国，被清华大学历史系、哲学系合聘为专任讲师。

此时，钱穆在清华大学历史系兼课，也常至张荫麟的住所谈论学问。钱穆在《师友杂忆》中回忆道："荫麟在清华历史系任教。余赴清华上课，荫麟或先相约，或临时在清华大门前相候，邀赴其南院住所晚膳。煮鸡一只，欢谈至清华最后一班校车，荫麟亲送余至车上而别。"

钱穆在北大任教期间，在好友顾颉刚的安排下，又结识了张孟劬和张东荪兄弟。两人都在燕大任教，住处离钱穆住所不远。钱穆常常和熊十力一起与他们兄弟见面，或在公园中，或在他们家中。熊十力喜欢与张东荪谈哲理时事，而钱穆喜欢与张孟劬谈经史旧学，四人往往分成两组而谈。

此外，钱穆还结识了前来北平演讲的国学大师章太炎。据钱穆回忆，每当章太炎演讲时，就会有五六个从前的弟子，如钱玄同、刘半农等人，侍立在旁，谨守弟子礼。这些弟子有的做翻译，有的写黑板。章太炎讲课声音很低，而且都是方言，不会说国语。等需要引经据典，或者遇到人名、地名、书名有疑问的地方，几个弟子讨论后再翻译和写黑板，而不去请教章太炎。即使在此时，听讲的人也都很安静恭敬，不出一点杂声。这种场面极为少见。

后来，钱穆有幸在苏州与章太炎单独面谈一次，也是唯一的一次。钱穆问章太炎："报上说中央政府有意请先生赴南京任国史馆长，消息确切吗？"章太炎说："我与政府意见不合，哪有此事？报纸传闻不可信。"

钱穆又问："若是政府来聘，先生同意前往，如果撰写新国史的话有何计划？"章太炎答道："国史已遭受国人鄙弃，此下不再需要有新国史出现。"钱穆说："这个情况咱们先不说，就说如果有新国史出现，与前二十五史相比体裁方面将有何不同？"

章太炎思考了一阵，说："列传与年表等应该没什么不同。只有书志一门，体裁应有大的变动。就像外交志，内容牵涉太广，决非旧史体例可限。外交以外，食货刑法诸门也是这样，所需专门知识也更增强。因此书志一门，应当有大的变动。只是现在难以详谈。"钱穆与章太炎从下午三点一直畅谈到傍晚，最后吃完晚饭才辞去。

在20世纪30年代的北平城，人文荟萃，学者云集。钱穆除与上述诸人交往问学外，过从较密的还有陈垣、马叔平、吴承仕、萧公权、杨树达、闻一多、余嘉锡、容希白、容肇祖、向觉民、赵万里、贺昌群等人。这些人都学有专长，意有专情。虽然时局艰难，但他们各自埋首书本，著述有成，趣味无倦，都是学术界的精英。如果战祸不起，积年累月，中国学术界终将有一新风貌出现。可惜天不佑中华，遭到日本入侵，虽然后来重获统一，但学术界元气大伤。

六、畅游北平书海

读书交友之余，钱穆也畅游书海，大规模购书。他自称"北平如一书海，游其中，诚亦人生一乐事"。

钱穆早年蛰居乡间，即有嗜书之习，因为家境贫寒，买不起书，更谈不上有自己的书斋。那时书都是向别人借的，人家有什么书，他就看什么书。他将书比作朋友，说："你认识一个朋友，由这个朋友介绍又认识朋友的朋友，书也一样，由一本引到另一本。"

在无锡、苏州撰写《先秦诸子系年》时，钱穆常以"乙书在手，甲书已去。乙书既去，丙书方来。记诵难周，摘录不尽"为苦。如今置身北平书海，薪水又多，于是致力于购置书籍。

琉璃厂、隆福寺成为钱穆常去的地方，各书店老板几乎没有不认识钱穆的。遇到想买的书，钱穆选择一家旧书店，打一个电话，书店就会送书上门。如果该店没有，就会向同街其他书店询问，哪家有此书，即派车送来。

每个星期天，书店还会派人前来送试读的书，多的时候超过十几家，所送的都是每套书开头的一两册。为此，钱穆在书房中特别放置一个大长桌，让送书的把书放在大桌上。送书的下星期天还会再来，期间钱穆想买的书，这次就会全套带来。凡是宋元版高价书，钱穆绝不要。在低价书中，钱穆也得到许多珍本孤籍。如顾祖禹的《读史方舆纪要》嘉庆刻本，就是一例。

在钱穆购置的各种古籍中，以《竹书纪年》最为完备。早年钱穆曾在无锡城门洞的一个小书摊上，购得朱石曾的《竹书纪年存真》一部，书价仅几毛钱。他用此书来校王国维的校本，才知王校多误，朱本很有价值。钱穆特撰一文，收入《先秦诸子系年》中。在北平期间，他多方搜集《竹书纪年》，古今异本搜罗殆尽，全部藏在一个玻璃书柜中。好友汤用彤看到很羡慕，也因此一意搜集《高僧传》，遇到不同版本就购买。

钱穆知道胡适藏有潘用微的《求仁录》孤本，曾向他借阅。借书时，胡适请钱穆一同来到别室，打开保险柜取书。也许是担心钱穆借书去看而不爱惜，但又不方便坦白说，于是想出这个办法来显示书的珍贵。

后来，钱穆搬到汤用彤家中，一日傍晚，一人游览东四牌楼附近的小书摊，忽然看到潘用微的《求仁录》，仅仅花了几毛钱就买到了。回家告诉汤用彤后，汤也很高兴。吃完晚饭，汤用彤邀请钱穆重去这个书摊。钱穆告诉他，这个书摊没有其他书可买，自己也是偶然得到的。但汤用彤坚决要去，于是两人乘夜而去。

此时书摊已经关门，只能叩门而入。屋内灯光很微弱，汤用彤一一查看摊上的图书，但没发现想买的书，于是准备离开。这时书摊主人对钱穆说："先生是不是傍晚在我这里以廉价淘了一本好书，所以乘夜又重来啊？"钱穆解释说："我刚好和朋友路过这里，所以再来打扰，请别介意。"虽然这么说，但店主始终持怀疑态度。

有一天，一位书商来访，刚好看到钱穆在阅读《三朝北盟会编》。书商说，"先生喜欢读此书，我有半部此书的钞本，先生想收藏欣赏吗？"钱穆让他带来，发现该书出自浙东某位名家，纸张、字样、墨色皆极精美，可惜只有半部。

等到1937年春，钱穆遍游琉璃厂各书店，在一家小书摊墙角边的书架上看见一书，装帧精美，与众不同，于是取出一看，竟然是《三朝北盟会编》钞本的另半部。钱穆顿时喜出望外，迫不及待地问店主此书的售价。

其实店主看见钱穆取阅此书，早就开始留心。他盯着钱穆看了一会，说，"这是残本，先生知道吗？"钱穆答："知道。"又问："购买残本有什么用啊？"他大概已从钱穆惊喜的表情中知道他可能藏有残本的另一半。

钱穆只能装作一副淡然的样子说："这书纸张、字样、墨迹、书品都不错，虽然是残本，但放在书桌上也值得欣赏。"店主说："本店不打算卖这个残本。"钱穆问:"既然不打算卖,为何放在书架上?"店主沉默半天,才说:"反正这书不卖,不用再讨价还价。"钱穆没办法,回去后请熟悉的书商来买,没想到对方认为奇货可居,结果也没有成功。

钱穆在北平还发现了《章实斋遗书》的家传本。他早年在无锡乡间任教时,就喜欢读章学诚的书,以至"形于梦寐间"。等到来北京大学任教,有一天,图书馆馆长毛子水来历史系教师休息室拜访钱穆,说有一家书店送来《章氏遗书》抄本一部,不知是否真有价值,想请钱穆帮忙鉴别真伪。

当天晚上,毛子水派人将抄本送到钱穆住所。钱穆在灯下检读,先查章学诚《与孙渊如观察论学十规》一文,此文在流行刻本中都是有目录而无文章。钱穆在此抄本中,赫然看见此文,知道这个抄本必有来历。经过鉴定,发现果然是章学诚家传本。

《章氏遗书》向来为钱穆所喜读,如果他假装不知,此书退回原书店后,他就可以悄悄收藏。但他想到书籍乃天下之公器,公藏可供大家阅读,不宜秘为私有,于是请助教抄录出市面上不常见的篇章,约 20 篇左右,然后将此书还给毛子水,请他为北大图书馆购取珍藏。

钱穆前后在北平购书超过 5 万册,约有 20 万卷左右。"历年薪水所得,节衣缩食,尽耗在此。"蒙文通被胡适解聘后,钱穆也受到了无形的压力。他曾对朋友开玩笑说:"一旦我被学校解聘,就摆一书摊,可不愁生活。"

1937 年卢沟桥事变后,钱穆匆匆离开北平,临行前特别制作了二十几个大箱子,将所有图书藏在其中,堆放在住所的独立房间里,准备等抗战胜利后再去取。没想到后来再也没回北平,书也未能运出,5 万册图书全部流散。

后来钱穆在香港办学,为新亚研究所购置藏书时,购得《资治通鉴》一部,发现竟然是哥哥钱挚生前阅读本,是钱穆从苏州家中带到北平的。5万册图书仅有这一部重新回到钱穆手中。

七、游览名山大川

在北大教授中,钱穆除了学问好,人品亦佳,在师生中有口皆碑。他平时不苟言笑,埋头治学,惜时如金,但绝不是一个书呆子,而是一个很有生活情趣、很懂生活的人。他喜欢历史地理,毕生的一大爱好就是探奇览胜、各地游历。在北平的八年中,他曾经屡次出游。

在北平近郊,钱穆曾经与吴其昌、吴世昌兄弟同游八达岭长城。他提前一晚住到吴氏兄弟家,与吴其昌畅谈一夜。第二天黎明前,就坐人力车赶往火车站。路上迎着拂晓时的清风,看着残余的月影,他忽然想到宋人柳永的"杨柳岸,晓风残月"。千年前词人的名句,在千年后的钱穆读来,此情此景如在眼前。钱穆因此心想,如此优美的词句,胡适之流竟把它们说成是死文学,实在是太可笑了!等登上万里长城,钱穆自然免不了发一番思古之幽情。

钱穆又曾与南京中央大学教授缪凤林同游卢沟桥。虽然钱穆曾经在火车上遥望过卢沟桥,但终究不如亲身到桥上去感受一番。元明以来,读书人进京赶考,最后一站就是卢沟桥,住一夜第二天就可进入京城了,也往往意味着进入一个新的世界。因此八百年来,"卢沟晓月"在全国士人心中所泛起的想象、期盼、回念等复杂的感情,不是语言所能表达的。钱穆与缪凤林,坐在桥上石狮两旁,纵谈史事,别有一番滋味。

钱穆还曾作了四次远游,尤其是第一次,感慨良多。1933年春,钱穆与北大历史系四年级学生结伴,游泰安、济南和曲阜。先抵泰安,游岳庙。岳庙大堂的四壁原有宋真宗巡狩泰山壁画,文物车骑,宛然连幅,是真正的千年古物。虽有剥落损坏,但经多次修补,仍保持原貌。可惜冯玉祥在此驻军,在墙上贴满革命标语,后来撕掉革命标语时使壁画遭到巨大的破坏,令钱穆惋惜不已,感叹"千年壁画,也为革命牺牲了!"

随后一行人前去登泰山。学生们都雇山轿上山,而钱穆为试自己的脚力,决定徒步登山。等登到南天门时,发现两山耸立,中间一条道,极为宽阔,仿佛天空中开此一门。登山也只有这一条路。钱穆心想:人生境界也应如此,当认定唯一的道路向前努力。

等登上山顶,回视全山形势,就像一个巨人,南面巍然而坐。钱穆这才知道古代皇帝必登泰山,自然有其道理。

游泰山后,再游济南大明湖。小舟荡漾,天光亭影,流连迷人,几疑身在江南。游历不忘访书,钱穆又在济南城中的旧书店,看到大字《仪礼》一部。页眉行间,以工整的楷体字写满校注,读之令人心神怡悦。钱穆不禁感叹:时贤喜欢批评古人,但不知古人做学问的功力,远远超过时贤。可惜这书是藏书家送来修缮的,并不出售,钱穆只能怅然而返。

游济南后,又去曲阜。从火车站到曲阜城的路上,大家都乘坐旧式骡车。钱穆在车中想起顾炎武,也是在旅途中,默诵精思,成就绝学。想到自己直到今天才有这种体会,不禁感到惭愧。

到了曲阜,钱穆详细询问孔府的经济情况,以及曲阜农民的生活,想以此了解孔子后人是否真的能享受封建社会的贵族生活。

到了孔林,也就是孔子及其家族的墓地,钱穆叮嘱学生必须行三鞠躬礼。学生们也都照做了。只是比起游泰山、游大明湖的兴高采烈来,学生们在这里毫无追慕古圣先贤之心,只是例行公事而已。时代风气如此，钱穆也无可奈何。

第二次远游是与清华师生结伴游大同、绥远和包头。先到大同，观赏云冈石窟。随后去绥远，凭吊汉明妃冢。最后至包头，尝黄河鲤鱼而返。

第三次是1936年夏，钱穆一人由平汉路至武汉三镇，参观武汉大学，游汉阳黄鹤楼。再乘江轮至九江，游庐山西林寺、五老峰、白鹿洞、三叠泉瀑布等胜景。

第四次远游在1937年春，与清华师生同游开封、洛阳和西安。在开封、洛阳和潼关，钱穆又多次品尝黄河鲤鱼，大饱口福。在西安，钱穆特意去看了张学良软禁蒋介石的地方。当时离震惊中外的"西安事变"还不超过一百天。有省政府特派员为他们介绍蒋介石的卧室，介绍蒋翻墙逃跑的地方，所有器物都像当时那样摆放。

钱穆更注意到大厅西边墙壁的书架上，放着张学良日常所读的书。钱穆告诉同游的人，"看书架上的书，就知道张学良的为人"。可惜当时未能把书名抄录下来。

在归途中准备游华山时，没想到还没看到华山险景，路上先遇险情——遇到了劫匪。钱穆随身携带的皮箱和相机自然被抢走，没想到眼镜也被匪徒摘走。钱穆心想，游华山是生平一件大事，失去眼镜还怎么游？于是追着匪徒大喊："我的眼镜是近视镜，你们没用，请还给我！"没人理他。

无奈之下，高度近视的钱穆只能由学生搀扶着走向旅馆。走着走着，钱穆忽然想到，或许匪徒戴上眼镜觉得不合适，会把它丢在路上，于是请学生一起回去寻找，结果没有找到。后来好在随行的官员送给钱穆一副眼镜，让他感激万分。等回到北平后，钱穆特意向此官员寄去自己新出版的《中国近三百年学术史》一部，作为回赠。

钱穆一生信奉"读万卷书,行万里路"的古训,追慕太史公遍游名山大川之雅,向来游兴很浓。在钱穆看来,游历就像读史一样,而且读的是一部"活历史",它可以增加人们对祖国历史文化的热爱。

除此之外,钱穆对读书与游历的关系也有独到的理解。他曾对学生李埏说:"读书当一意在书,游山水当一意在山水。乘兴所至,心无旁及。……读书游山,用功皆在一心。能知读书之亦如游山,则读书自有大乐趣,亦自有大进步。否则认读书是吃苦,游山是享乐,则两失之矣。"又说:"从读书中懂得游山,这才是真游山,才是真乐。从师交友,亦当如读书游山般。"(《八十忆双亲·师友杂忆》,第245页,北京三联1998年)

第五章 辗转西南

钱穆在本世纪（20世纪）中国史学家之中是最具有中国情怀的一位。他对中国的光辉的过去怀有极大的敬意，同时也对中国的光辉的未来抱有极大的信心。在钱穆看来，只有做到以下两件事才能保证中国的未来，即中国人不但具有民族认同的胸襟，并且具有为之奋斗的意愿。——马悦然

一、西南联大

1937年卢沟桥事变后，中国抗日战争全面爆发。不久北平沦陷，国民政府决定将国立北京大学、国立清华大学和私立南开大学三校合并，在湖南长沙组建临时大学。由三所大学的校长和知名教授组成校务委员会，主管全校重大事务。教职员全部转移到临时大学。

北大教授，除马幼渔、孟森、周作人等人因各种原因留在北平外，其余的人决定分批南下。钱穆与汤用彤、贺麟结伴，取道天津、香港，然后转赴长沙。为了应付日军沿途的检查和抢劫，钱穆出发前着实准备了一番：在随身携带的木箱内悄悄地安装了一个夹层，上面放上几件平时穿的衣物，下面则藏着他的宝贝——历年讲授中国通史增删而成的五六大本笔记。三个人辗转四个多月，才到达临时大学文学院所在的南岳圣经学院。

此时南岳山中学者云集，学术氛围很浓。钱穆讲中国通史，冯友兰讲中国哲学史，闻一多讲《诗经》，金岳霖讲逻辑，吴宓讲西洋文学史，都深受学生的欢迎。文学院外文系学生李赋宁回忆说：

当时南岳山上大师云集，生活艰苦，但学术空气活跃、浓厚，授课的教师有冯友兰、金岳霖、沈有鼎、钱穆、汤用彤、朱自清、闻一多、陈梦家、吴宓、叶公超、柳无忌等，还有英国青年诗人、批评家威廉·燕卜孙。当时冯先生的中国哲学史，钱穆先生的中国通史和闻一多先生的诗经这三门课的听众极为踊跃。教室窗外挤满了旁听的人。每当我回忆起南岳那一个学期的生活,我总是神往不已,好像是置身于最圣洁的殿堂之中。(李赋宁:《怀念冯芝生先生》,载于郑家栋、陈鹏选编:《追忆冯友兰》,第65页,社会科学文献出版社2002年)

这么多的哲学家、史学家、文学家都住在一栋楼里,朝夕相处,切磋问学,的确是他们在北平时所未曾有的。

有一天傍晚,冯友兰来到钱穆的住处,把《新理学》手稿送给他披览,想听听他的意见。钱穆读完手稿后,告诉冯友兰:"理学家论理气必兼及心性,两者相辅相成。如果独论理气,不及心性,一取一舍,恐有未当。同时,中国虽无自创的宗教,但对鬼神却有独特的见解。"因此主张《新理学》在修改时应增加这些内容。后来冯友兰部分地采纳了钱穆的意见。

当然,这么多一流学者聚集在一起,难免也会出现分歧和争论。钱穆和冯友兰对待学生去延安的不同态度就是一例。1937年12月,日军侵占京、沪、杭后,沿长江西进,进攻华中地区,武汉成为前线。日寇的疯狂进攻和国土的大片沦丧,激发了学生的从军抗日热情。不少学生就地从军,参加抗战,也有一部分学生冲破封锁,奔赴延安。

有一天,有两个学生准备奔赴延安,学生们举行欢送会,邀请冯友兰和钱穆前去演讲,以资鼓励。冯友兰先发言,对奔赴延安的两个学生倍加赞许。轮到钱穆发言时,与冯友兰针锋相对,力劝在校的学生安心读书。

钱穆说:"青年是国家栋梁,是指将来,不是指当前。只有同学们今日努力读书,能求上进,才能成为明日国家的栋梁。当前国家困难万状,中央政府又从武汉退出,国家需要的人才,标准应当更高。目前前线有人，不待青年学生前去参军。"

散会后，冯友兰来找钱穆，说："您劝学生留校安心读书，这话不错，但不应该对赴延安的学生加以责备。"钱穆说："如果我赞成学生赴延安，又如何能劝说在校的学生安心读书？这两条路摆在前面，此是则彼非，彼是则此非。如果像您所说的两可之见，岂不是要让学生自己选择？我决不以为然。"两人力辩，不欢而散。从中可以看出两人人生态度的差别。

钱穆在南岳的宿舍本来是一人一大间。有一天，宿舍突然调整，改为四人一间，同室的另外三人是吴宓、闻一多和沈有鼎。宿舍里有一张长桌，到了晚上，闻一多自点一灯放在自己座位前，勤读《诗经》、《楚辞》，遇有新见解，分别撰写成篇。吴宓则在备课，抄笔记写纲要，有的合并，有的增加，写好后逐条再以红笔勾勒。虽然他在清华教书至少已有十年，如今在流亡途中上课，依然一丝不苟。

只有沈有鼎喃喃自语，说，"如此良夜，尽可闲谈，各自埋头，所为何来？"吴宓听完斥责说："你喜欢闲谈，不妨去别室自找谈友。否则早点上床，不要在这里妨碍别人！"沈有鼎只得默然不语。吴宓又说："限十点熄灯，不得超时，妨碍别人睡眠。"

第二天，吴宓一大早就起床，独自一人出门，在室外晨曦微露中，拿出昨夜所写的讲课纲要，反复诵读。等大家都起床后，才重新回房。这让钱穆不禁感叹：与吴宓相识多年，虽然经常听说一些他的言行，但直到今日才深识他的为人，果然有过人之处。

钱穆每周都要下山借书。当时图书馆购有商务印书馆新出版的《四库珍本初集》，他专借宋明诸家文集，携回山中阅读，并勤做笔记。其中有关王安石新政的条款，后来在宜良山中写《国史大纲》时，择要录入著作中。

有一天，钱穆忽然觉得想借的书都读完了，就随意借了一部《日知录》，读后又有新的体悟，想到自己《中国近三百年学术史》中顾炎武一章未能写得如此透彻，禁不住感叹："著书必须厚积而薄发，仓促成书终非正道。"

读书讲课之余，钱穆也不能忘情于山水。南岳衡山山势蜿蜒，群峰骈列，七十二峰中以祝融峰为最高，景色至美，钱穆曾多次前往祝融峰远眺四周胜景；又游王夫之归隐处，流连忘返；他还曾独自一人在山路的积雪中见到新鲜的老虎脚印，惶恐万分。

1938年初，南京失陷以后，日本飞机把长沙作为轰炸目标之一。在长沙久留很危险，于是临时大学在第一学期结束后，经国民政府批准，于1938年2月底向西南迁往昆明，开始了历尽艰辛而又波澜壮阔的"文化长征"。

从长沙西迁昆明主要分为三路进行。第一路包括300名左右男生和少数教授，他们组成一个徒步旅行团，从湖南长沙穿越多山的贵州省，一直步行到云南昆明，全程3500公里，耗时两个月零十天。

第二路约有800人，从长沙搭乘被炸得满目疮痍的粤汉路火车到广州，由广州坐船到香港，再由香港转到海防，然后从海防经滇越铁路到达昆明。他们由火车转轮船，再由轮船转火车，全程约耗10至14天。

第三路搭乘广西省政府派来的汽车，沿湘桂公路经桂林、柳州、南宁等城市，出镇南关，绕道河内，再沿滇越铁路经蒙自入昆明。钱穆、汤用彤、贺麟、冯友兰、朱自清、陈岱孙等人走的是这一路。

汽车途经镇南关时，司机通知大家，不要把手放在窗外，要过城门了。别人很快照办了，只有冯友兰听了这话，便考虑为什么不能放在窗外，放在窗外和不放在窗外的区别是什么，其普遍意义和特殊意义又是什么。还没考虑完，手臂撞上城墙而骨折，不得不留下来养伤。

迁入昆明以后，长沙临时大学即改名为国立西南联合大学，简称联大。联大在昆明前后约有9年时间。因为在昆明一时找不到合适的房子容纳这么多师生，联大当局决定把文学院和法商学院设在云南第二大城市蒙自。

蒙自的条件虽然赶不上北平和南岳，但山清水秀，环境幽雅怡人。学校附近有一湖，环湖有人行道；湖边有一个茶亭，延伸到湖中。在授课之余，钱穆常与吴宓、沈有鼎等人到湖边散步，品茶亭中，"移晷不厌"。

联大女生刚到蒙自的时候，钱穆在茶亭里远远一望就能分辨出湖边的女学生，哪些是联大学生，哪些是蒙自学生，因为服装迥异。但不久之后，环湖都是联大学生，而不见蒙自学生，因为大家的服装都一样了。联大女生从北平来，本来都穿袜子，过了香港以后，赤足穿鞋，露出双腿。蒙自女生也很快效仿。

学校附近有越南人开了一个小咖啡店，店主有一个女儿，很漂亮，有个联大学生很喜欢她，于是弃学入赘。钱穆还听说有一对男女同学晚上同睡在教室的课桌上，被其他同学发现举报，后被学校斥退。这让钱穆大为感叹，"风气之变，其速如此！"

钱穆在西南联大继续为学生讲授中国通史，延续了北大时讲课的盛况。他的通史课被安排在西南联大当时最大的教室，大约有一百多套桌椅，可坐二百多学生。西南联大继承北大自由讲学之风，允许校内外人士旁听，而且尽可能兼顾其便。因此其他大学的学生、中学的教师以及社会上有志于史的人们皆来听讲，以至教室虽甚宽敞，仍不能使人各得其所。一张两人用的课桌，总是三个人挤着坐。椅子坐满了，许多人便席地而坐。教室里面的地上坐满了，便坐到窗台上。有的人连窗台也挤不上去，便倚墙而立。钱穆每次都需要踩着学生课桌，才能走上讲台。

钱穆自念"万里逃生,无所靖献,复为诸生讲国史,倍增感慨"。当时大家因时局失利情绪低落,钱穆在上课时联系中国历史,充满信心地告诉听课的师生:"中国历史有其独特之处,作为一个中国人,应感到它是可敬可爱的,应认识到统一和光明是中国历史的主流,分裂和黑暗是暂时的,是中国历史的逆流,胜利一定会到来!"(李埏:《不自小斋文存》,第681页)这给师生们很大的鼓舞。

当年在西南联大听钱穆讲通史课的何兆武回忆道:"当时教中国通史的是钱穆先生,《国史大纲》就是他的讲稿。和其他大多数老师不同,钱先生讲课总是充满了感情,往往慷慨激越,听者为之动容。据说上个世纪末特赖齐克在柏林大学讲授历史,经常吸引大量的听众,对德国民族主义热情的高涨,起了很大的鼓舞作用。我的想象里,或许钱先生讲课庶几近之。"(何兆武:《思想文化随笔》,第351页,科学出版社2012年)

课后,很多人到钱穆的宿舍里问学。有的是联大学生,有的是其他大学的学生,有的是中学教师,有的是在报馆、在银行、在机关工作的人,还有的是读过钱穆著作而未听过讲课的人……往往是一些人刚辞出,一些人又进去,络绎不绝。

对于一切来访的人,钱穆极少问其姓名职业,一视同仁,有教无类,都是一样和颜悦色地接待,必使来人得到满意答案为止。有时候来人所问的问题过于浅显,根本不需要钱穆一一作答,但他还是认真地解答。

有学生因此问钱穆:"有些人似是慕名而来,欲一瞻风采而已。何以先生也很认真地赐以教言?"钱穆说:"你知道张横渠拜谒范文正公的故事吗?北宋庆历年间,范文正公以西夏兵事驻陕西。横渠时年十八,持兵书往谒。文正公授以《中庸》一卷,说:'儒者自有名教可乐,何事于兵。'横渠听了,翻然而悟,遂成一代儒宗。可见有时话虽不多,而影响却不小。"学生因此领悟到:钱穆之所以有教无类,诲人不倦,是因为他对求教者有厚望、有深意。

文人相轻,自古皆然。钱穆在西南联大讲课时,有时喜欢比较中西文化的异同,而且对中国文化情有独钟。有一次,历史系主任姚从吾对钱穆说:"讲中西文化的异同,最好听听莱茵河畔教堂的钟声,这里有西方文化的精神。"言下之意,钱穆没有听过莱茵河畔教堂的钟声,似乎没有资格奢谈东西文化比较。

西南联大的三所大学之间,由于不同的传统,不同的学风,不同的分工安排,教授又都是名流,相互之间也难免会产生矛盾。用冯友兰的话说,联大"好像是一个旧社会中的大家庭,上边有老爷爷、老奶奶作为家长,下边又分成几个房头。每个房头都有自己的'私房'。他们的一般生活靠大家庭,但各房又有自己经营的事业"(冯友兰:《三松堂自序》,第352页,北京三联1984年)。

有一次,三位校长在秘书主任的陪同下巡视宿舍。北大校长蒋梦麟看到宿舍破败,内部设施又极简陋,认为这不宜居住,会影响学生的身心健康。南开校长张伯苓则表示,此时国难方殷,政府在极度困难中支撑青年的学业已属难能可贵;而且学生正应接受锻炼,有这样的宿舍也该满意了。清华校长梅贻琦原是张伯苓的学生,故沉默不语,不便表态。蒋梦麟听了张伯苓的话,便直截了当地说:"倘若是我的孩子,我就不要他住在这宿舍里!"张伯苓马上"回敬"说:"倘若是我的孩子,我一定要他住在这宿舍里!"(参见《国立西南联合大学校史》,第15—16页,北京大学出版社2006年)

还有一次,北大校长蒋梦麟从昆明来。到了晚上,北大师生举行欢迎会,有学生请钱穆也出席。会上,北大教授连续登台,痛斥联大的种种不公平。因为当时南开校长张伯苓和北大校长蒋梦麟长驻重庆,只有清华校长梅贻琦常驻昆明,因此大家认为所派的各学院院长,以及各系的系主任,都有偏向。如文学院长常由清华的冯友兰连任,而不是北大的汤用彤。其他学院也是如此。所以一时师生群议分校,主张独立。

钱穆听完,不禁起立要求发言。主席请钱穆登台。钱穆说:"现在是什么时期?将来胜利还都后,各校自然分立。如今在蒙自争取独立,这让蒋校长返重庆后如何向上面开口?"说到这里,蒋梦麟起立发言,说:"今晚钱先生的一番话已成定论,不要再在此题上起争议,当另商他事。"大家默然。不久即散会。钱穆一生论学处事,多尚和合,于此可见其精神。

有联大学生赴湖南、江西前线,临行前来求赠言。钱穆告诉学生,赴前线首当略知军事地理,希望随身携带顾祖禹的《读史方舆纪要》一书,于湖南、江西两章细加阅读。这是因为钱穆发现日军的进攻路线,都是先攻顾氏书上的要害之地,所以猜想日军中必然有人熟悉此书。例如,日军在天津,不沿京津铁路进军,而改道破涿州,切断平汉铁路,包围北平。又如在上海,不沿京沪铁路西侵南京,而广备船只,直渡太湖径犯广德,一下子就到了南京的肘腋之间。学校得知后希望钱穆在下学年开军事地理课,但因钱穆不久后离开联大而作罢。

二、编著《国史大纲》

抗日战争时期,中华民族处于生死存亡的危难关头,全民团结、一致抗日成为当时最急迫的任务,复兴民族文化、发扬民族精神成为空前响亮的口号,这为现代儒学复兴运动带来了一个大好时机,完成了一大批经典名著。如谢幼伟在《抗战七年来之哲学》一文中所说:"我们不要以为这七年来的抗战,又把中国哲学的进展阻碍了。实际上,这七年来的中国哲学,比起中国任何一时期来讲,都不算是退步。相反的,作者可以很自信地说,中国哲学是进步了。这七年来的抗战,可以说是中国哲学的新生。"(载于贺麟:《当代中国哲学·附录》,胜利出版公司,1947年,第143页。)

例如,曾经在科玄论战中代表传统派的张君劢写出了《民族复兴之学术基础》等论著,其主旨无非是提倡发扬民族传统文化精神,重振儒家学说。冯友兰在抗战时期写出了《新理学》等"贞元六书",公开声明他的新理学是"接着"宋明理学讲而不是"照着"宋明理学讲。它的"新"就在于用西方的新实在论来改造宋明理学,重构一个新的形而上学系统。贺麟则倡导新心学这种主观唯心主义的哲学,他在《儒家思想的新开展》一文中,明确地提出了"以儒家精神为体,以西洋文化为用"的主张,系统地阐明了现代新儒学运动的宗旨。

钱穆则在西南联大讲授中国通史的同时,完成了皇皇巨著《国史大纲》。以高调的民族主义,旗帜鲜明地弘扬中华民族的文化精神。

虽然钱穆在北大讲授中国通史多年,但直接促成钱穆将课堂讲义改写为《国史大纲》的,是西南联大的同事陈梦家。

陈梦家(1911—1966),浙江上虞人,生于江苏南京。现代著名古文字学家、考古学家、诗人。早年以新文学成名。1932年,钱穆在燕大兼课时,陈梦家也来选修,于是开始喜欢中国上古先秦史,又治龟甲文。他的夫人是燕大有名的校花,追求的人很多,而独赏陈梦家长衫落拓,有中国文学家气味。后来夫妇两人同来联大任教,与钱穆结为好友,时常往来。

有一天晚上,陈梦家劝钱穆写一本中国通史教科书。钱穆说:"材料太多,所知有限,等到他日将仿照赵翼《二十二史札记》的体裁,就自己所知的部分写出长篇论文，而所知不详的，则不作论述。"

陈梦家说："先生这是为自己的学术地位考虑。有志于治史学的，读您的论文应当受益不浅。但先生没有为全国大学的青年考虑，也没有为时代的急迫需要考虑。如果先写成一教科书，国内受益的将不计其数。"钱穆说："你的话也有道理，请让我考虑一下。"

过了几天，陈梦家问钱穆考虑得如何了。钱穆答："兹事体大，流亡中恐不易找到写作机会，等他日平安返回故都后再试吧。"陈梦家说："我不这么看。等平安返回故都，先生兴趣广，门路多，不知又有多少选题涌上心来，哪肯再来写教科书？不如今日生活不安，书籍不富，先生只就平日课堂所讲，随笔书写，岂不驾轻就熟，而读者也易受益。"

钱穆说："你的话很有道理。看来我要改变初衷，先确定体例。体例定，像你说的，在此再留两年，也许就能仓促成书。"陈梦家说："这样的话我就为全国大学青年提前祝贺了，其他受益人也将不可胜数，希望先生不要改变今晚的承诺。"

于是，1938 年 5 月，钱穆开始决意撰写《国史大纲》。关于此时的写作环境，与他同在联大文学院教书的吴宓有如下日记：

阴雨连绵。直至 6 月下半月间有晴时，7 月下半月始常有晴日。而 8 月则全月又大雨不息矣……而 5 月 20 日上午 11 : 00，正对宓教室门前之大树忽倒，声如巨雷，压毙数鸟……诚以阴雨连绵，人心已多悲感。而战事消息复不佳，5 月 19 日徐州失陷。外传中国大兵四十万被围，甚危云云。(《吴宓日记》[Ⅵ]，第 334 页，北京三联 1998 年）

除了天气的闷湿、战局的危重外，更有频繁的空袭，为此吴宓不得不深叹"人心已多悲感"，而钱穆恰恰就是在这样的环境下开始了他的著述。

正当钱穆静下心来准备写作之时，忽然传闻文学院将于暑假迁回昆明。钱穆听后极其懊丧，因为如果返回昆明，人事来往必然频繁，就没有足够的闲暇落笔。于是想到宜良山水胜地，距昆明不远，如能住在宜良，以半星期去昆明上课，还有半星期清闲可以闭门撰述。于是在朋友的帮助下，一人借住在宜良。

钱穆在宜良借宿的山楼极其寂静。除晨晚散步外，他整日在楼上写《国史大纲》，入夜则看《清史稿》数卷。写作《国史大纲》的"祖本"就是那批珍藏在他箱子夹层中的讲义，足足有五六厚本，都是逐月逐年逐项添写，即使到南岳、蒙自又续有添写。

到了寒假，汤用彤与陈寅恪来看钱穆，在楼上住了一宿。大家坐在院中石桥上聊天时，陈寅恪感叹道："如此寂静之境，实在难遇，兄在此写作真大佳事。然而，假如我一人住此，非得神经病不可！"

自古圣贤皆寂寞。钱穆信奉"学问之事，贵能孤往"，他是近代学人中可以称得上是耐得住大寂寞之人。

寒来暑往，1939年6月，《国史大纲》终于完稿了！全书共计30多万字，花了整整13个月时间。在该书的重庆国难版的扉页上，钱穆写下这样一行字：谨以此书献给前线百万将士！——他将该书视为"武器"，视为"书生报国"的独特方式，视为他对全民抗战所贡献的精神力量。

所谓英雄所见略同。在抗战期间，著名历史学家陈垣说："从来敌人消灭一个民族，必从消灭他的民族历史文化入手。中华民族文化不被消灭，也是抗敌根本措施之一。"

《国史大纲》写成后，为了说明写作该书的主旨和深意，钱穆又写《引论》一篇，先在昆明版《中央日报》上发表。联大西门外有一个报纸零售摊，不到一个早晨，报纸便被联大师生争购一空。一些同学未能买到，只好借来抄录。下午，同学们开始三三两两地聚集在小茶馆里或宿舍里讨论起来。

此后数日,大家都在谈论这篇文章。有的谈文中的这个问题,有的谈那个问题。联大的教授们也议论开了,有的赞许,有的反对,有的赞成某一部分而反对另一部分。例如,陈寅恪称许为"大文章",毛子水读完愤慨不已,欲作文批驳……联大自播迁南来,学术讨论之热烈以此为最,一时间激起不小的波澜。

这篇两万字的长文之所以引起这么大的反响,首先是因为钱穆在文中提出了对本国历史文化要有一种"温情与敬意"的观点,与批评中国传统文化的西化派针锋相对。他强调说:

> 任何一国之国民,对其本国已往历史,应该略有所知,尤必附随一种温情与敬意。每一国家必待其国民备具上列诸条件者比数渐多,其国家乃再有向前发展之希望。否则其所改进,等于一个被征服国或次殖民地之改进,对其国家自身不发生关系。(《国史大纲》上册,第1页,商务印书馆2002年)

也就是说,在钱穆看来,如果失去了中国传统文化的传承,即使经济快速发展了,国家富强了,其结果也是中国被西方文化征服,成为西方文化的殖民地。面对西方文化的挑战,中国文化自然应该进行调整和更新,但是调整和更新的动力必须来自中国文化系统的内部。这种调整和更新可以吸收西方的文化因子,但不能被西方文化所完全取代。

其次,这篇文章之所以引发争议,是因为钱穆对中国近代史学学派作了全面的批判和评论。他把近代以来的中国史学分为传统记诵派、科学考订派和宣传革新派三派,并对三派的治史理论一一作了审视和批判。

钱穆认为传统派与科学派一样,只见历史之局部而不见历史之全貌,只见树木不见森林,缺乏系统,无意义,纯为书本文字之学,与现实无预。而革新派只见森林不见树木,其结果是流于空疏,其所谓全史者,只不过是其胸中所臆测之全史。也就是说,钱穆把近代以来各派的史学家基本上都得罪了。

在将近代史学一网打尽之后,钱穆提出了自己的新史学标准。他说:新通史必须具备两个条件:"一者必能将我国家民族已往文化演进之真相,明白示人,为一般有志认识中国已往政治、社会、文化、思想种种演变者所必要之智识;二者应能于旧史统贯中映照出现中国种种复杂难解之问题,为一般有志革新现实者所必备之参考。……此种新通史,其最主要之任务,尤在将国史真态,传播于国人之前,使晓然了解于我先民对于国家民族所已尽之责任,而油然兴其慨想,奋发爱惜保护之挚意也。"(《国史大纲》上册,第8页,商务印书馆2002年)

如前所述,钱穆初到北大时,被傅斯年视为同道,而钱穆也对"学林霸才"傅斯年重建古史的工作寄予厚望。而如今,前后不到十年,钱穆就旗帜鲜明地公开批判以胡适、傅斯年为首的科学考订派。这主要是两人固有的学术分歧,随着民族危机的加深越来越大,以至于不得不分道扬镳。

比如,在重建古史所依据的材料上,两人就存在着相当大的分歧。两人在北大时的学生邓广铭比较了两人在这方面的不同,他说:

在我的必修课程当中有先秦史和秦汉史,是由同一位先生讲授的,他的讲授,虽也有精彩独到之处,然而他的材料来源,总是从书本到书本,从正史到杂史,等等。然而傅先生在其所开设的先秦史和秦汉史的专题讲授两门课程中,他的讲授,却不但显示了他对古今中外学术的融会贯通,而且显示了他对中外有关文献资料与新旧出土的多种考古资料

的融会贯通。(邓广铭:《怀念我的恩师傅斯年先生》,《台大历史学报》1996年第20期)

前一位先生无疑是指钱穆,只是故意隐去了姓名而已。从中可以看出,钱穆治古史主要依重文献材料,虽然也不反对以地下出土的新材料与传世文献相证来研究古史,但总是以文献记载为主;而傅斯年更重视新旧出土的多种考古材料,声称:"一分材料出一分货,十分材料出十分货,没有材料便不出货","只是要把材料整理好,则事实自然显明了"。

两人更大的分歧在于治史的理念上。九一八事变之后,日益深重的民族危机,尤其是抗日战争的全面爆发,激发了钱穆固有的民族忧患意识和文化担当意识,从而开始把治史的宗旨转向弘扬中华民族的文化精神,肩负起为中国文化续命的责任。因此,在他看来,考据仅仅是做学问的手段,"考证问题亦当以通识为依归"。

而傅斯年治学的基本理念是"为学术而学术","为真理而真理"的"纯学术"研究。傅斯年在《〈史料与史学〉发刊词》中说:"本所同仁之治史学,不以空论为学问,亦不以史观为急图,乃纯就史料以探史实","史料有之,则可因钩稽有此知识;史料所无,则不敢臆测,亦不敢比附成式",主张追求一种排除史家主观的客观的实证研究。

而傅斯年的老师胡适也表明了同样的治学取向,他说:"我不认为中国学术和民族主义有密切的关系。若以民族主义或任何主义来研究学术,则必有夸大或忌讳的弊病。我们整理国故,只是研究历史而已,只是为学术而作工夫,所谓实事求是是也。从无发扬民族精神感情的作用。"即使到了晚年,胡适仍坚持认为,"过分颂扬中国传统文化,可能替反动思想助威"。因此,他们对钱穆这种怀着温情和敬意治史的态度是不以为然的。

《引论》的发表,标志着钱穆文化民族主义史学的成熟,也标志着他与科学考据派领袖傅斯年在治学上矛盾的公开化,从此以后,两人在30年代前半期那种引为同道、互为欣赏的局面一去不返。

傅斯年对钱穆在《引论》中不留情面的批评愤怒不已。所以后来当钱穆的好友张其昀,问傅斯年对于《国史大纲》的意见时,他愤愤地说道:"向来不读钱某人的书文一字"。

张其昀不甘心,又追问傅斯年对书中有关中西文化比较的看法,傅斯年嘲笑道:"钱某何得妄谈世事,彼之世界知识,仅自《东方杂志》而来。""海龟"对"土鳖"的歧视之情溢于言表。这其实也道出了钱穆后来长期遭到歧视的重要原因。张其昀接着问:"您既不读他的书文一字,又怎么能知道的这么详细?"傅斯年自知失言,不再说话。

《引论》发表后不久,钱穆把《国史大纲》的书稿交给商务印书馆出版,并请自己的老师吕思勉作最后一校。吕思勉盛赞钱穆书中论南北经济一节,认为书中叙述的从魏晋屯田、占田、课田至唐代租庸调的演变,古今治史者,无一人详道其所以然,此书所论确实是"千载只眼"。

当时国民政府规定,书籍著作须经中央审查,方可出版。审查结果分为三种:一种是审查通过即出版;第二种是依照指示改定后再出版;第三种是遵照指示改定后,须申请重审。结果钱穆送审的稿子,批回属于第三类,要求他将洪杨之乱一章改为太平天国,立场也要有所改变。

钱穆不以为然，给审查处写信说："虽然孙中山先生曾亲口说，听了洪杨故事，才立志革命，但只有孙中山先生的排满革命属于正式的民族革命。至于洪杨起事，尊耶稣为天兄，洪秀全自居为天弟，到处焚毁孔庙，与民族革命决然不同。前后两事绝不应相提并论。凡本书需要修改的地方，可由审查处直接改定。原著作人当保存原稿，等抗战胜利，再向国人公开，以待国人的公评。"审查处收到钱穆的来信后，于是批示可照原稿印行，从而书稿得以正式出版。

《国史大纲》以30万字完整地叙述了上自太古，下至民初的中华全史，而且文字叙述流畅、生动。钱穆通过自己的独立思考和深入研究，提出了许多独到的见解。如论述先秦民间自由讲学兴起和宋明社会自由讲学再兴起的演变，论春秋战国大势时所提出的文化同化论，以及秦汉相制与汉代文治政府的分别，等等，皆多创见。

当然，书中的有些观点也不是不可以商榷，如钱穆在《引论》中说："若一民族文化之评价，与其历史之悠久博大成正比，则我华夏文化，于并世固当首屈一指。"仅仅以历史悠久来证明中国文化的优越。

然而，正如台湾学者韦政通所说："中国文化悠久虽是一事实，可是第一，悠久并不能就等于伟大。第二，中国文化之所以悠久，得之于地理环境的因素，可能远胜于中国文化的智慧。你瞧瞧！自海上交通工具发达，中国地理环境所造成的天险被军舰与大炮攻破以后，中国文化是处在怎么一个摇摇欲坠的局面？"（韦政通：《现代儒家的挫折与复兴——中心思想的批判》，载于封祖盛编：《当代新儒家》，第135页，北京三联1989年）但他也不得不赞扬钱穆此书对培育国人的民族自信心，增强民族向心力所作的贡献，他说："在抗日战争时期，对弘扬传统文化，发扬民族精神，钱先生居功甚伟。"（韦政通：《儒家与现代中国》，第183页，上海人民出版社1990年）

钱穆在该书中处处渗透着抗敌御侮的思想和用心。他对历史上有名的汉奸如张邦昌、刘豫、洪承畴、孔有德、尚可喜、吴三桂等大加贬责，而列出"南明之抗战"、"明末遗民之志节"等专节，赞颂先祖奋起反抗外来侵略、坚守民族气节。

北大有个姓张的学生，在上海得到《国史大纲》第一版，带回北平，被有些师生读到后整书传钞。它使滞留北平的学人，倍增国家民族之感。据说留在北平的钱玄同去世前，在病床上有"治学迷途之叹"。

其实，钱玄同的"治学迷途之叹"与顾颉刚此时的"另辟蹊径，重起炉灶之用心"一样，是在抗日战争的残酷形势下对自己早年疑古过勇的反省，也是对早年接受日本人白鸟库吉的"尧舜禹抹杀论"的自责。否定历史上的尧舜禹，引发国人对中国历史的怀疑，动摇中华民族的自信心，这正是日本侵略者想干而难以干成的事，结果却被具有强烈爱国主义情感的古史辨学者做到了。在这一严峻的现实面前，钱玄同、顾颉刚等人怎能无动于衷？

钱穆在书中表达的民族文化发展观虽然不合于当时的主流，但也并不是孤立无援。在第一流的大学者中，汤用彤和陈寅恪与他的观点甚为接近。汤氏相信每一文化都有它的特点和发展的方向，外来的文化思想虽然可以影响本地的文化，但还不至于根本改变它的原有精神。而且外来文化思想也必须改变到可以与本地文化相融合的地步才能发生作用。他以佛教为例，说明"天台、华严二宗是中国自己的创造，故势力较大。法相宗是印度地道货色，虽然有伟大的玄奘法师在上，也不能流行很长久"（汤用彤：《文化思想之冲突与调和》，载于《往日杂稿康复札记》，第233页，北京三联2011年）。

陈寅恪持论也完全相同，他指出六朝的道教和宋代的新儒家都是中国文化善于改造并消化外来思想的史例。他曾充满信心地预测：

窃疑中国自今日以后……其真能于思想上自成系统，有所创获者，必须一方面吸收输入外来之学说，一方面不忘本来民族之地位。此二种相反而适相成之态度，乃道教之真精神，新儒家之旧途径，而二千年吾民族与他民族思想接触史之所昭示者也。（陈寅恪：《金明馆丛稿二编》，第282页，北京三联2001年）

在中国近现代史坛上，编写的通史著作不少。顾颉刚曾对这些通史作过点评，他说："所有的通史，多属千篇一律，彼此抄袭。其中较近理想的，有吕思勉《白话本国史》、周谷城《中国通史》、邓之诚《中华二千年史》、陈恭禄《中国史》、缪凤林《中国通史纲要》、张荫麟《中国史纲》、钱穆《国史大纲》等。其中除吕思勉、周谷城、钱穆三四先生的书外，其余均属未定之作，钱穆先生的书最后出而创见最大。"（顾颉刚：《当代中国史学》，第85页，胜利出版公司1947年）

《国史大纲》是钱穆学术生涯中最重要的代表作之一。台湾著名学者许倬云认为该书"至今还是中国通史中难以代替的名著"。台北"中国文化大学"教授程光裕也认为它是20世纪中国史坛中"最成功的史学名著"。该书一经出版发行，便被当时的国民政府教育部指定为全国大学用书，风行全国，使广大的热血青年深受激励与鼓舞，在中国学术界中也产生了广泛的影响。

三、入蜀讲学

1939年暑假，钱穆完成《国史大纲》后，顾颉刚邀请他加入流亡成都的齐鲁大学国学研究所。感念顾颉刚的知遇之恩，加上西南联大"左倾"教授对钱穆的攻击,钱穆慨然同意了,答应秋后就前往成都赴任。从此离开西南联大,开启了入蜀讲学的历程。

在假期返回苏州的途中,汤用彤与钱穆结伴同行。汤用彤问钱穆:"《国史大纲》已经写完,接下来准备研究什么?"钱穆问汤的意见。汤说:"儒史之学你已全体窥涉,接下来可旁治佛学,开拓新的领域。"

钱穆说:"读佛藏如入大海,你的《两汉三国魏晋南北朝佛教史》,提要钩玄,阐幽发微,读了就能稍知大概,省了多少精力。希望你继续写隋唐天台、禅、华严这三个中国人自创的佛学大宗,那时佛学精要大体已尽,我就等着读你的成稿了。"

汤说:"完成前稿,我已筋疲力尽,无力再完成下面的重任。你如果不喜欢钻研佛学,可以改读英文,多看西书,也许可以在学问上开辟一个新的境界。"钱穆答:"我从十八岁离开学校,英文已经荒废,恐怕要重新从 ABC 学起,也没有这个精力了。"

等回到苏州,看见年迈的母亲,钱穆决定侍养一年,不忍离开。当天,钱穆与汤用彤上街,看见街上流散着不少公家和私人的书籍。其中有一个书摊,全部是外文书,都是从东吴大学流出。钱穆于是动念,请汤为他挑选几本英文书,准备在这一年里闭门勤读。

汤用彤为钱穆选了三本书,钱穆嫌少。汤说:"你在北平前后购书 5 万册,节衣缩食,薪金都花在书架上,如今却一册也不在身边。现在生活艰难,多买英文书又有何用?而且以一年精力,读这三本书就足够了。"于是为钱穆选了一本《世界史》,一本《大人国与小人国》和另一本小说,不许钱穆多购。

回家后,钱穆写信给顾颉刚,要求请假一年。顾颉刚复信同意了,并承诺薪水照发,让钱穆开始编《齐鲁学报》,希望首期能在上海出版。钱穆心想,拿了一年的薪水,应当另有著述作为回报。于是开始撰写

《史记地名考》，以一年之力完成此书，交给上海开明书店，以齐鲁大学国学研究所的名义出版。又编成《齐鲁学报》首期，也交给开明书店付印。

为了防止日军的骚扰，钱穆隐姓埋名，闭户不出。此时母亲已76岁，尚能亲自下厨，食量与钱穆差不多，让钱穆心喜不已。在侍母之暇，钱穆半日读英文，半日至夜专心写作。苏州有园林之胜，又得家人相聚，老母弱子，其乐融融，这是钱穆一生中最快乐的时光。

钱穆在苏州期间，每隔一两个月必去上海拜访他的老师吕思勉。此时吕思勉住在法租界霞飞路兰村，寓所不大，"一厅容三桌"。其中靠近窗户的长方桌，是吕思勉写作著述的地方。书桌两边各有八个抽屉，里面藏满各种资料卡片。每当吕思勉动笔写作时，就从卡片中提取材料。从这里可以看出，凡是学术上有大成就的人，都是那些绝顶聪明但又肯做笨功夫之人！

如同钱穆编著《国史大纲》一样，吕思勉此时也在编撰《中国通史》，希望从政治制度、经济制度、学术文化的历史演进中总结经验，寻找中国未来前进的方向，鼓舞国人对历史文化的自信心。吕思勉在《中国通史》的最后一章"革命途中的中国"中写道："我们现在所处的境界，诚极沉闷，却不可无一百二十分的自信心。岂有数万之人的大族，数千年的大国、古国没有前途之理？"（《吕著中国通史》，第506页，华东师范大学出版社2005年第2版）

钱穆到吕思勉寓所后，有时坐在书桌旁，有时搬两把椅子到窗外厅廊中长谈。每次见面必长谈半日或整日，有时往往畅谈三四天才回苏州。一年之中，如此晤谈，大约有六七次。

一年的时间很快就过去了。1940年秋，钱穆只身前往成都任职，母亲带着孙子们送到大门口，含泪依依惜别。钱穆觉得母亲的步履颜色，意气谈吐，尚属康健，安心地离去了。

历经艰难到了成都，钱穆得知齐鲁大学在成都南郊华西坝，借用华西大学校舍，而国学研究所在北郊赖家园，距城廿里左右。研究所有研究生十几人，并无规定的课程，只在每周六下午举行一个讨论会，经常由钱穆主讲一题，约一个小时，随后由学生分别提问，加以讨论，直到晚餐前才散会。

钱穆又受邀在齐鲁大学兼课，由赖家园赴城，每次坐以前没见过的鸡公车（一种独轮车），穿越成都城去上课。当时在齐大历史系读书的方诗铭对钱穆讲课的情景作了这样的描述：

我初得瞻风采即在先生的中国通史班上。时《国史大纲》甫问世，授课即以此为讲义，并多所发挥。班中同学甚众，多有来自外校者。宾四先生善言辞，长于演讲，而颉刚先生则反是，上课时多写黑板，略加解释而已。时我年龄甚轻，学问之道初窥藩篱，对两先生的渊博浩瀚惟有瞠目震惊罢了。宾四先生讲课时颇带乡音，蜀人初听之下，颇有茫然之感。久之，我对先生的乡音渐有所悉。再久之，更不觉先生言辞中有乡音，如听一般的普通话。先生授课，于兴至之处，时高举双臂，慷慨激昂，间更纵声而笑。（方诗铭：《钱宾四先生散忆》，载于《钱穆纪念文集》，第37—38页）

就这样授课不到半年，忽然得到家中噩耗，母亲因病去世了。"子欲养而亲不待"，想起母亲的恩情，自己却未能时时随侍在侧，钱穆不禁揪心地痛。此时国难方殷，路途艰险，钱穆不仅不能赶回去亲视殓葬，而且也不便讣告友人，缺吊祭礼，只能白天闭门悲泣，深夜号啕大哭。心中日夜伤悼，无法排遣。

此时恰好流亡在四川嘉定的武汉大学请钱穆去讲学，钱穆决心赴约,以此缓解失去至亲的悲痛。

1941年3月19日,钱穆为武大历史系的学生讲授"中国政治制度史导论"。原来计划在教室中讲课,但由于听的人很多,临时改在大礼堂。钱穆一开讲便说:"历史学有两只脚,一只脚是历史地理,一只脚就是制度。中国历史内容丰富,讲的人可以各凭才智,自由发挥;只有制度与地理两门学问都很专门,而且具体,不能随便讲。但这两门学问却是历史学的骨干,要通史学,首先要懂得这两门学问,然后自己的史学才能有巩固的基础。"(严耕望:《怎样学历史——严耕望的治史三书》,第265页)

这一番高论让在下面听讲的一个学生茅塞顿开,似乎一下子找到了自己的学术研究方向;他以后通过几十年的孜孜努力,终于成为研究这两门学问的著名学者。他就是钱穆的得意弟子严耕望。

严耕望(1916—1996),安徽桐城人,历史学家。1941年毕业于武汉大学历史系,毕业后进齐鲁国学研究所,师从钱穆,成为钱穆的高徒。一生专治中国中古政治制度和历史地理,以治学方法严谨闻名,是史学家的朴实楷模。

纵览其一生重要著作,五卷本的《唐代交通图考》属于历史地理;《两汉太守刺史表》、《唐仆尚丞郎表》,以及《中国地方行政制度史》属于政治制度。晚年所编的论文集,分为上下篇:上篇述地理,下篇述制度。与此同时,未能完成的几项研究计划,如《唐代人文地理》、《国史人文地理》也是围绕着历史地理的方向继续深入。从中可以看出钱穆的这堂课对他一生治学的深远影响。

俗话说,名师出高徒。其实,高徒也出名师。就严耕望的老师钱穆和太老师吕思勉而言,他们的治学路径都属于传统一派,讲究历史的贯通;而20世纪前期的史学界主流,提倡做"窄而深"的断代史研究和专题研究。这一观念的极端表现,就是反对通史编撰和通史教学(陈寅恪也曾一度反对雷海宗在清华开设通史课)。所以,他们时常遭到主流学派的排挤,成为史学界的边缘性人物。

严耕望成名之后,提出"现代四大史家"之说,将钱穆、吕思勉与久负盛名的"史学二陈"陈垣、陈寅恪并列,从而使他们的学术地位"骤然提升"。在严耕望看来,20世纪前期的治学路径,可以归为两类:一类偏重于专深,一类倾向于博赡。"四大史家"中陈寅恪、陈垣,或许可以归入专深一路,而吕思勉、钱穆则属于博赡一路。后者的治学路径,特别适宜于通史的撰述,故吕、钱都有通史名著传世。

在武大讲学后不久,位于岷江对岸的复性书院山长马一浮前来拜访钱穆,请他去书院演讲。钱穆当年从熊十力那里得知马一浮,可谓神交已久。

马一浮(1883—1967),浙江绍兴人,一代大儒,现代新儒家的早期代表人物之一。与梁漱溟、熊十力合称"现代三圣"。早年游学美、德、日,第一部《资本论》就是他带回中国的。马一浮长年隐居杭州。蔡元培执掌北大时请他去任教,他以"古闻来学,未闻往教"八个字回绝。意思是说,中国教育的传统是学生来就老师学习,而不是老师去学校教授学生。抗战军兴,感于时势,才出山讲学。1939年,在四川乐山创办复性书院,讲授中国传统文化。

马一浮自视甚高,与武汉大学的教授极少来往。武汉大学学生邀请他演讲,也都被拒绝。他也不允许武大学生去书院听讲。因此,此次大家听说马一浮来邀请钱穆去演讲,都感到非常奇怪。

其实,马一浮一生以阐扬儒学为己任,以持守道统、护持儒学的纯洁性为职志,可谓纯儒一个。在当时国家民族陷入危机的时刻,他主张以儒学的复兴达到中国文化的复兴,这和钱穆的治学宗旨是一样的。同时，马一浮讲学立教突出一个"通"字，他认为为学首先应该综汇百家，通晓诸术。而钱穆治学向来也主张"通"字，提倡通人之学，因此两人在治学方法上也有共同点。

钱穆对马一浮说："听说复性书院讲学，禁谈政治。如果我去演讲，想以政治为题，不知能否同意？"马一浮问："先生讲政治的哪方面内容？我想预先了解一下。"钱穆说："国人如今竞相批判中国传统政治，认为自秦以来二千年，都是帝王专制。我想为此辩一辩。"马一浮听完后大喜，说："自梁任公以来，还没有听过这种言论。我愿意破例，恭听高论。"

到了演讲那天，马一浮邀请书院的学生全部出席。武汉大学有几个学生请求旁听，他也没有拒绝。演讲前，马一浮首先发言："今日是书院讲学以来从未有的先例，钱先生所谈的是历史上的政治问题，同学们闻所未闻，应当静默恭听，但讲完后不许发问。"因为按照惯例，讲完后必有一番讨论。

演讲完毕，马一浮留钱穆午餐。席间，钱穆盛赞嘉定江山之胜。马一浮说，"您偶然来小住，才会有这种感觉。久住在此，必会思乡。就以江水论，晨起盥洗，终觉刺面。江浙水性柔和，故苏杭女性面皮皆细腻，为他处所不及。所吹的风也刚柔不同。风水既差，其他都不同。在此终是羁旅，不堪作久居计。"

午饭后，马一浮送钱穆至江边而别，从此两个大儒再未见面。

不久，钱穆得教育部电召，赴重庆开会，讨论有关历史教学问题。会上得识考古学家徐炳昶。徐炳昶（1888—1976），和冯友兰一样，都是河南唐河人。早年留学法国巴黎大学，归国后任北大哲学系教授，后转向史学研究和考古研究。

徐炳昶此时正读《国史大纲》，想要与钱穆讨论，所以迁来与钱穆同住一室。两人常去郊外,选择村间的茶座,坐在树荫下对谈,至晚方归。有一天,徐炳昶忽然背诵王夫之的《读通鉴论》一段,首尾超过百字,朗朗上口。钱穆非常惊讶,说:"这次我没看见你带书来,你从哪里借的书?又怎么能背得这样滚瓜烂熟?"

徐炳昶笑着说:"这是我出国留学前,幼年熟诵,现在只是追忆背诵一下。"钱穆听完后大加佩服,说:"没想到你几十年前所读的书,现在还能随口背诵。今日的大学生,能翻阅这种书,就已经是一件奇事了。"看来国学的断代,从那时就已开始。

会后不久,钱穆返回成都国学研究所,与顾颉刚有了短暂相聚。顾颉刚一直视钱穆为自己人,曾经坦诚地告诉钱穆,自己能够快速成名,实在是因为年代早,学术新风气初开,所以能以枵腹(空疏无学之意)暴得大名。他又例举他的及门弟子数人,说,如某某某,他们的学问已远超于我,但始终不能像我当年那样受人重视,因此心中感到十分惭愧。对于他早年赖以成名的《古史辨》,则绝口不提。似乎想要另辟蹊径,重起炉灶。

当两人谈到顾颉刚常去重庆,在研究所的时间很少时,钱穆诚挚地说:"现在是非常时刻,人事忙迫,也实在无可奈何。此后兄任外,我任内,赖家园环境良好,假以年月,应该能为国家培育少许学术后起人才,请勿焦虑。"只是后来顾颉刚长期滞留重庆不回,于是正式提出辞去研究所所长一职,由钱穆接任。

1942年春,受好友张其昀的力邀,钱穆前往流亡遵义的浙江大学,作为期一个月的讲学。

在浙大上课时,常有农民挑着东西路过,累了就在教室窗外席地休息,侧耳听听教室中在讲些什么。此情此景,让钱穆联想到王阳明的大弟子王艮在泰州讲学时的景象。当年王艮讲学从来都是"开门讲课",直接面向大众，来学的人三教九流，要来就来，想走就走。钱穆心想，自己在这里讲课，肯定比不上王艮当年讲学，窗外农民并非真心听讲，假如王艮来这里讲课的话，情况应有很大的不同。于是免不了发一番思古之幽情。

讲课之余，钱穆自然不能忘情于遵义的山水。正好以前的学生李埏从昆明转来浙大任教，每日陪钱穆出游。有一天，李埏告诉钱穆："当初在北平听课，惊叹先生的渊博。同学们都说，先生必定整日埋头书斋，不然不会有此学问。等到了宜良，更加坚信自己的想象不错。没想到来到这里，看到先生整日出游。回想当年在学校读书，常常恨自己不能勤学。不料先生的好游，远远超过我们。今日才认识到先生生活的又一面。"

一个月以后，钱穆离开遵义返回成都，接受国立编译馆的任务，编撰宋、元、明、清四朝学案中的《清儒学案》。这套书的编撰出自蒋介石的授意，有时间限制，也有字数限制。于是钱穆遍读所能收集到的清人文集，日夜尽力撰稿。不久后完稿，约有四五十万字，字字都是他亲手钞写。

由于当时生活极为清苦，每天中午喝面汤，晚上喝稀粥，钱穆实在没钱请人誊写副本，就直接将原稿寄给国立编译馆。审稿人是著名学者柳诒徵，写成《审查〈清儒学案〉报告书》一文，对钱著有"体裁宏峻，抉择精严，允为名著"的评价。

编译馆一直在等另外几本学案，迟迟没有付排。后来抗战胜利，全稿装箱，由江轮运回南京，没想到在装船时箱子不慎坠落江中，没来得及打捞，最终使钱穆辛苦写就的文稿葬身鱼腹。后来钱穆读到徐世昌所编的《清儒学案》，本想重新撰写，可惜再也没有这种精力和兴趣了。

不幸中的大幸，是《清儒学案》的序言，已提前发表在四川省立图书馆所编的《图书集刊》上,我们可以从中了解钱穆关于学术思想演变的"每转益进说"。他说:"学术之事,每转而益进,图穷而必变。"意思是说,学术的发展,是在转变中进化的;表面上看,它有时候似乎已经走到了穷途末路,事实上,只要略经转换,便能重新出发,另创新局面。而且,它每一次的变化,都是在原有基础上累积能量前进的,因而都是一种进步和进化。例如,两汉经学是包孕了先秦诸子百家而产生的新经学,宋明理学既继承了两汉隋唐以来经学的精华,又涵纳了魏晋以来的佛学传统。

"每转益进说"不仅可以用来解释中国学术的演变,也可以解释中国文化的演变,即中国文化虽然屡经挫折,但总能逢凶化吉,不断发展和进步。这是钱穆民族文化主义思想的一块基石。

四、转向文化研究

《清儒学案》写完后,钱穆开始撰写《中国文化史导论》一书。这是钱穆入蜀以来在思想和撰述上的一大转变,也是钱穆一生中学术研究方向的重大转变。此前他以历史研究为主,以《国史大纲》为代表,仅为古人申冤,作不平之鸣;此后则转向文化研究,以弘扬中国文化为己任。

出现这种转变的原因,主要是因为在钱穆写《国史大纲》时,中国虽然正在遭受日本的全面侵略,但中华民族文化的大本尚未完全动摇。换句话说,日军的炮火虽然对中国人的物质文化,甚至中国人民的生命,有很大的摧残,却激发了大多数中国人,尤其是知识分子的民族主义精神。

这时，钱穆对中西历史文化的分析是平实的，对西方文化绝少贬词；对中国文化也不过分揄扬，而是认为中国文化有其特殊性、有其长处，也有其缺失；要了解真相很不容易，必须兼有同情的了解和客观的分析，有宏观的视野和细心的求证。

但到了 1941 年以后他开始写作《中国文化史导论》时，中国抗日战争形势已经日渐好转。随着美国和苏联的参战，日本投降，抗战取得胜利。当时举国欢腾，百废待兴，但钱穆觉察到中华文化大变在即。

1946—1949 年间，钱穆在中西历史文化的比较中，开始突出和强调中国历史文化独特之处，尤其是对中国历史文化精神和思想传统，特别加以表扬；而对西方文化的批评亦相应的更为严厉。（参见陈启云：《治史体悟》，第 8—9 页，广西师范大学出版社 2007 年）他希望由源寻委，由本达末，为中国传统文化寻找出路。

钱穆这种思想意识上的转变，表现在他给《思想与时代》杂志所写的一系列论文中。钱穆共为《思想与时代》杂志撰稿 42 篇，都以文化研究为中心。

《思想与时代》杂志创刊于 1941 年 8 月，公开打出"一以发扬传统文化之精神，一以吸收西方科技之新知，欲上承南高、东大诸教授创办《学衡》杂志之宗旨，以救世而济民"的旗帜，特别重视时代思潮与民族复兴的关系。杂志社的基本社员有钱穆、朱光潜、贺麟、张荫麟、郭洽周、张其昀等六人。

钱穆踊跃为杂志撰稿。他的《两种人生观之交替与中和》就发表在杂志的创刊号上。他还把有关中国文化、宋明理学方面的论文，以及后来成书的《中国文化史导论》各篇陆续寄给杂志。

《中国文化史导论》(以下简称《导论》)是钱穆第一部系统阐述自己对中国文化看法的著作，也是他一生中重要的学术代表作。《导论》各章的内容虽然大致形成于1943—1944年间,但钱穆对这些问题的思考并不始于这一时期,它可向上推溯到40年代初。

1941年冬,钱穆在陪都重庆发表《中国文化传统之演进》的演讲,这是他撰写《导论》的总提纲。演讲辞中的重要问题,如对文化概念的界定、文化研究的方法、中国文化的四期说,以及中西文化的冲突与融合等,在《导论》中都得到了具体的阐发。总的来说,钱穆在《导论》中有以下几个重要观点。

第一,中国文化的真正摇篮是黄河的三角地带。传统看法认为,黄河流域是中国文化最重要的发源地。钱穆对这种笼统的说法并不赞同,他认为中国文化的发生并不依赖于黄河主流,它所依靠的是黄河的各条支流。每一条支流流进黄河时两水相交的那个角落,才是中国文化的真正摇篮。例如,他说夏文化发源于今河南的西部,是位于伊水、洛水流入黄河的三角地带。

第二,中国文化的演进可分为四期:第一期是先秦时代——宗教与哲学时期。第二期是汉唐时代——政治与经济时期。第三期是宋元明清时代——文学与艺术时期。第四期是最近将来时期——科学与工业时期。钱穆认为,中国学术思想最灿烂的时期是先秦,政治、社会最理想安定的时代,莫过于汉唐,而文学艺术的普遍发达,则是在唐代以后。

第三,中国文化是一种包容性和同化力很强的文化,具有融合会通的文化精神。钱穆以河流为例,将中华民族比作一大水系,认为它是由一大干流逐段纳入许多支流小水而汇成的大流。在他看来,中国文化并不是一个封闭性的文化体系,而是一个开放性的文化体系,它对外来异质文化并不是以一种深闭固拒态度去加以排斥,而是以一种海纳百川的胸襟去加以融合会通,表现出了"有容乃大"的文化气魄。

第四,中西文化的根本差异就是农耕文化与商业文化的差异。钱穆认为，中国文化是在平原农耕地带产生和发展起来的，是一种农耕文化，具有"安、足、静、定"的特征，常常把人与自然视为和谐的一体，主张人与天地万物融会贯通。而西方文化发源于滨海地带以及近海之岛屿，是一种商业文化，具有"富、强、动、进"的特性，在宇宙观、人生观方面明显表现出了天人对立、役使天地的倾向。

总之，钱穆在《导论》中以独特的视角阐述了中国文化的特殊性和发展规律，建立了一整套人文主义特色的文化观和方法论，它是钱穆民族文化史学的奠基之作。

就在钱穆潜心于文化研究之际，1943年秋，齐鲁大学国学研究所停办，受华西大学文学院长罗忠恕的邀请，钱穆转去华西大学任教。罗忠恕，字贯之，四川武胜人。早年在成都华西大学求学，1931年从燕京大学研究院毕业后回母校任教，先后担任过华西大学教务长、文学院院长等职，一生以沟通和加强东西文化交流为志业。

受聘华大之前，钱穆在华西坝转了一圈，发现校园之南花团锦簇，清幽芬芳，其间散落着一幢又一幢的西式小别墅，不啻是做学问的好地方。上前一打听，钱穆不觉有些怅然，内心有些不平，因为学校规定，这些上等的花园洋房只提供给外籍教师使用。此外，中西教师在薪金收入上也有较大的差别。

为求中西平等，钱穆对罗忠恕放出话来，说自己就聘的唯一条件是入住校园之南的别墅。罗忠恕求贤若渴，应允下来，向校长张凌高请示。张凌高在任期间，是位广纳贤才的优秀校长，他亦深知钱穆的价值，当即拍板同意。此时，恰好有一幢别墅空出，而且是最大的一幢，钱穆高兴地住了进去。

这么大的别墅，一个人住过于奢侈，钱穆便请曾经在齐鲁大学国学研究所跟他读书的几位研究人员一同入住，又通过时任四川省图书馆馆长的老友蒙文通的关系,将该馆所藏的一部分图书搬了进来,供他们研读。

华西大学是一所教会大学。抗战时期,内迁的其他教会大学多借华西大学校舍华西坝上课,如齐鲁大学、燕京大学、金陵大学等。华西坝因此学者云集,俨然成为西南后方的学术重地。当时居住在此地的就有陈寅恪、吴宓、萧公权、李方桂等人,后来在港台颇有影响的学者唐君毅、牟宗三此时也在华西大学任教。

外地的学者有事来成都,也多居华西坝。有一次,梁漱溟来访,邀请钱穆合作创办一个文化研究所,得到钱穆的赞同。钱穆还把自己的新著《政学私言》请梁漱溟指正,梁读后称此书的内容"似为政治协商会议进言也"。钱穆解释说:"书生论政,仅负言责,若求必从,则舍己田耘人田,必两失之。"由于两人的政治见解大不相同,谈话最终不欢而散。

冯友兰也不时利用休假的机会到华西坝做学术讲演。有一次,华西坝诸教授为他举行欢迎茶会,钱穆、梁漱溟等人皆在座。钱、冯两人不知为何又展开了一场关于"当中国人"还是"当世界人"的辩论。

钱穆称:"今日当勉做一中国人",冯友兰则认为"今日当作一世界人"。钱穆反驳冯友兰说:"欲为世界人,仍当先做一中国人。"两人争辩,各执一词,互不相让。梁漱溟见状,急忙在两人之间作缓冲,称"无论做一中国人,还是做一世界人,都不应当忘记自己的祖国"。这场争论,自然没有结果,但从中也反映出钱、冯两人在中西文化观上的差异。

钱穆在华西大学任教后不久,四川大学迁回成都,因校长黄季陆多次相邀,他又到该校历史系兼课,讲授中国政治制度史和中国政治思想史。自此,他每周穿梭于华西坝与望江亭之间,直到1946年为止。

五、昆明五华书院

抗战胜利后，北京大学强烈要求复校。南京政府任命胡适为北大校长，但胡适远在美国未归，所以由其得意弟子傅斯年暂代校长之职，负责北大的接收、复员和北迁工作。曾经的北大教授不在昆明的，都得到了傅斯年的邀请函返回北平，而钱穆却在极少数不受邀请之列。

其实，钱穆并不是不想重返北大执教。在西南联大时，陈梦家劝他撰写《国史大纲》时，钱穆以流亡播迁之中，资料不全，恐难完成而加以婉拒。他说等日后平安返故都北平后，"乃试为之"。而且他在北大任教时购买的5万册图书仍留在北平，托人保管，一直到抗战胜利后都没有运回苏州家中的计划，这说明他对北平这个文化古都、学术中心还是很看重的。

只是由于抗战中钱穆不断对科学考据派进行批评，作为该派领袖的傅斯年对钱穆的攻击愤懑不平。随着两人积怨的加深，北大复校，钱穆不在受聘之列，自然也就不难理解了。

不能重返故都，又该何去何从？钱穆心想，书生报国，应不负自己的才性与能力，应该自定取舍，力避纷扰。如今时局动荡不安，国共两党分裂日益明显，学校风潮愈演愈烈，如果陷入这种无尽的人事纠纷中，不仅于时局国事丝毫无补，而且对自己的志业损失更大。于是决定此下暂时不赴南京、上海、北平、天津四个大城市任教，而是选择一个偏远地区，闭门埋头温习旧书，以静待国事逐渐安定。

此时恰好云南人于忠仁来访，告诉钱穆他的弟弟于忠义目前执掌云南省立图书馆，有志于中国学术思想研究，他想与弟弟在昆明创办五华书院，邀请钱穆前去任教。

钱穆对于云南的山水气候颇为欣赏，又因其处在边区，此时西南联大又已离去，正好可以谢绝人事，实现书生苦学的夙愿。于是在1946年秋，一人欣然前往。但当时钱穆在成都落下的胃病尚未痊愈，因此是扶病而行。

钱穆在五华书院主讲中国思想史，共有32讲，包括孔子的史学与心学、孟子思想、墨子思想、道家思想、秦汉间之新儒家、东汉以下宗教思想之复活、魏晋玄学与南渡清谈、大乘佛学等内容，都发表在《五华月刊》上。

钱穆的寓所在翠湖公园内，恰好云南省立昆华图书馆也在公园内，他常去图书馆看书，以宋元明三朝诸禅师撰述及金元两代之新道教为主，尤以后者翻览最详，著有《读智圆闲居编》《金元统治下之新道教》，后来收到他晚年所编的《中国学术思想史论丛》中。

在五华书院任教时，钱穆常与诸祖耿等人交游。诸祖耿与钱穆同为无锡人，钱穆早年在无锡乡间任教时，就与他相识。20世纪30年代前期，章太炎在苏州创办章氏同学讲习会，诸祖耿前往问学，"颇得亲近"。后来诸祖耿在无锡鸿模小学、苏州中学、五华书院、云南大学和江南大学等地任教，与钱穆几度同事，因此两人交谊深厚。

在五华书院期间，二人多次同游翠湖，畅谈古今。有一次，两人在翠湖赏月，漫步湖堤之上，畅谈忘时。回宿舍时，院门已闭，于是二人投宿旅店，继续作长夜之谈。

诸祖耿在回忆两人的交游时写道："昆明翠湖是全国数一数二的风景名区，湖光潋滟，柳色朦胧，长堤小桥系带其间。一天，我们课余膳毕，趁着朗月初升，同步堤上，来回往复，畅谈胸怀。圆月蒙头，垂影成璧，清光西斜，身影渐长，忽闻邻鸡破晓，犹不知疲。至今思之，情

犹可念，真是平生友朋难得之乐也。(《怀念钱宾四先生》，载于《钱穆纪念文集》，第75页）

钱穆在昆明还见到了西南联大的同事刘文典和罗庸。西南联大离开时，两人都留在了昆明。刘文典（1889—1958），字叔雅，安徽合肥人，民国著名学者。他是20世纪二三十年代北平学术界的一大怪才。早年师从章太炎、刘师培、陈独秀等人，参加过同盟会，做过孙中山的秘书。1929年，由罗家伦介绍，担任清华大学国文系主任，并在北京大学兼课，所以与钱穆结识。

有一次，钱穆与刘文典同乘清华校车赴校上课。钱穆看见他拿着一本书在车上阅读，一看就知道是珍版书。他边读边抽烟，烟灰随吸随长，虽然车在晃动，但烟灰始终保持不掉。一向爱书的钱穆心想，万一烟灰掉到书上，把书烫坏，岂不可惜。但是刘文典似乎毫不在意。

刘文典在北京大学讲《庄子》，公开宣称："在中国真正懂得《庄子》的，只有两个人，一个是庄周，另一个就是刘文典"，其狂傲的性格在北京大学教授中，只有前辈学者辜鸿铭可与之媲美。

刘文典晚年丧子，意志消沉，情绪低落，家人于是劝他吸鸦片，虽然一度力戒，但到了蒙自，鸦片瘾复发，终于破戒。等到了昆明，鸦片瘾日增，于是为各地土司撰写神道碑、墓志铭等，以换取鸦片。联大离开后，他留教云南大学，天天躺在烟榻上，除上课外绝不出门。后来听说钱穆要回昆明，一个人徒步来访，别人都感到惊奇，认为这是多年未有的奇事。两人畅谈学术、轶事，"每语，必移晷而别"。

原北大中文系的教授罗庸此时也留在云南大学任教。作为古典文学研究专家，罗庸擅长诗词骈文。他最广为人知的，是曾经填写了一阕《满江红》，作为西南联大校歌：

万里长征，辞却了五朝宫阙，暂驻足衡山湘水，又成离别。绝徼移栽桢干质，九州遍洒黎元血。尽笳吹弦诵在山城，情弥切。

千秋耻，终当雪。中兴业，须人杰。便"一成三户"，壮怀难折。多难殷忧新国运，动心忍性希前哲。待驱除仇寇复神京，还燕碣。

此歌沉痛激荡，慷慨悲歌，与冯友兰所撰的《西南联大纪念碑文》堪称双璧。他乡遇故知，三人常常结伴出游，结伴听滇戏。

钱穆在五华讲学时，又在云南大学兼课，开讲中国文化史。两校距离很近，学生都在两处听课，相当于同时修了两门课。钱穆很重视文史基础课，著有《五华学院人文研究班文史学科三年修业纲领》，要求学生精读《论语》《孟子》《庄子》《老子》《六祖坛经》《近思录》《传习录》等国学经典著作。

此时云大的校风，已经和钱穆初到昆明时迥然不同。学生风潮时有兴起，大概是受西南联大的影响。钱穆去云大上课，常常看到学校外墙上贴满大字报，上面的议论放纵随意，独断专横，让钱穆嗟叹不已。

有一次，西北边境爆发军事冲突，有一张大字报根据苏联塔斯社的报导驳斥中央通讯社的报导，语气的严厉，让钱穆简直读不下去。于是钱穆叫来几个平时往来的年轻教授，问他们为何学校门外的大字报无人过问。年轻教授们说："党方（国民党）已经注意，只是既然提倡民主自由，就只能放开言论，难以干涉。"

钱穆生气地说："虽然国共对抗，左右立场可有不同，但民族国家的大防线不能打破。若非有确切证据，怎能以塔斯社的报导反驳中央通讯社？身为一个中国人，怎能遇到中苏冲突就偏袒苏方。你们都认识这里的党方负责人，请把这个意思转告，让他们立即撕去墙上大字报，并查究主事者何人，执笔者何人，加以惩处，以此扭转颓风。"然而，钱穆的意见犹如石沉大海，没有任何回应。

学校又经常停课，都是学生发一个通知，说停就停，校方并不过问。有一天，停了一阵子课后，几个学生来翠湖宿舍请钱穆去上课。

钱穆对学生说："我来学校上课，是受学校的聘任。现在罢课复课，都是你们说了算，你们在学校究竟是什么地位？前阵子我不愿听从你们的罢课令，照样去学校上课，发现教室中空无一人，我不能对壁授课，因此不再去上课。现在我也不愿听从你们的复课令前去上课。你们既然不像学生，弄得我也不能做像样的老师，想来令人惭愧。"

学生们听完后开始自我谴责认罪，言辞恳切。不久后，请求复课的学生越来越多，把宿舍都站满了。钱穆看他们颇有悔改之心，就随他们去上课了。经过此事，钱穆心想，昆明属偏远之地，学风尚且如此，假如自己前往京、沪、平、津，真不知道该怎么上课呢。

钱穆又曾去闻一多遇刺身亡处凭吊。自从钱穆离开西南联大后，由于政见不同，闻一多曾经在报纸上公开骂钱穆"冥顽不灵"。当时陈寅恪尚在昆明，亲眼看见报纸。后来陈寅恪来成都，把详情告诉了钱穆。

陈寅恪说："你如果在云南，就可以告他诽谤。"钱穆说："这是时代的思想问题。凡是联大左倾的教授，几乎都视我为公敌。只是一多直率，形之笔墨而已。这种事又岂是法庭所能裁判的？"说完两人都叹息不已。

如今来到闻一多身亡处，钱穆不禁浮想联翩。他想起在北平清华时，闻一多常来讨论《诗经》、《楚辞》；在南岳时，曾经同一寝室，亲见其勤学不倦。虽说与自己学问途径不同，但终究不失为一书生。假如他生在清代乾嘉时期，训诂考据，孜孜不倦，应能成为一个著述有成的学者。如今遭遇乱世，心怀不平，慷慨激言，而遭此凶灾，亦可怜悯，实在是时代的一大悲剧！

到了暑假,钱穆乘飞机返回上海。临出机场,遇到一个好友,邀请钱穆去家中做客。好友准备的晚餐非常丰盛,而且每个菜都力劝钱穆尝一尝。盛情难却,钱穆只能一一举筷。遍尝各菜后,好友又请钱穆吃米饭一碗。

钱穆在昆明一年,晚餐从不吃米饭,但今晚好友既没有准备粥面,又情辞恳切,钱穆只能勉强吃下。吃完后不禁担心,自己胃病尚未痊愈,今晚吃的东西超过平时两三倍,恐怕会有不舒服。没想到整夜无恙,早晨起来反而觉得很舒畅,于是把情况告诉好友。

好友说:"老年人必定加倍喜欢家乡的饮食,这或许是肠胃的习惯使然。您现在胃不好,正应该多吃家乡的食物。"钱穆认为好友的话很有道理,自己的胃病也许只有在家乡才能痊愈,于是开始寻思返回家乡养病。

此时正好无锡荣氏有创办江南大学的提议,多次前来相邀,钱穆于是决意离开昆明返回无锡。好在昆明的朋友们都知道钱穆是回去疗养胃病,虽然感到惋惜,但也不坚留。于是在1948年春,钱穆转赴江南大学任教。

六、无锡江南大学

江南大学是由无锡巨商荣氏所创办的一所私立大学,坐落在美丽的太湖边上。荣宗敬、荣德生兄弟,是我国近代著名的爱国实业家,有"面粉大王""棉纱大王"之称。在鼎盛时期,荣宗敬曾意气风发地说:"从衣、食上讲,我拥有半个中国。"

荣氏兄弟牢记父亲荣熙泰的遗训,"治家立身,有余顾族及乡,如有能力，即尽力社会"，在家乡兴办公益事业，造福桑梓，尤其是出资兴办了多所学校，如公益小学、竞化女学、公益中学、荣巷中学等。

江南大学是由荣德生的第三子荣一心秉承父意，在1947年10月创办的一所私立大学。这是无锡近代唯一的一所包括文、理、农、工多学科的综合大学。校舍都是新建，风景极佳。从学校往南半公里左右，就是游览胜地鼋头渚。

教授们的住宅分布在荣氏老宅荣巷一带。钱穆受到礼遇，与老校主荣德生夫妇同住在一楼上下。每周六下午，荣德生夫妇由无锡城中返回荣巷，晚餐后，或者他们上楼，或者钱穆下楼，必畅谈两小时左右。星期天下午，荣德生夫妇再回到城中。

谈起当初创办实业的动机，荣德生告诉钱穆，有一年，他们兄弟俩与几个好友游杭州西湖，在楼外楼晚餐，席散后下楼，一群乞丐环绕争讨。一时不胜感叹，心想这些乞丐都是壮年失业，无论在杭州还是无锡都有这种现象，何不去上海设厂，广招劳工，以此来减少失业。

他们之所以选择去上海设厂，是因为荣巷在无锡西门外，滨太湖，多山丘，土地坚硬，不适合农耕，所以居民习惯去上海经营小店铺，或者开设碾米厂、纺织厂等为生。荣氏兄弟业务特旺，于是逐渐成为商界巨擘。荣宗敬去世后，由荣德生一人维持。

有一次，钱穆问荣德生："您毕生作出这么大的事业，作何感想？"荣德生答道："人生必有死，必定两手空空而去。钱财有何意义，传之子孙，也未闻有可以历世不败的。"

停了一会，荣德生接着说："我一生惟有一事或可留作身后纪念，就是从蠡湖直通鼋头渚修建了一座长桥。将来无锡人还知道荣德生的话，全赖这座桥了。我所回报家乡的，也只有这座桥了。"

无锡是典型的江南水乡，河道纵横，交通甚为不便，无锡人一直把修桥视为公益事业的重中之重,是最积公德的大事。正如荣德生所说:"在无锡,修桥比铺路更重要,没有桥,出门寸步难行。"

1934年,在荣德生的六十大寿上,他捐出巨资修建了连接鼋头渚、蠡园和梅园的宝界桥。大桥有60个桥孔,象征着他的六十大寿。从此,无锡百姓能够"舍舟渡而畅运,弃绕径以直达",朝发夕归,畅游太湖胜景。其实,终其一生,荣德生或集资或独资,在家乡无锡及周边的宜兴、常州、丹阳等地兴建了近百座桥梁,宝界桥只是其中最为人熟知的一座。

荣德生还曾出资建造大公图书馆,收藏各类图书二十余万卷。曾任上海商务印书馆编审的藏书家孙毓修评价说:"我国乡村之有图书馆,且有书目,则以大公为始矣。"

钱穆因江南大学新建,图书有待逐年添置,想请荣德生将大公图书馆中的部分图书移到江南大学以应急需,但遭到了荣德生的婉拒。在荣德生看来,江南大学是由他的儿子出资创办,而图书馆则由自己多年辛勤经营,两者分属两个事业。

钱穆因此得出结论说,中国社会的文化传统及其心理积习,是重名过于重利。因为当时在上海设厂的无锡人,一旦经营获利,必定回乡设立一所私立学校,以帮助地方教育的发展。荣德生就是最典型的例子,他最初的创业动机是为了救助社会失业,等有了赢利,就在乡里兴办学校和参与各种公益事业,从而广受地方百姓的赞誉。而其个人生活,如饮食,如衣着,如居住等,都节俭有如寒素。

钱穆曾参观他城中住宅,宽敞胜于乡间,然也朴质无华,无富家气派。他的日常谈吐也诚恳忠实,不染丝毫交际场中的空话套话,更不仿效有些知识分子装假斯文。他看起来就像一个不识字不读书的人,语语都是直吐胸臆,如见肺腑。荣德生的朴实无华,言行合一,让钱穆敬佩不已，也让钱穆从他身上看到了中国传统文化的价值所在。

除了荣氏在家乡办学以外，在清末民初，无锡其他经商有成而在家乡兴学的，指不胜数。有名的如匡仲谋创办匡村中学，沈瑞周创办沈氏小学和锡南中学，胡益修、胡雨人创办胡氏公学，等等。正是由于他们的努力，无锡才与近邻南通成为全国重视教育的两大模范县。

钱穆又想起最初任教的中学，即厦门集美中学，就是由南洋侨商陈嘉庚兄弟，海外经商赢利，返回家乡创办，进而成为私家兴学中最负盛名的学校。钱穆对私人兴学给予了高度的评价，认为只有私立学校才能承继孔孟私人讲学的文化传统，而且能与世界接轨，因为西方很多优秀的学校，如哈佛大学、耶鲁大学，也都是私立学校。

江南大学虽是新创的私立大学，但学校仍汇集了不少国内著名学者。除钱穆任文学院院长外，唐君毅为教务主任，牟宗三、朱东润、李雁晴、王庸等学者都在学校任教。其中唐君毅和牟宗三同为熊十力的弟子，在哲学界已崭露头角。

钱穆在学校教中国通史和秦汉史，给学生留下了深刻的印象。随钱穆在江南大学读书的诸宗海回忆说：先生入教室，室内座无虚席，俱屏气凝神以待。先生释杖脱帽，缓步登讲台，仅带粉笔数支，随讲随写，有纲有目，于一时代之政治、经济、军事、文化，侃侃而谈，论事析理，无不鞭辟入里，常能发人所未发，引人深思。给我印象最深者，为讲王安石变法，略谓新法除弊兴利，浃于人心，惜用人不当，争相刻薄，为害益深，终遭失败，殊可叹息。于今思之，犹有无穷意味。（诸宗海：《国魂常在师道永存》，载于《钱穆纪念文集》，第66页）钱穆在江南大学的一项重要工作是指导学生圈点《四部选粹》。此项工作是应上海正中书局的稿约而进行的。正中书局请他从《四部备要》里选出一百种古籍，再加上新式标点出版发行，以便国人易读易藏。

而钱穆在《国史大纲》出版后,也想编著一部《国史新编》,内容分政治制度、社会经济、学术思想等二十余类,大体模仿郑樵的《通志》,而门类分别,则自出心裁,想专意在史料的编排整理上作一番工作。

于是钱穆邀请以前在成都时的江浙籍学生,如洪廷彦、吴佩兰、郦家驹、钱树棠等人分任其事,一面标点古籍,一面从选定的古籍中分头钞写资料,由他总其成。可惜刚把所选的古籍标点完,已到1949年初,时局发生巨变,《国史新编》未来得及着手撰写,而标点完的书,正中书局亦未能付印出版,从而此事成为钱穆"在江南大学时浪费精神之一事"。

钱穆一生以书本和山水为伴。读书校书之余,每到傍晚暑气渐消、清风徐来之时,常常带领学生徜徉在湖堤间;每逢假日,常约学生游惠山、梅园、蠡园等名胜。在出游中仍不忘启发学生如何读书。他说:"读书如登山,拾级而上,每登临一山峰,俯视山下,必有不同,殆至顶峰,然后方能领略一个全新的境界。读书也是这样,随着读书越多,思考的问题增加,就能触类旁通,举一反三,进入不同的思想境界,不至于沾沾自喜于一隅之得。"

钱穆的办公室在楼上,临窗远眺,烟波浩渺、金波万顷的太湖美景就在眼前。每当下午无事,他常常一个人到湖边渔村,雇一条小船荡漾湖中,于湖山胜处,游神淡泊,闲思遐想。小船任其所至,经两三小时始返。钱穆所住的荣家老宅,离学校两公里左右。从住所到学校,钱穆总是策杖缓行,从容漫步岸上,上天下水,俯仰瞻眺,幽暗无极。目睹此情此景,闲思遐想,小至昆虫草木,大及宇宙人生,又时时泛上心头。

钱穆把自己在湖上和湖边的闲思遐想告诉了老友谢幼伟,谢幼伟怂恿他把这些想法写成文字交给《申报》副刊《学津》发表。钱穆听了老友的话,"夜灯坐对,随笔抒写",快速成篇。就在他写作后不久,《学津》停刊,但他"引起了兴头",笔头如涌泉潺潺不能止,一直写了30篇,合成一书,取名为《湖上闲思录》。

《湖上闲思录》是钱穆对人文与自然、精神与物质、艺术与科学、无我与不朽、科学与人生、经验与思维、推概与综括、直觉与理智、自由与干涉、斗争与仁慈、乡村与城市、人生与知觉、紧张与松弛、价值观与仁慈心、情与欲、理与气、阴与阳、道与命、善与恶、礼与法、神与圣、鬼与神、性与命等概念的辨析,是表述他哲学思想的精致散文小品集。

钱穆在自序中称:"我这一本《闲思录》,并不曾想如我们古代的先秦诸子们,儒墨道法,各成一家言,来诱世导俗。也不曾想如我们宋明的理学先生们,程朱陆王,各想承继或发明一个道统,来继绝学而开来者。我也并不曾想如西方欧洲的哲学家们,有系统、有组织、严格地、精密地,把思想凝练在一条线上,依照逻辑的推演,祈望发现一个客观的真理,启示宇宙人生之奇秘。……在我只是得着一些闲,使断断续续地思而写。"实际上,此书看似"闲散"而神不散,书中所反复思考的是关于中华文化乃至人类文化的问题。

钱穆向来认为中国人的人生是艺术的人生,中国文化是最富有艺术精神的,而中国的最高艺术理论则体现在《庄子》一书中。钱穆少时即好读《庄子》,17岁时,"负笈金陵",开始搜集古今注《庄子》之书。

《湖上闲思录》完成后,钱穆决意为《庄子》一书作注。他日夜读《庄子》书,遍读古今注《庄子》之书150余家,以五色笔添注其上,眉端行间皆满。经过充分准备后,钱穆于1948年12月9日开始撰写《庄子纂笺》。经过两个月的努力,于1949年2月完成。他在自序中说,《庄子》

是乱世之书,如今自己身居乱世,于是注此书消遣。

受时风的影响,江南大学也时有学潮兴起,学生们都认为不闹事,就是落伍,就是可耻。钱穆虽时常劝诫,但很难化解。1948年底,钱穆的长子钱拙因为参加中共地下党组织的学生运动,学校训导处听到传言说宪警要逮捕钱拙,不管他是文学院长的儿子,招呼也没打,就把他开除了。这让钱穆非常不快。

有一天,汤用彤从美国哈佛大学讲学归来,特来江南大学看望钱穆。两人畅游太湖、鼋头渚、梅园等名胜。汤用彤表示,时局不稳,想暂时转来江南大学任教。然而当时是秋季刚开学不久,按照学校的规定,要到学年终了才能添新老师。于是钱穆劝汤暂且返回北平。没想到后来时局突变,本来以为只是一时小别,不想竟成永诀,一对挚友从此天各一方,再无相见的机会。

七、1949年的选择

1949年,对于知识分子和资本家来说,是一个非同寻常的年份,他们必须在即将崩溃的国民党政权和新生的共产党政权之间作出选择,必须在留在大陆还是远走异乡之间作出重大抉择。

早在1948年淮海战役前后,资本家们就开始未雨绸缪,寻找出路。长期反共宣传形成的固有印象让他们对新政权充满警惕,很多人知道,资本家的身份将在日后给他们带来难以想象的麻烦,所以纷纷选择离开大陆。

荣氏家族中大多数人也选择远走高飞,以香港为中转站,随后迁至海外,飘零世界各地。据不完全统计,荣氏家族带到海外的棉纱、棉布、黄金、外币等各种资产，总价值不低于人民币 1580 万元。

以荣氏企业规模之大，足以影响一国经济之运行。他们的大量出走，极大地削弱了内地的经济力量。所以共产党在广播中反复表示荣德生是民族资本家，希望共同参与建设新中国。此时，74 岁的荣德生已经没有当年的雄心壮志了，只求淡泊自守，终老故园，再加上对国民党政权的失望，所以在一片离去声中，明确表示不离开大陆，不离开家乡，并阻止子孙将工厂拆迁到台湾。

多年以后，与荣德生一起留在大陆的第四子荣毅仁回忆这段往事时说："我的父亲德生先生坚决不走的原因很多。第一，他从未曾出过国；第二，他不愿抛开他自己手创的事业；第三，抗战胜利后，被绑过票，知道是国民党的人在搞他；第四，他对国民党政府在抗日战争结束以后的一些措施，感到不满。"言下之意，荣德生对新政权抱有期望，所以后来派代表与共产党联络，迎接解放。

与资本家一样，知识分子也在"留下"与"远走"之间作出选择。以著名教育家和社会活动家叶圣陶为例。叶圣陶在 1949 年初的日记中写道："一九四八年十一月初，辽沈战役结束，就有许多民主人士和文化界人士陆续进入解放区，真像'涓泉归海'似的。香港成为当时的中转站，遇到的熟人一百位左右，大多是受中国共产党的邀请，在那里等待进入解放区，参加政治协商会议。"（叶圣陶：《旅途日记五种》，第 117 页，北京三联 2002 年）

1949 年 2 月底，叶圣陶与其他二十几位民主人士在中共香港局工作人员的协助和护送下乘船北上，参与新中国的筹建。3 月 1 日晚饭后，众人举行联欢活动，叶圣陶乘兴以"我们一批人乘此轮赶路"为题请同行诸人猜谜语，并称要以《庄子》内一篇名作为谜底，结果被宋云彬一语道破，乃"知北游"，即"知识分子北上"。后来有人将这些文化人的北上之举称为"光明行",指出"它既是文化人憧憬无限和激情满怀的光明行,因为一个史无前例的新事业正在远方召唤着他们;也是多少让他们觉得有些困惑的新的跋涉"。(参见袁小伦:《摸史集——中国现代人物新探》,第70页,广西师范大学出版社2005年)

也正是在这个新旧之交的历史时期,与这些北上知识分子的行程路线相反,也有部分知识分子仓皇南下,他们或避居港台,或远走海外。如此多的知识分子"北上"和"南下",恰好构成了战时中国一道独特的文化景观。

对于钱穆来说,到了1949年初,解放军百万雄师陈兵江北,随时可能渡江之际,暗暗下定了南渡的决心。此时恰好广州的华侨大学来函邀请钱穆前去讲学,为期三个月。钱穆心想,自己不善于人际交往,与国民党上下无交往,一旦解放军渡江,脱身不易,不如借此暂避,以免临时惶迫。于是决意前往广州应聘。

决定留下的荣家人得知钱穆去意后,力劝钱穆留在学校与他们共进退。钱基博的孪生弟弟钱基厚,也是钱穆的好友,也多次劝说钱穆不要离去。无奈钱穆去意已决,不为所动。

由于受到多方挽留,恐拂众人好意,钱穆不得不以寒假旅行的名义南行。学校宿舍中的床铺和书籍安放如故。即使是刚刚完成的《庄子纂笺》和《湖上闲思录》的文稿,也没有随身携带。他与同时受聘的江大同事唐君毅,匆匆由上海坐飞机飞往广州。他没有告知亲朋故旧,甚至也没有告知在苏州家中的妻儿。

有一天,钱穆在广州街头偶遇老友张其昀。他也是怀着南渡之心,从杭州的浙江大学来到广州。他告诉钱穆,想去香港办一个学校,已约了谢幼伟、崔书琴等几个好友,想邀钱穆也参加。钱穆说,以往多次受到张的邀请,但仅仅赴浙大作了短期讲学,有负盛情,常常感到遗憾。

此次来广州，本来没有预定计划，所以愿意追随他们去香港办学。可惜不久之后，张其昀接到蒋介石电报，转去台北，香港共事之议遂作罢。

钱穆又特别去岭南大学拜访陈寅恪，想问他此下的行止。恰好陈寅恪当日有事进城，没能见面，仅与他的夫人唐筼小谈而别。后来，钱穆听说唐筼想去台湾，而陈寅恪想留在广州，两人发生争执，唐筼孤身一人前往香港。幸好被友人在九龙车站遇到，坚决请她回去，这才返回广州。钱穆从这个传闻中猜测陈寅恪无意离开大陆，所以在忙乱之中就没有再去拜访，从而失去了与陈寅恪再见一面的机缘。

钱穆还曾与唐君毅一起去广州乡间拜访唐的老师熊十力。此时熊十力孤身一人借住在学生家，留钱穆两人住了一晚。熊十力似乎也无意离开大陆，他不想在老迈之年做一个流亡之士。作为无党无派的读书人，熊十力并不在乎是谁的天下。

钱穆又曾邀请梁漱溟、罗倬汉、杨树达等人离开大陆，但都没有成功，说明当时许多知识分子对共产党的新政权都抱有很大的期望。与此同时，也有不少学者无法认同共产主义和新政权，选择离开大陆，如熊十力的另一个得意弟子牟宗三。

1949年8月，针对美国政府发表的对华"白皮书"，毛泽东连续发表了五篇评论文章，其中在8月14日发表的那篇题名为《丢掉幻想准备斗争》的新华社社论中，特意点了三个文人的名字："对于这些新式的大小知识分子，帝国主义及其走狗中国的反动政府，只能控制其中的一部分人，到了最后，只能控制其中的极少数人，例如胡适、傅斯年、钱穆之类，其他都不能控制了，他们走到了它的反面。"

对于毛泽东的点名，素来讲究士大夫尊严的钱穆是一肚子委屈，觉得不可理解，因为在他看来，胡适、傅斯年与国民党政权有着极其密切的关系，被称为国民党的忠实走狗还算有其缘由，而自己一直以来跟政治有相当的距离,从未当过什么官,也没加入什么党派,不知道是哪个反动政府在控制自己?

正是带着这种对点名批评的不解,钱穆在1950年秋写给学生郦家驹的一封信中说,"自己单枪匹马,一介书生,抗战胜利后足迹不到京、沪、平、津,不在公立学校教书,怎么找到我头上?"愤懑之情溢于笔端。

钱穆选择南下香港后,中国政府并没有忘记继续做钱穆的统战工作,曾经委托他的老师吕思勉、好友顾颉刚以及他的长子钱拙和侄子钱伟长给钱穆写信,劝他回到大陆工作,但都遭到拒绝。

第六章 香港办大学

十万里上下四方,俯仰锦绣;五千载今来古往,一片光明。五万万神明子孙。东海西海南海北海有圣人。珍重珍重,这是我新亚精神。——钱穆

一、创办新亚书院

1949年秋,钱穆拎着很少的行李随华侨大学迁到香港。他的妻子和五个孩子都留在了大陆,最小的女儿钱辉此时还不满9岁。

"士不可以不弘毅,任重而道远。"在人生最窘迫潦倒的时候,秉承士大夫担当精神的钱穆没有放弃自己传播中国文化的理想和信念,选择在"手空空、无一物"的条件下创办一所新的大学。

钱穆入港时,邀请他入港办学的张其昀此时已前往台湾担任"教育部长",谢幼伟不久也应印度尼西亚某报馆的聘请而前往印度尼西亚。办学的事实际上由他与崔书琴两人承担。因人单力薄,钱穆又邀请同来香港的江南大学同事唐君毅和香港《民主评论》的主编张丕介共谋其事。

经过一番筹划和努力,"亚洲文商学院夜校"终于在1949年10月10日正式开学。钱穆在开学典礼上讲道:

> 文化教育是社会事业,是国家民族历史文化的生命……我们的开始是艰难的,但我们的文化使命却是异常重大的……要替文化负责任,便要先把自己培养成完人。要具备中国文化的知识,同时也要了解世界各种文化。要发扬中国文化,也要沟通中西不同的文化……

没有大吹大擂的宣传造势,也没有名流要人的开幕剪彩,一个以弘扬中国传统文化精神,沟通东西文化思想为使命的学校,就在这样一个特殊的环境下诞生了。

钱穆担任院长兼文史系主任，唐君毅任哲学教育系主任，张丕介任经济系主任，崔书琴任教务长，教师还有罗梦册（张丕介在重庆政治大学的旧同事）、程兆熊（唐君毅的旧友）等人。

当时并没有固定的校址，租了九龙伟晴街华南中学的三间教室作为上课之用。晚上上完课后，钱穆等人拼几张课桌就睡在教室里。但一大早就得赶紧起来，因为华南中学的学生要来上课了。他们又在附近炮台街租借一间空屋，作为学生宿舍。

亚洲文商学院夜校第一学期在香港招收新生40人左右。不久，程兆熊离港去台，在台北代学校招生，招得新生20人左右。由于学校初创，经费特别紧张。恰好在这时，钱穆结识了上海商人王岳峰。王氏被钱穆等人艰苦办学的精神所感动，表示愿意鼎力相助。

1950年3月，在亚洲文商学院夜校开办的第二学期，得到王氏资助，在香港英皇道海角公寓租借几间房子，作为教室和宿舍，以安插自台来港的20名新生。钱穆等人白天赶往香港英皇道的教室上课，夜间则回到九龙上课，两地奔波，非常辛劳。

1950年秋，王岳峰出资在九龙贫民区的桂林街顶得几间屋子，供学校作新校舍用。于是钱穆将夜校改为日校，并正式改名为新亚书院，寓"重新赋予亚洲以新生命"之意。

作为新亚书院的创始人，钱穆的目的绝不仅仅是一般性的办学育人，而是想把新亚办成一座弘扬中华文化及其精神价值的堡垒，因此，他极为重视新亚的教育方针，并极力塑造一种新亚精神。

钱穆明确提出书院的宗旨为："上溯宋明书院讲学精神，并旁采西欧导师制度，以人文主义教育为宗旨，沟通世界东西文化。"在《新亚学规》中对此进一步解释说："中国宋代的书院教育以人物为中心，现代大学教育以课程为中心。我们书院精神是以各门课程来完成人物中心的，是以人物中心来传授各门课程。"

新亚书院校徽，中间为校训"诚明"，取自《中庸》

显然，新亚书院无论在教育宗旨还是在方法上，都力图把中国传统的书院教育与西方近代以来的学院教育结合起来，目的在于把对学生道德理想的培养和专业知识的训练结合起来。

钱穆也为新亚制定了24条学规。学规第一条说："求学与做人，贵能齐头并进，更贵能融通合一。"第二条说："做人的最崇高基础在求学，求学之最高旨趣在做人。"这两条被称为新亚学规的灵魂，它呈现出今天的大学无从得见的一种境界。

钱穆还为新亚书院亲自创作了校歌：

山岩岩，海深深，地博厚，天高明，人之尊，心之灵，广大出胸襟，悠久见生成。珍重珍重，这是我新亚精神。

十万里上下四方，俯仰锦绣；五千载今来古往，一片光明。五万万神明子孙。东海西海南海北海有圣人。珍重珍重，这是我新亚精神。

手空空，无一物，路遥遥，无止境。乱离中，流浪里，饿我体肤劳我精。艰险我奋进，困乏我多情。

千斤担子两肩挑,趁青春,结队向前行。珍重珍重,这是我新亚精神。

其中既有"天高明,人之尊,心之灵,广大出胸襟"的做人目标,也有"五千载今来古往,一片光明"之对中华传统文化的信心;既有"手空空,无一物,路遥遥,无止境"的花果飘零之感叹,更有"千斤担子两肩挑,趁青春,结队向前行"的任重而道远的担当精神。

这首校歌对鼓舞广大师生的志气和精神,推进新亚书院在困苦中成长、发展、壮大起了重要作用。诚如新亚书院学生孙国栋所言:"新亚校歌是新亚精神的赞歌,它要唤醒新亚学人人格的自觉,点醒新亚学人真实的生命,以广大的胸襟,远大的目光,把生命中最真实的力量献给中国文化的长流。"

曾经有学生问:"校歌中唱'十万里上下四方俯仰锦绣,五千载今来古往一片光明',但中国历史上的恶政和暴君不少,这两句话是否有点溢美。"

钱穆笑着解释说:"这不是你一个人心中的问题,是大多数时代青年心中的疑问,你今日提出来问,很好。这是个人与群体之不同。从个人看,每人都可能有些自私邪恶的念头,但是从群体看,群体人人的心中,总是希望社会进步,人人安宁快乐的,这点非常重要。这是历史文化的光明处,它具有强大的力量,所以社会尽管有种种罪恶,而社会仍然在进步。能认取这点光明,人才是乐观的,对文化有信心的。从这点去认识,才可以了解校歌中这两句。新亚的师生,不仅要有此信心,还要强化这信心,使社会进化更有力量。"

歇了一会,钱穆又说:"近代的知识分子常错误地把社会上的陋俗观念视为中国文化的传统,殊不知中国文化的大传统在先秦时已凝结成

钱穆与唐君毅合影

一种理性的文化,确认仁爱正义的道德价值。一个长久生存的民族,它的民族文化必然带有该民族赖以生存的力量,因为一个长久生存的民族,他必然经历了不少艰难同时又克服了不少艰难,他的民族文化必然吸收了不少能克服艰难的精神,这是非常珍贵的。"

钱穆的办学理念得到了新亚另一位创始人唐君毅的全力支持。唐君毅(1909—1978),四川宜宾人,现代哲学家。

他与钱穆可谓志趣一致。他在1952年发表的《我所了解之新亚精神》一文中,明确提出了新亚精神的中心主旨是"讲求中华传统文化精神的现代化",其精神理想在于"一方希望以日新又日新之精神,去化腐臭为神奇,予一切有价值者皆发现其千古常新之性质;一方再求与世界其他一切新知新学相配合,以望有所贡献于真正的新中国、新亚洲、新世界。也就是希望学生要有强烈的文化使命意识,以弘扬和创新中国文化为最高理想。

正因为如此,新亚学生都将学院的创始人钱穆视为"圣人"(孔子),将唐君毅视为"亚圣"(孟子)。

钱穆等人的办学理想很美好,但现实却很苍白。此时,全香港只有一所学校有资格称为大学,即香港大学。新亚学生叶龙回忆说:"新亚书院被叫作'野鸡大学',我们在门口挂了一个'新亚书院大学部'的牌匾,某日香港教育司司长高诗雅来巡视，看到这个招牌也笑了，虽然教授名册令人刮目相看，但碍于港英政府规定，高诗雅还是嘱咐移去，勿悬室外。"

新亚书院的新校舍总共拥有三楼和四楼共六个单位，四楼上课用，也就100多平方米，用活动板间隔成四个教室，"这边在上心理学，那边在上教育概论"。每当周末讲座或者举办活动，就把隔板拿掉，变成一个大教室。

三楼也100多平方米，用隔板分成六个部分，每个部分大概15平方米，钱穆、唐君毅、张丕介分别占据了三间，余下的就是学生宿舍了。钱穆此时的精神压力很大，晚上梦中时常呼号、呓语，总会吵醒学生。除钱穆、唐君毅、张丕介三人住校外，其余教师均住校外。

教室楼下就是纺织工厂，机器轰鸣；对面是三宝佛堂，庙会频频；后面是潮州饭店，叫卖声不绝于耳；稍斜是小舞厅，靡靡之音不息。

学生来源多为大陆来港青年，尤以调景岭难民营来者为多。因宿舍不够，学校的阳台、走廊和楼梯上都睡满了学生。有时钱穆晚上八九点返校，楼梯早已不能通行，须要多次踏着学生的被子才能上楼。这些大陆来港学生，都无力交纳学费。全校学生总计不到一百人，真正交学费的只有20%左右。

新亚书院第二批学生唐端正回忆说，新亚虽属初创，但师资力量并不差，钱穆延请了不少饱学之士前来授课，如吴俊升、任泰、张维翰、刘百闵、罗香林、梁寒操、杨汝梅等人，都是国内政界学界的知名人士。这个豪华的教师阵容甚至超过了香港大学的中文系，新亚因此受到香港教育司的重视。

然而，教师们的薪水却少得可怜。教师们议定，身兼院长与文史系主任两职的钱穆应该拿最高工资，月薪港币200元，依次而下，教授们各得港币百元、八十元不等,而这样的标准仅仅与当时香港公立的二等教师收入相当。还有教师愿意义务讲课,作为对钱穆办学的支持。

在新亚书院初创时期,钱穆主讲的"中国通史"课,为新亚最大的号召力量。他除给新亚学生授课外,又面向社会开办文化学术讲座,阐扬中国文化精神。新亚文化讲座每周末晚上7时至9时在桂林街教室中举行。当时可容纳六十至八十人左右。每至周末,无论是寒暑风雨,校外来听讲者常常满座,留宿校内的新亚学生只好挤立在墙角而听。学术讲座从1950年冬开始,至1955年初止,历时4年,共开139讲,对于扩大新亚书院的影响、弘扬中国文化的精神起了重要作用。

新亚课堂的大门常常敞开,《新亚颂》中描述说,"教授上课,从未过问计较,谁是学生?谁是外人?谁是缴学费的?谁是揩油的?只要对该科有兴趣,不管念哪一系,你都可以坐在教室听课"。

曾经有听课的人告诉钱穆:"进新亚,胜如进礼拜堂。因进礼拜堂,只限礼拜天早晨或半天。自得进新亚,听诸位老师授课,把心情暂时移放在学问的天地中,好把为生活煎迫的苦楚焦灼的心情,暂时淡忘了。如是才能再鼓起勇气,来向此无情的生活作抵抗,再挣扎。"又说:"我们进了新亚书院,好像得到了一个家,整个心灵获得了寄托和慰藉。"

新亚学生黄祖植在1952年进入新亚读书,到新亚报到时,看到简陋的"大学部"的牌子,心里疑惑这到底是不是大学,后来上了钱穆、唐君毅的课,感慨道:"这可是货真价实的大学啊!"在黄祖植的记忆里:"钱先生上课从容不迫,娓娓道来。虽说平日看上去严肃,其实一接近学生就非常温和。唐先生上课有点紧张,好像满腹经纶找不到出口,一手板书,一手拿着抹布擦,有时讲得太投入忘我,会直接用满是粉笔末的抹布擦汗。"

听众中有一老人,每讲必来,散会后,仍留在三楼办公室闲谈。钱穆与他交谈后才知道,他是江苏南通籍化学家沈燕谋,与胡适同年出国留学,归国后协助张謇在上海办厂,闲暇时喜欢浏览古籍,尤其喜欢陈寿的《三国志》。与钱穆相交日久,遂成至友。又有原苏州城防司令孙鼎宸每周也来听讲,与钱穆成为至交。在海外逃亡中获交新友,令钱穆非常欣慰。他心想:我在这里办学,既不为名,亦不为利,羁旅余生,也有以文会友,以友辅仁之意。

支持新亚办学的王岳峰并非富商,经济能力有限,对于新亚书院的资助仅能维持开始一两个月的日常经费,随后已无力供给。特别是到1950年冬,王岳峰生意失败,无力再资助,新亚的经济状况到了山穷水尽的境地。钱穆、唐君毅、张丕介三人不得不四处募捐,同时不断为报纸杂志写稿,换取稿费充当办学经费。张丕介甚至把夫人的首饰典当以支持新亚。

为了避免关门大吉的命运,在全校师生的力促下,钱穆决定去台湾寻求"粮草救兵",希望获得台湾当局的经济支持。

二、因祸得福结良缘

钱穆抵台后,蒋经国专门派人到机场迎接。第二天,就受蒋介石召见,共进午餐。随后蒋经国宴请钱穆,经热心教育的国民党监察委员居正主动代为报告后,终于获得拨款每月三千元,解决了新亚一时的财政危机。

完成使命以后,大家都劝钱穆作中南部之行,观览台湾情况。原北大同事陈雪屏,时任台湾省"教育厅"厅长,派专人沿途接洽,请钱穆到各中学演讲。钱穆在旅途中仍不忘治学。他在无锡江南大学时曾撰写

《庄子纂笺》一书，但收集文献时，有两本近代著作没有见到。到台北后，得知台湾中央研究院全部藏有，于是设法借出，在旅途中有机会就拿出阅读摘录，从而使《庄子纂笺》得以完稿。

钱穆在各地作演讲时，台湾政界、学界名流，纷纷劝其留台发展。有一天，钱穆去冈山海军军官学校演讲，"海军总司令"桂永清邀他游澄清湖。两人坐在沿湖草地上，欣赏湖景。

遥望着湖中的小山，桂永清对钱穆说："您如果留在台湾，可以在这湖中山上定居，那里绝对是读书胜地。而且离海陆两个军官学校也近，可以分别去讲学，振作士气。"钱穆回答："新亚师生都在惶栗不安中，我不能不回去共患难。此湖此山如在仙境，但只能留在我的梦里了。"

钱穆此行在学术上又有两个意外收获。其中之一是受台北省立师范学院（即后来的台湾师范大学）院长刘真的邀请，为学生连续作了4次演讲，由师院学生杨寿彭、张恭万、张永君等人笔录，再由他润色加工，最后完成《文化学大义》一书，于1952年由台北正中书局出版。

《文化学大义》是钱穆建构其文化学理论的重要著作，集中反映了他多年来对文化问题的意见。他在《文化学大义》第一讲中开宗明义地说：

> 今天的中国问题，乃至世界问题，并不仅是一个军事的、经济的、政治的，或是外交的问题，而已是一个整个世界的文化问题。一切问题都从文化问题产生，也都该从文化问题来求解决。

1993年夏，美国哈佛大学政治学教授亨廷顿在《外交事务》学刊上发表了一篇文章，提出了著名的"文明冲突论"。他认为资本主义和共产主义冲突的时代已成过去，即将来临的，是文明（文化）冲突的时代，尤其是西方文化和东方文化（以儒学文化与伊斯兰教文化为主）冲突的时代。

亨廷顿的这一想法，比钱穆晚了半个世纪。

另一个意外收获是受台湾防务事务主管部门的邀请，作题为"中国历史精神"的演讲。演讲共分七次，讲题内容为史学精神与史学方法、中国历史上的政治、中国历史上的经济、中国历史上的国防、中国历史上的教育、中国历史上的地理和人物，以及中国历史上的道德精神。由及门弟子杨恺龄整理讲辞，钱穆自己略加修饰润色，1952年由印度尼西亚雅加达《天声日报》社印行出版，后在台湾重印。

钱穆在多次演讲中，反复表达了他作为一个历史学家对国家民族前途的坚定乐观态度，他希望大家能好好地回顾历史，则四千年来历史文化传统朗朗在目，只要迷途知返，则自有生机。

旅途结束后，钱穆返回香港。返港后不久，香港大学中文系主任英国人林仰山，随同钱穆北大时期的学生柳存仁来访。林氏久居中国，曾在济南齐鲁大学任教。抗战时期，被日军关进集中营。在狱中，读钱穆名著《先秦诸子系年》，大为佩服。

此次林氏来新亚书院，以高薪厚职坚请钱穆去港大任教，钱穆以"新亚在艰苦中，不能离去"相辞。林氏退而求其次，力请他去港大兼课，钱穆又以"新亚事万分艰辛，实不容余再在校外兼课分心"相辞。

林氏称："君来港大，不仅港大诸生同教受益，并港大中文系一切课程编制及系务进行亦得随时请教"，态度十分虔诚。钱穆为其诚意打动，答应在必要时参加港大中文系集会，贡献意见，唯以"不任职，不授课，不受薪"为原则。林氏至此不再勉强。

1951年冬，钱穆再赴台北。这是因为上一年来台时，钱穆结识了几个台籍友人。他们想要钱穆在台湾办一个新亚分校，来信告诉钱穆已选定校址，请钱穆前去察看。香港的新亚同事也都认为，新亚困在香港没有发展前途，如果在台湾办分校，也许可以获得新的生机，于是敦促钱穆前去。

钱穆抵台后，就去台中察看所选的地址。校址在郊外，离市区不远。背面临山，草坪如茵，溪流纵横，地极宽敞，将来可有大的发展。当时担任国民党"陆军总司令"的刘安祺驻军台中，告诉钱穆，学校建筑可派军队承担，于地价外又可省工资，希望钱穆越快办越好。

于是钱穆赶往台北，马上向"行政院长"陈诚面呈。陈诚说，"政府已决定不再增设大学"。钱穆说："多增大学，毕业生无法安插，固然容易滋生不安。但为长久计，大学毕业的高级知识分子恐怕终嫌不够。而且，听说明年美国教会要来台湾设立一个新大学，不知政府如何应对？"当时在台湾称大学的只有台湾大学一所。陈诚说："此事让我再考虑一下。"

钱穆一直没有得到台湾当局的明确答复，停了几个月，就想返回香港。此时何应钦担任"总统府"战略顾问委员会主任委员，来邀钱穆作演讲。钱穆认为，政治是文化体系中一要目，研究中国传统文化，绝不能忽略中国的传统政治。于是以"中国历代政治得失"为题，分汉、唐、宋、明、清五代，专就政府组织、百官职权、考试监察、财经赋税、兵役义务等方面来叙述历代政治制度的沿革，指陈其利害得失。

在演讲中，钱穆重申了自秦以来两千年中国传统政治非专制的见解。该演讲词于 1952 年在香港自印出版。它和上一年的演讲词整理而成的《中国历史精神》，后来成为报考香港大学中文系的必读书。

等钱穆全部讲完，朱家骅又来邀请钱穆为联合国"中国同志会"作一次演讲。按照惯例，同志会每月 15 日都会举行演讲。当时刚好在四月初，朱家骅于是请钱穆留下来，待到 4 月 15 日前去演讲。钱穆同意了。没过几天，朱家骅又来说，恰好有一法国人路过台湾，不能多留，想请法国人在 15 日演讲，而钱穆顺延到 4 月 16 日演讲。钱穆也同意了。

不久，朱家骅又来告诉钱穆，以前经常借用的讲堂本有几处，但不巧的是16日当天都借不到，只能临时借用淡江文理学院刚刚落成的惊声堂，到时会派车来接。钱穆还是同意了。

到了那天，钱穆忽然觉得心神不宁，一直等不到朱家骅派来的车。怕演讲迟到，钱穆就上街雇车前往，恰好车夫不认识路，过门不停，跑到街的尽头，才知有误，回头再找，才找到淡江文理学院。

等钱穆上讲堂时已经迟到，听者盈座，楼上座位也满。其中有台湾"立法委员"柴春霖，约几个友人游士林花圃，特意独自雇车来惊声堂听讲座，坐在楼上。等钱穆讲完，等待听众发问时，朱家骅看到前排有人离去，又看见柴春霖在楼上，于是招手邀其下楼坐在前排。

正当钱穆忙着回答听众提问时，忽然屋顶的水泥大块坠落。虽然此时钱穆与朱家骅并立在讲台前，钱穆的手表放在讲台上两人中间，但水泥块坠落下来直击钱穆头部，朱家骅毫发未伤，桌上手表也无恙，只有钱穆被水泥块狠狠砸倒。

一堂听众惊声奔散，忽然有人想起钱穆倒在台上，赶紧回来从水泥块中把钱穆扶起。有人看到钱穆头部血流不止，于是用手上的笔记本摁着。出门后快速叫了一辆车，直送附近的中心诊所。

钱穆此时已不省人事，迷迷糊糊中听到有人说，我是代表"总统"前来慰问。又听一人说，柴已死去。因为柴春霖坐在前排，被水泥块直接击中胸部。他本有心脏病，送来医院就已气绝。又听人说，现在要送您去手术室。等后来钱穆回想此事时，想到自己已经没有知觉，却依然听到这三句话，感到非常惊奇。

昏迷中过了一夜，第二天早晨醒来时，钱穆问："我在哪里？"旁边一个女护士说："在医院。"钱穆忽然想起有一个演讲，需要自己出席，顿时着急起来。女护士安慰钱穆说："演讲完你才来的这里。"钱穆竟然丝毫想不起来。过了一段时间,才慢慢想起事情的经过,直到屋顶水泥块下坠前自己说的什么话,都想了起来。但倒地后则一无所知,全由别人告知。

钱穆听完后心想,如果真的就此死去,则生不知何由来,死不知何由去,真是人生一大糊涂,也是人生一大爽快。此时,钱穆58岁,从鬼门关绕了一圈后重回人间。

俗话说,大难不死,必有后福。跨过了这个大槛,等待钱穆的,将是三喜临门。钱穆此次的伤好在未深入脑部,等清醒后,医生就告诉钱穆,如果此下三日无变化,静养即可速愈。不久,钱穆出院,赴台中存德巷养病。养病期间,刚好新亚学生胡美琦服务于台中师范学校图书馆,每天前来相陪。前后大约有四个月的时间,日久生情,两人逐渐走到了一起。

胡美琦,江西南昌人。父亲胡家凤,国民政府要员,曾任江西省政府主席。1949年南昌解放,携全家迁来香港。在无锡同乡丁熊照的宴会上,钱穆遇到了胡家凤。此时客人还未到齐,钱穆与胡家凤就在丁家屋顶的露天平台上对坐长谈。等入座后,两人继续长谈不止,甚为投契。几天后,胡美琦就听从父命来报考新亚。

1950年夏,胡家凤把家迁到台北。胡美琦在新亚就读一年之后,也去了台北。等到钱穆在台北惊声堂受伤,卧病于中心诊所,当时胡美琦在台中上班,还特意请假来台北看望钱穆。等钱穆出院后赴台中休养,胡美琦于每日下午图书馆下班后前来服侍,一起吃完晚饭后才回去。每到星期日,两人就同去台中公园散步。

在这四个月的相处中,钱穆发现她跟她的同辈人不一样,她对传统文化怀着一颗炽热的心。这四个月,她的年轻,她的机灵,她的落落大方,她的教养,她的单纯与天真,以及无微不至的照料,让患难中的钱穆精神振作，飘零的心逐渐有了稳定的力量。而胡美琦也为钱穆的博学所倾倒，心中由崇拜转向爱慕，不禁燃起了爱的火花。

暑期后，胡美琦转学台北师范学院，即此后的台北师范大学。1954 年毕业后她来到香港，于是与钱穆又得以天天见面。胡美琦看到钱穆胃病时发，久久不愈，学校事情又多，一个人住校饮食不便，于是答应了钱穆的婚约。最终两人突破了世俗的偏见走到了一起，时年胡美琦 27 岁，钱穆已然 61 岁。

钱穆和夫人胡美琦

这是钱穆的第三次婚姻。第一位妻子是无锡后宅邹氏，1928 年因病去世。第二位妻子叫张一贯，1929 年在苏州与钱穆成婚。张一贯是一位知识女性，毕业于苏州女子师范学校，曾做过苏州北街第二中心小学校长。她为钱家生有三子二女。"抗战"时钱穆一人辗转西南，1949 年后又一人南走广州、香港，所以子女全由张一贯一手带大，她是一位很不平凡、也很不容易的母亲。

对于这场老夫少妻的婚事，钱穆写信给自己的学生解释说："穆之婚事，实非得已。以垂老之年，而饮食居处，迄少安顿，精力有限，甚何能久。最近居钻石山，僻在郊野，聊可瞩眺海光山色，并可散步消遥，或于精力心情，稍有所益。惟美琦以盛年作此牺牲，私心甚望其能继续治学，勿专为家庭琐务毁耳。"事实上，她是他的知己。

1956 年 1 月 30 日，婚礼在九龙亚皆老街更生俱乐部举行，仅仅新亚同事眷属十几人参加。婚后，他们蜗居在九龙钻石山难民区。虽然条件简陋，夫人对钱穆悉心照料，体贴入微，让钱穆的生活重新扬起了幸福的风帆。钱穆压抑不住自己的喜悦心情，亲自撰写了一副对联："劲草不为风偃去，枯桐欣有凤来仪。"

此后，胡美琦为钱穆打理每日三餐，承担洗衣洒扫等家庭琐事，钱穆则端坐在书房修改《先秦诸子系年》旧稿。傍晚时分，他们携手走到海岸长堤，望月观景，散步闲谈。

胡美琦对钱穆笃爱情深、精心看顾，不只承担全部家务，而且协助他研究著述，帮助他应酬各方关系。眼看丈夫在新亚书院的困局中苦撑，她就站在背后给他打气、安慰，一直到港英政府以新亚书院为基础，合并其他几所私人学院成立香港中文大学时，他们才在精神上稍稍获得喘息。

胡美琦的父亲希望女儿能出国留学，胡美琦不忍违背父志，此时钱穆的身体在婚后得到调理后体况转佳，于是她在1958年1月单身赴美，在加州柏克莱大学教育研究院进修。留学一年后，她终究念着钱穆一人居家不便，于是中途辍学而归。回来后，胡美琦告诉钱穆，在加州一年，才知道自己的兴趣始终偏向中国传统方面，不如归来自己修习；再多留，也只为获得学位，别无意义。从此，两人再也没有分开。

1960年，钱穆经济情况稍微好转，搬了一次家，从钻石山搬到了沙田乡郊半山上的"和风台"。这是一栋建在小山腰上的二层小楼，可远望海湾，风景宜人，环境幽静。只是每次回家，需要登上一百七十多级的石级山路。此时钱穆已年近七十，"因深爱其境"，还是决定租住此楼，并在这里一直住到离开香港去台北定居为止。

后来担任钱穆助教的大陆学生孙国栋，回忆了钱穆当时搬家的过程，他说："一天傍晚，接钱师的电话，说现在的居所晚上很嘈杂，不宜于读书写作，很想找一处乡村清静的住所。报载沙田和风台有房子出租，着我先去看看。于是我立即去和风台。和风台就在西林寺的后山，可以由西林寺拾级上达，又可以绕过西林寺经过狭窄的乡村小径而达，出入虽然不便，但房子不错，有广阔的回廊，下临西林寺，对面群山苍翠，风景不恶，可以凭栏远眺。回廊之旁有两间大而通爽的房子，可以读书写作。我电复钱师，钱师和师母来看了，很喜欢，不久便迁入。自从钱师迁入沙田，每天五时半放学，我陪钱师乘火车返沙田，下车后，我总是陪钱师走一段路到西林寺后分别。在途中，我们或叙家常，或谈文学音乐，或请教钱师一些学术问题。钱师总是笑语温和，指导我各种问题，这段时间是我学识长进最多的阶段。"

他记得有一次，向钱穆请教"极高明而道中庸"的含义。他告诉钱穆说，自己在抗战时期，初入政治大学不久，恰好冯友兰的《新理学》出版，声名大盛，冯氏曾来政大讲学一星期，同学们震于他的声名，第一讲听讲的人很多，课室太小，转换了三次课室。他讲的内容，大概是"中庸"。他的口才不好，反复念了几次"致广大而尽精微；极高明而道中庸"，但解释得不清楚。一位同学请他举一实例，他总是期期艾艾地说不清楚。所以很想听听钱穆的解释。

钱穆说："这两句话举实例并不难。最广大的事物，莫如全体人类，而人类能够共存，所赖的是人性中有共通点，此共通点岂非极精微的？如缺乏此精微的共通点，则人类的生活将不知如何了。'极高明而道中庸'一语亦复如是，一种极高明能为众人所推崇而遵从的道理，必然是在众人心中有根苗的，然后他们才能对他的思想起共鸣而追随他的道理。如果他的思想，是他自己兀兀独造而得的，在众人心中没有根苗，则众人不会对他的思想起共鸣，所以凡是为大众奉行的高明思想必然在众人的庸言庸行中蕴有根苗，所以说'极高明而道中庸'。"冯友兰期期艾艾说不清的道理，被钱穆几句话便说得很清楚，使他豁然而悟。

除了新婚燕尔，新亚书院先后又得了美国雅礼协会和哈佛燕京学社的资助，一时经费困难全部解决。不久之后，由于港英政府教育司高诗雅和港大教授林仰山的提议，港督葛量洪在香港大学1955年的毕业典礼上，授予钱穆名誉博士学位。

以前香港大学曾对胡适等极少数中国人赠予过博士学位，然事隔已久。钱穆此次获得名誉博士学位，一时传为美谈。大家都在说，钱穆在短短数年内，一是得到雅礼、哈佛协款，二是得到港大学位，三是新婚燕尔，三大喜庆，接踵而至，为当时大批来港人士所未有。

三、香港中文大学

如前所述，本来新亚书院的办学经费极其紧张，差点关门大吉。后来得到台湾当局的资助后，才勉强维持日常运营。

这是因为钱穆初到香港时，虽然是国内望重一时的著名学者，但是在香港这块殖民地上，他是没有很大影响力和号召力的。新亚书院建校之初，并没有得到港英政府以及国外教育机构的基金支持，与香港唯一一所大学——香港大学相比，不啻天壤之别。

新亚书院的创办人钱穆、唐君毅、张丕介等人，怀着为中国文化延续命脉的精神，为创办学校呕心沥血，鞠躬尽瘁。经过数年来的辛勤耕耘，他们的办学理想和成绩终于引起香港各界及国际上的关注和瞩目，开始获得各方面的同情和支持。

1953年7月，新亚书院举行第二届毕业典礼。钱穆在毕业典礼上讲了学院的文化理想，他说："学院虽然经济困难，但'艰险我奋进，困乏我多情,千斤担子两肩挑,趁青春,结队向前行,珍重,珍重,这是我新亚精神'。新亚书院决不关门,还要越办越好,将来要与美国耶鲁大学竞赛……"这个演讲,受到与会师生的热烈欢迎,也使到会观礼的美国耶鲁大学教授、雅礼协会代表卢鼎深受感动,于是约钱穆到其所住旅馆中见面。

卢鼎告诉钱穆,他受美国雅礼协会董事会的委托,探访香港、台北和菲律宾三处,以学校与医药两项为选择对象,准备有所补助,以继续雅礼协会曾在长沙办医院及学校的未竟之业。他接着说:"您是我此行约见的第一人,有什么话请尽量直说。"钱穆答:"蒙您约见,仓促之中我未作准备。您既然负有使命,如果有所垂询,我一一详告。"卢鼎听了钱穆的话,面露喜色,从口袋中掏出两张纸,上面写着要问的二三十个问题。他说:"如果我问的直率琐碎,请不要见怪。"钱穆答:"尽问无妨。"

卢鼎首先问:"您来香港办学校,目的是什么?"钱穆答:"教育是我终身志业所在,我在大陆早已从事教育几十年,办学校自有宗旨。"卢鼎又问:"您办学校曾得到台湾当局补助,有此事吗?"钱穆答:"蒋介石因为与我的私人关系,特意从办公费中拨款相助,与政府正式补助性质不同。"卢鼎接着问:"以后倘若得到他方补助,能不再接受这笔补助款吗?"钱穆答:"此项补助本属暂时救急,倘新亚另有办法,此款自当随即请求停止。"卢鼎继续问:"倘雅礼能出款相助,须先征得港英政府同意,您赞成吗?"钱穆表示赞同。卢鼎逐条发问,钱穆逐一回答。自上午九点开始,一直到中午十二点多才问答完毕。

午餐时,卢鼎又随便问钱穆对宗教的态度。钱穆说,我对各宗教均抱有一种敬意,在我学校中,基督教徒、回教徒都有,甚至还有佛寺中的和尚和尼姑。但钱穆又郑重地告诉卢鼎,决不愿办一个教会学校。卢鼎点头同意,并表示如果资助,不干涉学校内政。

见面几天后，卢鼎前往台北。返港后，又约钱穆见面。卢鼎告诉钱穆，他不打算再去菲律宾，已决定选择新亚书院作为雅礼合作对象，请钱穆报个预算。钱穆于是在纸上写道：如果每年得到一万美元资助就另租一校舍，得到一万五就顶一个校舍，得到两万则买一个校舍。

　　卢鼎看了，非常诧异，说："听说贵校的教授薪水微薄，生活艰窘，现在得到资助为何不想办法改善？您有没有与学校同事商量啊？"钱穆答："您虽然屡次和我见面，但还没到学校去看一看。我们办这个学校，就盼学校有所发展，倘若为私人生活打算，早就不必在此苦守。如果学校没有合适的校舍，就绝对没有发展前途。请您有空去新亚看一看。"

　　有一天，卢鼎独自来到新亚调查，遇到两个学生，在教室外闲谈而去。等到后来新亚书院举行三十周年纪念，卢鼎在应邀演讲时说，当时见到新亚师生对钱穆都怀有深深的敬意，因而深信此校必有前途。

　　卢鼎回美国后，向雅礼董事会作了一个详细的报告，建议雅礼协会与新亚书院合作。董事会因而决定支持新亚书院的办学经费，同时达成两项默契：一是新亚每年接受雅礼基金会的资助而不作任何额外的申请；二是新亚的教育宗旨及学校行政全部自主，雅礼不作任何干涉。

　　1954 年 5 月，新亚终于收到了雅礼的资助款，每年 25000 美元，远远超过了钱穆当时的预算。同时，雅礼派人告诉钱穆，此款只作日常办公经费使用，校舍之事，另想办法筹措，幸勿为念。

　　在此期间，亚洲协会也向钱穆表示，也愿意像雅礼那样资助新亚，请钱穆设计用途。钱穆说："创办新亚是因为大陆剧变。我本意不仅仅是办一个学校，而是想提倡新学术，培养新人才。虽然现在学校只是初具雏形，但我很想再办一个研究所。这不是我好高骛远，实在是感到迫切需要。倘若亚洲协会肯对此相助，规模不妨简陋，只要培养出一个人才，他日就得一个人才之用。"

此项计划得到了亚洲协会的同意。1953年秋，亚洲协会出资租九龙太子道一层楼，供新亚及校外大学毕业后有志于进修者使用，新亚的教授则根据情况予以指导。这是新亚研究所最先的筹办。

1954年秋，钱穆忽然得到一个喜讯：经过卢鼎返美后的多方努力，福特基金会同意为新亚建新校舍捐款。多年的夙愿终于可以得偿，钱穆的兴奋可想而知。他本想在郊外觅地，多次出去踏看。环境好的地方离市区较远，教师往返不便。但如果因此大批建教师宿舍，因财力有限，又妨碍学校的发展。最后决定在九龙农圃道，由港英政府拨地。建筑的事都委托好友沈燕谋主持。后来得到港英政府通知，港督葛量洪不久将退休，他想在离港前参加新亚校舍的奠基典礼。于是在1956年1月17日，提前举行了新校舍奠基典礼，而实际迁入，则在五六年之后。

等新校舍建成后，福特基金会派人来巡视，参观后非常满意。钱穆问其意见。来人说："全校建筑惟图书馆占地最大，此最值得称赏者一。教室次之，各办公室占地最少，而校长办公室更小，此值得称赏者二。又闻香港房租贵，今学校只有学生宿舍，而无教授宿舍，此值得称赏者三。观此校舍的建设，可想此学校精神及前途之无限。"钱穆也高兴地说："您匆促一番巡视，就能看出学校规划的良苦用心，实在令人钦佩。"后来学校又有第二次、第三次的扩建，不再详述。

1955年春，哈佛大学教授雷少华来香港拜访钱穆。谈起新亚创校的经过，钱穆说："创建这个学校，并不是为同事谋个吃饭的地方，而是为将来新的中国培育继起人才。"雷少华极表赞许。钱穆接着说："正因为如此，虽然学校规模仍小，但已同时创办了一个研究所。科学、经济等学科的优秀学生，可以出国深造，而有关中国文化传统的文史哲诸学科，非由中国人自己尽责不可。派送国外，与中国人自己的理想不合，恐怕对自己的国家贡献不多。因此本校研究所规模太小，仍求扩大。"

雷少华提高声音说："您说的不错。不知有没有详细的计划,哈佛燕京社或可协款补助。"钱穆说："新亚同仁对原有的研究所只尽义务,未受薪水。依香港最近情势,大学毕业即须独立营生,故办研究所,首先需要为研究生解决生活问题,供以奖学金。以当前香港生活计,一人或一夫一妻的最低生活水平,非港币三百元不得安心。正式创办后,最先仅可招收研究生五六人,此下再相机逐年增添。"雷少华说："此款由哈佛燕京社一力帮助,您可放手去办。"钱穆说："我还有第二个条件。"

雷少华默然了一会,才问有什么条件。钱穆说："办研究所更需要的是书籍,前两年日本有大批中国书籍可购,新亚无经费,失此机会,但此下尚可在香港陆续购置,只是已无大批廉价书可买。"雷少华说此事也确实重要,哈佛燕京社应当尽力相助。钱穆又说还有第三个条件。

雷少华不禁皱起了眉头,很诧异地问："您还有第三个条件吗?请再试着讲一讲。"钱穆说："新亚办此研究所,由哈佛出款,一切实际工作由新亚自己进行,但须每年向燕京社作一个成绩报告,才能心安。所以创办研究所后,应出一份学报,专门刊载研究所指导老师及研究生的最近著作与研究论文,可使外界知此研究所的精神所在,也为全世界汉学研究添一生力军,这也就是向燕京社作报告。此事需钱不多,但为督促研究所向前求进,也不可缺。"雷教授频频点首,愿意把钱穆的三个条件带回哈佛再作决议。

新亚研究所虽然在此之前得到亚洲协会的帮助,在太子道租一层楼作为校舍。但随着当事人离开亚洲协会,此事就无发展。等得到哈佛燕京社的资助,新亚研究所才正式成立,并开始招生。生源不限新亚毕业,其他大学毕生生均可报名应考。钱穆又聘请港大刘百闵、罗香林、饶宗颐三人为所外考试委员,又请港英教育司派员监考。录取后修业两年,仍须所外考试委员阅卷口试,才能毕业。择优留所作研究员,留所时间长的超过十年。

第一年录取到研究所的研究生有柯荣欣（台湾"中央大学"毕业）、罗球庆（新亚书院毕业）、孙国栋（台湾政治大学毕业）、余秉权（台湾中山大学毕业）、石磊（台湾"中央大学"毕业）等5人。

哈佛燕京学社早在1954年，就来函邀请新亚选派一名年轻教师，在三十五岁以下，赴哈佛访问。以后研究所又陆续派出何佑森、罗球庆、孙国栋、余秉权、萧世言、陈启云等人出国访学，攻读学位。新亚书院又与日本亚细亚大学开展交换留学生计划，美国华盛顿州立大学也答应新亚研究所每年可派一两位毕业生赴该校东方研究所作研究。自此，新亚研究所及大学部学生负笈海外游学及任职者，不胜枚举。

在钱穆的苦心经营下，雅礼协会不断增加协款，先是在新亚增设了艺术系，延请了一批艺术方面的名师。随后又增设数学系、生物系、物理系及化学系，组建了理学院，从而使新亚书院的规模更加壮大，设备更加先进，学科更加完备，教师阵容更为强大。

正当新亚书院蒸蒸日上之际，港英政府忽然有意在香港大学之外另外设立一所大学。这是因为港英政府鉴于当时香港社会的发展，青年寻出路的压力大增，仅有香港大学已经远远不能满足需要，故有意另立一大学。

首先选定新亚、崇基和联合三校为其基本学院，此后其他私立学院，凡办学有成绩的，均可陆续加入。崇基书院是一所教会学院，经费由美国各教会支持，创办于新亚之后。联合书院由亚洲协会出资，集合其他五所私立学院而组成。亚洲协会曾资助过新亚，后因新亚得到了雅礼和哈佛的协助，于是改而支持联合书院。无论是崇基、联合，还是新亚，都依赖美国方面的协助。港英政府似乎意有不安，所以也想自己创办一所新的大学。

崇基、联合均表示同意，新亚教师则多持异见。钱穆本来也不主张加入香港中文大学，曾为合并而挣扎，怕新亚精神无以为继，但为了学生有更好的前途，教授有更高的薪酬，他自己有更多的读书著述时间，他终于放弃了坚持。

钱穆劝新亚同事说，新亚最大的贡献在于早期为大批青年提供就学机会，现在时局渐定，这种需要已经失去。而新亚毕业生，除非港英政府承认新亚书院的大学地位，否则极难谋得较好位置。倘若香港大学之外，政府再办第二所大学，那新亚毕业生的出路就会更窄。而且，办一个大学如同育一个婴儿，须求其逐年长大。新亚自得到雅礼、哈佛协款后，各方已经产生误解，想再求其他方面的大量补助，已极不容易，所以再求一校独自发展，自己已无力量与信心。再加上自己精力日衰，日间为校务繁忙，夜间仍要研读写作，已难兼顾，所以同意加入新大学。更何况港英政府组建新大学实以新亚书院加入作为创办的主要条件。

他又在新亚书院合并前的最后一次开学典礼上说："诸位来学校求学，固然不是在一纸文凭，而在学业和事业。新亚不挂上中文大学的招牌，亦可以讲学业求事业，这是我再三讲过的。然若努力学业，同时可以获得大学文凭，使将来进社会较方便，则我们何乐而不为？为考虑同学的出路，是新亚不得不参加大学组织的一原因。"经过钱穆的提议和解释，参加新大学之事最终确定下来。

有一天，港英政府送来创办新大学的纲领，共二十余款，请各校提意见。新亚为此开了一个讨论会，对超过三分之二的条款进行修改。港英政府也不坚持，同意修改。

为了创建新大学，港英政府特意从伦敦请来英国高等教育委员会主席富尔敦，与三校磋商。富尔敦力赞新亚研究所的成绩，主张保留新亚研究所，希望它成为将来新大学成立后的第一个研究所，交由新亚主办。这个提议写入了新大学的创建条款,成为定案。富尔敦与钱穆谈及新校长的人选时,钱穆主张应由中国人担任。但富尔敦认为,先聘一个英国人任首任校长,再由中国人继任,也许从实际情势上说较为合适。两人意见不同,此事遂暂时搁置。

四、拒签《文化宣言》

1958年元旦,在香港的《民主评论》和台湾的《再生》杂志上,同时发表了由牟宗三、徐复观、张君劢、唐君毅四人联合署名的长文《中国文化与世界——我们对中国学术研究及中国文化与世界文化前途之共同认识》,又名《为中国文化敬告世界人士宣言》(以下简称《宣言》)。

《宣言》洋洋洒洒四万余言,系统地阐述了研究中国文化的态度和方法,分析了中国文化的本原和核心,指出了中国文化的出路,表明了对人类前途的根本看法。其目的是肯定中国文化的固有价值,消除中西方学人对待中国文化的误解。

《宣言》认为,中国文化能延续数千年而不中断,是因为她有顽强的生命力和万古常新的永恒价值。中国文化并没有像西方人所认为的那样已经死去,而只是在生病。只要对症下药,中国文化不仅能康复并得以健康发展,而且能为世界文化的发展提供可资借鉴的资源。

《宣言》饱含感情地指出:研究中国文化,首先必须肯定其活的生命之存在,肯定"这中间有血、有汗、有泪、有笑、有一贯的理想与精神在贯注"。必须对中国历史文化传统怀着"同情"与"敬意"去研究它,了解它,而"敬意向前伸展增加一分,智慧之运用亦随之增加一分,了解亦随之增加一分"。

《宣言》认为儒家心性之学是"中国文化之神髓所在",由此决定中国哲学发展的方向是道德的形上学,只能通过道德实践才能对其有亲切的体认。它系统地阐述了现代新儒家"返本开新"的思想纲领,即返传统儒学之本,开科学、民主之新,也就是所谓由"内圣"(儒家心性之学)开出新"外王"(科学、民主)。

在论及中国文化的价值时,《宣言》认为儒家的伦理道德和文化理想可以解决"后工业文明"所面临的诸多社会问题,世界文化的未来,将是"儒学第三期之发扬"。西方人应该学习以儒家思想为代表的东方智慧,诸如"天人合一"的宗教道德理想,成圣成贤的心性义理之学,悠久无疆的历史意识,天下一家的情怀,恻怛悲悯之情和"圆而神"的智慧,等等。

这份《宣言》的发表是现代新儒学发展史上的纲领性文件,可以说它代表了现代新儒家共同的愿望、理想、情调和心境。但令人奇怪的是,几位署名人的好友,同样以弘扬中国传统文化为己任,同样倡导以"同情"与"敬意"来研究中国文化的钱穆并没有在《宣言》上签名。其中的原因需要从现代新儒家的发展历程说起。

所谓现代新儒家,是指五四新文化运动以来,针对全盘西化的思潮,以接续儒家"道统"、复兴儒学为己任,谋求以儒学为本位吸收西学以实现中国文化现代化的学术思想流派。先秦儒家,宋明新儒家,现代新儒家,这就是他们所说的儒家学术发展的三个阶段。现代新儒家所致力的就是"儒学第三期发展"的工作。

现代新儒家的学说被称为"现代新儒学",它与马克思主义、自由主义鼎足而三,并称为中国三大现代思潮。它是现代中国新文化保守主义的代表。它反对自由主义的"全盘西化",也抵制马克思主义在中国的传播。

自鸦片战争以来，以儒学为主体的中国文化，在西潮的冲击下节节败退，愈来愈多的中国知识分子，认为中国文化对民族"救亡"大业不仅无益，而且有害。这种思想发展到后来，演变成"全盘性反传统"的五四新文化运动。不但"孔家店"必须打倒，极端者更宣称汉字、线装书、国画、中医、武术、京剧等一切固有文化都必须废弃，甚至有人说："我们中国民族，从前没有什么重要的事业；对于世界的文明，没有重大的贡献；所以我们的历史就不见得有什么重要。"

受这种强烈的反传统思潮的刺激，一部分秉承传统士大夫精神的学者以"吾曹不出，如苍生何"的文化担当精神，以接续民族历史文化命脉的使命意识，纷纷站出来为中国文化说话，针锋相对地大力阐扬中国历史文化的正面价值，从而有了现代新儒家的出现。

从五四新文化运动开始，现代新儒家经历了八九十年的发展历程，涌现出了一大批著名学者。有关新儒家的发展阶段与代表人物，学术界比较通行的看法是：从20世纪20年代至40年代，有以梁漱溟、熊十力、张君劢、冯友兰、钱穆、方东美、贺麟等为代表的第一代新儒家；从50年代至70年代，有以熊十力的三大弟子牟宗三、唐君毅、徐复观等为代表的第二代新儒家；从80年代开始，有以杜维明、刘述先、蔡仁厚等为代表的第三代新儒家。

在现代新儒家或现代新儒学的发展历程中，1949年是一个重大转折。留在大陆的现代新儒家一度如同儒学一样，因为大陆的政治局势，隐而不彰，而且弟子寡少，少有出众者。而另一批学人怀着"花果飘零"的悲情和"灵根自植"的企盼，或浮海入台，或寄居香港，或远走欧美，希望在海外为中国文化"再续命脉"。钱穆、唐君毅、牟宗三、徐复观、张君劢等人就是其中的代表。

钱穆与唐君毅创办的新亚书院，徐复观创办的《民主评论》，都成为海外弘扬中国文化的重要阵地。而钱穆与唐君毅、徐复观等人之间，最初也是志趣相投，意气相通，患难与共，情深谊厚。

例如，谈起新亚的创办，钱穆说"同事间真志同道合者，实唯君毅一人而已"。而徐复观谈起《民主评论》的稿源时也说，"当时以钱穆、唐君毅、牟宗三三位先生为中心"，"唐君毅先生以深纯之笔，开始了中国人文精神的发掘。牟宗三先生则质朴坚实地发挥道德的理想主义。钱宾四先生的文章，走的是比较轻灵的一路；因他的大名，吸引了不少读者"。

1957年2月，作为第二代新儒家代表的唐君毅赴美国访问讲学，与寓居美国的第一代新儒家张君劢进行了多次晤谈。两人深感西方学者对中国传统文化的研究方式及观点多有误解和不当之处，于是决定联名发表一份宣言，阐述他们对中国文化的看法，以纠正西方学者对中国历史文化的偏见。

两人商定以后，张君劢写信给牟宗三和徐复观征求意见，他们回信表示赞同。于是张君劢就把起草宣言的事托付给唐君毅。唐君毅在旅馆里花了半个月的工夫，写出了四万余字的宣言草稿，并寄给张君劢、牟宗三过目，二人未表示其他意见就签名赞同。当寄给徐复观时，徐作了两点修正：一是关于政治方面，徐复观认为要将中国文化精神中可以与民主政治相通的内容梳理出来，推动中国的民主政治。二是要减轻宣言中强烈的宗教意识。唐君毅在修改时吸收了徐的第一个意见。

在此过程中，还听取了方东美等人的意见。张君劢和唐君毅初议此事时，是以纠正西方人士对中国文化的误解和偏见为出发点，所以准备先用英文发表。但后来张改变了主意。牟、徐也认为，文章所指固然针对西方人士，但同时对"不中不西"的中国学人风气，也有救正之效用，所以也赞成先用中文发表。

在宣言酝酿的过程中，他们一直想请很有声望的钱穆加盟，甚至想请钱穆领衔。张君劢曾写信给唐君毅询问"宾四的见解是否与吾辈相同"。徐复观也直接写信给钱穆，希望他能加入签名。但钱穆在给徐的回信中明确表示了反对。

钱穆认为，宣言不仅没有意义，而且会引起无谓的学术壁垒。他说："君劢先生意欲对中国文化态度发一宣言，私意此事无甚意义。学术研究，贵在沉潜缜密，又贵相互间各有专精。数十年学风颓败已极，今日极而思反，正贵主持风气者导一正路。此决不在文字口说上向一般群众耸视听而兴波澜，又恐更引门户壁垒耳。"

《宣言》发表后，远在美国的张君劢仍然没有放弃做钱穆的工作。在张君劢等人看来，联合发表宣言并非一时心血来潮，而是深思熟虑的产物。虽然他们宣称：如果我们所说的是真理，则用一人的名义说出，与用数人的名义说出，其真理之价值毫无增减。然而，他们仍然希望有更多志同道合、声气相通的学者参与，尤其希望像钱穆这样的知名学者加盟，以壮声势。所以，张君劢亲自给钱穆写了一封论儒家哲学复兴方案的长信，力劝钱穆联署宣言。

像以往一样，钱穆打定主意的事情很难被人说动。1958年7月16日，钱穆在《再生》杂志上公开发表了给张君劢的回信，再次重申了自己拒签宣言的态度。他说："自念吾侪各有著作言论，流布人间。臭味相近，识者岂所不知？而争风气持门户者，正将因此张其旗鼓，修其壁垒。夜行疑鬼，则相互呼啸以自壮。方欲拯之，转以溺之，于彼于此，两无补益，故不欲多此一追随耳。"

钱穆一再拒署宣言，正面的理由是他认为签发宣言的方式容易造成有形的学术壁垒，形成"门户"之见，不利于学术的发展。背后的原因是他与这些港台新儒家在为人和为学上的分歧越来越大，以致难以弥合。

五、与港台新儒家的分歧

这里所谓的"港台新儒家",是特指20世纪50年代以后在香港和台湾地区发展起来的一股以复兴儒家思想为中心的文化思潮及其人物。其外延,应小于现在一般所说的"现代新儒家",它和现代新儒家的第一代和第二代有交叉之处。它的代表人物为唐君毅、牟宗三、徐复观、张君劢和方东美等。其中唐君毅、牟宗三、徐复观是熊十力的弟子,属于现代新儒家的第二代,而张君劢和方东美则纵横于第一代和第二代两个不同时期。

大多数港台新儒家1949年以前在中国大陆,以后迁往香港、台湾。尽管这批学者们前后有其一贯之旨——坚持以儒家为本位的思想立场,但其思想体系的完成和成熟,却是50年代以后之事。

自然,"港台新儒家"并非一个十分严格的科学概念,港台新儒家们治学方法师承不一,思想观念亦非一致,与其视为一个思想派别,毋宁说它代表在港台地区形成和发展起来的文化思潮更为恰当。个别学者,如张君劢,1949年以后迁居美国,但其思想的影响在港台,且其著述文字大多在港台的报刊上发表,故这里也将他归入"港台新儒家"。

港台新儒家在尊孔崇儒、弘扬中国文化这一点上是共同的。以徐复观为例,其归宗儒学的过程颇具有传奇色彩。

徐复观(1903—1982),湖北浠水人。早年求学于浠水、武昌,1928年东渡扶桑,入日本陆军士官学校学习军事,在此期间阅读了大量的马克思主义著作。回国后投身军旅,参加抗战。1942年派到延安当过半年联络参谋,与共产党高层人士多有接触。曾深受蒋介石的器重,做过侍从室的机要秘书。但最终从政界转入学界,走上了由政治而学术之路,是一位典型的"介于政治与学术之间"的人物。

促成徐复观生命历程转变的一个重要人物是熊十力。1944年,徐复观穿着少将军装到重庆北碚勉仁书院去拜谒熊十力,请教熊氏应该读什么书。熊十力教他读王夫之的《读通鉴论》。徐复观颇为自得地说,那书早年已经读过了。熊十力很不高兴地说:"你并没有读懂,应该再读。"过了些时候,徐复观再去拜访熊十力,说《读通鉴论》已经读完了。熊十力问:"有点什么心得?"于是徐便接二连三地说出许多他不同意的地方。

熊十力未听完便怒声斥骂道:"你这个东西,怎么会读得进书!任何书的内容,都是有好的地方,也有坏的地方。你为什么不先看出好的地方,却专门去挑坏的;这样读书就是读了百部千部,你会受到书的什么益处?读书是要先看出他的好处,再批评他的坏处,这才像吃东西一样,经过消化而摄取了营养。比如《读通鉴论》,某一段该是多么有意义;又如某一段,理解是如何深刻。你记得吗?你懂得吗?你这样读书,真太没有出息!"(钱穆对读书也有类似的观点,他说:"一书总有缺点,我们读一书,要了解此书精神所在。任何书不会都使人全满意。我们做学问读书,要能采其长,不是要索其瑕疵,来批评它的缺点。")

这一番痛骂,无异于当头棒喝,骂得徐复观这个陆军少将目瞪口呆。但也无异于醍醐灌顶,原来这位先生骂人骂得这样凶!原来他读书读得这样熟!原来读书是要先读出每部书的意义!正如徐复观后来回忆时所说,这对他是"起死回生的一骂"。这恐怕对于一切聪明自负,但并没有走进学问之门的青年人、中年人、老年人,都将是起死回生的一骂!

这次见面对徐复观的后半生影响甚巨,从此他决心步入学术之门。他曾自言:"我决心扣学问之门的勇气,是启发自熊十力先生。对中国文化，从20年的厌弃心理中转变过来，因而多有一点认识，也是得熊先生的启示。"经过熊十力的启发，徐复观从个人的浮浅中挣扎出来，慢慢感到精神上总要追求一个什么。他说："余自四十五岁以后，乃渐悟孔孟思想为中华文化命脉所寄。"从此牢记其师"亡国族者，常先自亡其文化"，"欲救中国，必须先救学术"的教诲，立下了以弘扬中国文化来救中国的志业宏愿。

港台新儒家们，无论前辈学者还是晚进后生，绝大多数都对政治、时风和世事极为关心。他们在从事学术活动之时，自觉地将其学术生命与时代脉搏及现实政治联系在一起。如方东美在抗战初起时，就曾通过当时的中央广播电台向全国青年宣讲《中国先哲的人生哲学》，鼓舞全国青年的抗战热情。

唐君毅、牟宗三等人，在抗战初期即创办杂志，既论文化，又议时政。如果说港台新儒家们在抗战期间曾站在民族的立场上，通过弘扬中国传统文化以鼓励全民的抗日斗志的话，那么在1949年迁往港台以后，尽管各人对国民党的政治态度颇为不一，但在基本原则上，都对国民党丢失大陆表示不满。他们以明末清初的遗老自居，试图总结历史的经验教训。

在痛定思痛之后，他们认为国民党失去大陆，原因固然多端，但有两个根本的原因，一是从政治上来说，主要是因为国民党自身的专制、腐败、变质；二是从文化学术上说，五四新文化运动以来胡适等人倡导的"全盘西化"之风难逃其咎，胡适不仅应承担"亡国"的责任，而且还应负"亡天下"的罪责。

因此，他们既对老冤家胡适等人展开了激烈的批评和攻击，追究其丢失大陆的责任，同时也对国民党的专制政治及中国传统的专制政治进行批评。在批判胡适等自由派的问题上，钱穆与他们的态度完全相同，虽然他一贯不赞成打笔战，唯独对胡适例外。而在对中国传统专制政治的批评上，钱穆与他们出现了明显的分歧。

近一个世纪以来，中国政治制度史的研究，无论出于政治学者还是历史学者，几无不以"君主专制"来界定传统政治的本质。《宣言》称中国文化历史中缺乏西方近代的民主制度，中国过去历史中除早期的贵族封建政治外，自秦以后即为君主制度。在君主专制政体下，政治上最高之权源，在君而不在民，因此中国的政治历史，"遂长显为一治一乱的循环之局"，今后中国政治的光明前途，"只有系于民主政治之建立"。他们希望将近代西方意义的民主政治融入中国文化传统中去，肯定现代中国社会必当以民主政治为依归。

这一意见出自对民主政治素有好感的徐复观，由唐君毅在修改宣言时加以吸收、强调，并为张君劢所赞同。张君劢认为，儒家只注重德治，缺乏法制传统，没能导致近代意义上的民主制度在中国的建立，自秦统一六国开始，中国就一直是一个君主专制的国家。

然而，钱穆与他们对中国传统政治的理解截然相异。在钱穆看来，中国传统政治有它自身发展的特点和演进途辙，决不能因为传统政治里有王室、君主而无近代西方意义的立宪、国会制度便把它一概视为专制独裁。他坚决反对用"黑暗专制"四个字来概括中国的传统政治，提出了中国传统政治"非专制"的著名论断。这个见解早在20世纪30年代他在北京大学任教时就已提出。抗战时期，在马一浮的复性书院以及在四川各地的演讲中，在他的著作《国史大纲》《文化与教育》《政学私言》等书中，处处可见他的这一观点。50年代在香港又多次加以申说并为他一生所坚持。

在1950年11月，钱穆在《民主评论》上发表了《中国传统政治》一文，他在文中宣称："中国秦以后的传统政治，显然常保留一个君职与臣职的划分。换言之,即是君权与臣权的划分,亦可说是王室与政府的划分。皇帝为王室领袖,宰相为政府首脑。皇帝不能独裁,宰相同样也不能独裁。而近代的中国学者,偏要说中国的传统政治是专制是独裁。而这些坚决主张的人,同时却对中国传统政治,对中国历史上明白记载的制度与事迹,从不肯细心研究一番……他们必要替中国传统政治装上'专制'二字,正如他们必要为中国社会安上'封建'二字一般,这只是近代中国人的偏见和固执,决不能说这是中国以往历史之真相。"

在他看来,中国传统政治是贤能政治、民主政治。因为自秦汉以来的地方察举制、征辟制,自隋唐以来的科举考试制,都是为政府选拔贤能而设。政府由民众间挑选其贤能而组成,既经公开考试,又分配其数额于全国各地,政府自身即代表民众,直接与人民同一。因此,他把这种政体视之为"民主政体",称之为"中国式的民主政治"。他说:"中国传统政治既非君主专制,又非贵族政体,同时亦非阶级专政。中国传统政体,自当属于一种民主政体。"

学术问题见仁见智本属正常,然而在钱穆许多独特的见解中,这项看法却长期引来了最严厉、最广泛的批评。早在抗战时期,便有萧公权、胡绳、王亚南等人提出反驳。

1949年后,同属现代新儒家阵营的张君劢和徐复观等人继续加以严厉的批评。

张君劢认为钱穆为史学名家,假如其中国传统政治非专制的见解流行,必将极大影响今后国人对中国政治思想的看法,于是在《自由钟》美国版上陆续发表了一系列评论文章,共计36篇之多,最后汇成《中国专制君主政制之评议——钱著〈中国传统政治〉商榷》一书,从逻辑方法、专制君主、宰相、三省、台谏、铨选、地方自治、政党、法治与人治、安定与革政等10个方面对钱穆文章的主要观点一一加以批驳。钱穆

《中国传统政治》一文不到 2 万字，竟引起了他 30 余万言的批评，反映出两人在政治价值趋向和学术理路上的重大差异。

1960 年，钱穆赴美讲学期间到旧金山张君劢的住处去拜访他，两人就民主政治问题又展开了一场辩论。钱穆对张君劢说，你信仰西方民主，就应该学习西方民主做法，回台湾亲身去参加政治，向政府提出建议，并可走向街头做演讲，宣传己见，而不应身在国外写文章批评自己的"政府"，这对于民主于事无补。

谈到《宣言》的事，两人继续争辩。钱穆正面叙述了自己拒签宣言的理由，他说发表宣言这种做法极不妥当，像是在对世人宣称"道"只在我辈，容易引起海外学人在学术上的分裂。在争论中，两人都有些激动。临走时，钱穆十分感伤地说："大陆之失，我辈知识分子应负绝大责任。"据钱穆的夫人胡美琦回忆，当晚从张府回到旅舍后，钱穆多次重复着这句话，心情久久不能平静。钱、张两人的分歧越来越难以弥合。

"非专制论"为钱穆一生所坚持，若要签署宣言，就意味着要放弃原来的观点，这是生性固执的钱穆根本无法接受的，所以拒署宣言也就成了自然之事。但这也加速了他与港台新儒家的疏离。

就在钱穆与张君劢不断争辩之际，钱穆与唐君毅也逐渐产生了分歧。钱穆本来与唐君毅同事最久，关系最为密切。两人创办新亚书院时同甘苦、共患难，结下了深厚的友谊。但随着新亚书院的发展，两人之间也产生了一些矛盾。尤其是在是否加入香港中文大学的问题上，两人的意见相左。

1964 年，钱穆怀着极不愉快的心情从新亚辞职，但又不能回到亲手创办且相对独立的新亚研究所，与唐君毅的矛盾激化。他在给学生的信中说："新亚研究所×、×两君竟欲做大师，竞相拉拢研究生，必欲出其门下为快。故以前所中诸生亦相戒不敢来沙田。怪事如此，聊以相闻。穆亦借此杜门,唯目睹青年有为之士,如此窒塞其前进之途,则于心不能无憾耳。"信中"×、×两君",自然包括唐君毅。据钱穆的学生叶龙回忆:"唐君毅自居'唐派',他一直认为,尧舜禹汤文武周公,孔子孟子韩愈,传到我老师熊十力,下面就是我唐君毅。"钱穆辞职以后,唐君毅掌管新亚研究所。叶龙说:"凡钱先生的学生,一概炒鱿鱼;凡钱先生的意见,一概反对;恨不能把'新亚书院'变成'唐君毅书院'。"

对于两人的疏离,徐复观不无伤感地说道:"当年初逃难出来,彼此都是一无所有。一无所有的生命,是彼此容易直感直通的生命。大家一天老一天,仿佛不知不觉地自己有了些什么,学问、声名、地位,有的越多,人与人之间的距离也就越来越远。当年冲口而出,边走边谈,在谈话中夹不进半粒沙子的情境,我知道在余年中是无法再现了。"(徐复观:《中国人的生命精神》,第286页,华东师范大学2004年)

而徐复观自己,自《宣言》发表后,与钱穆的关系也是日渐疏远。当初在徐复观主持《民主评论》前期,钱、徐两人关系密切,通信往来不断,在《钱宾四先生全集》第53册《素书楼余渖·信札》中,收录了1951年至1957年钱穆致徐复观的信件就多达31封。

钱穆当时是五十多岁,徐复观和张丕介是四十多岁,唐君毅大概挂上四十的边缘。几位学人钻研之余喜欢一起漫步太平山,钱穆游兴一向很高,而且是善于谈天的人。他谈的半学术,半生活,偶尔也掺杂一点感慨和笑话,真是使人听来娓娓不倦。徐复观于学问有虔诚的谦虚,因为入行颇晚,初窥学问门径,所以对钱穆、唐君毅两人学问是由衷的钦佩,经常连对唐君毅的哲学漫谈也听得津津有味。对于钱穆这位学辈略高又在学界声望早著的前辈学人,徐复观屡屡请他多加指点。钱穆倒也不吝赐教,在给徐复观的信中,他对徐常常提出一些指导性意见。

如1952年钱穆致徐复观信中说:"吾兄有意向中国文化上追求,此事断然是时代学要,盼勿为一时风气摇惑。惟四十以后人做学问方法,应与四十以前人不同,因精力究不如四十以前,不得不看准路向,一意专精,切忌泛滥。"钱穆提议徐复观可以发挥所长,一面可从日文进窥西方,一面可在本国儒学中,只一心在孔孟、易庸、程朱、陆王几个重要点钻研。钱穆预言,以徐复观的聪明才智,"不到五年,必可有一把柄在手"。

自 1958 年起,两人通信全无,表明彼此间的关系已大为疏远。1958 年 1 月 26 日,钱穆在致学生的一封信中说:"徐君混身党务,多年心习未净,徒知掉弄笔墨,并意气不平,甚难于学问之途有深入之望。南来数年,于徐君颇加奖掖,不知彼骤博时誉,遂忘故吾。"对徐复观的不满之情溢于言表。

钱穆与徐复观最大的分歧也是在于对中国传统政治的理解。徐复观是研究中国政治制度史的大家,他对中国传统政治进行了全面的检讨,得出了与钱穆完全相反的结论。徐、钱两人在 20 世纪 50 年代前半期交往甚密,他对钱穆"非专制论"没有作正面直接的批评,并不意味着他就赞同钱穆的观点。

在徐复观的笔下,中国文化如长江黄河挟泥沙以俱下,虽然波涛壮阔,精华迭出,但是也瑕瑜互见,流弊在所不免,其中最关重大者就是专制政体。在徐复观的论著中,他对中国历史上的专制政体挞伐不遗余力,认为专制是传统中国文化弊病的总根源。例如,在三大卷的《两汉思想史》中,他开宗明义地说:"两汉思想,对先秦思想而言,实系一种大的演变。演变的根源,应当求之于政治、社会。尤以大一统的一人专制政治的确立,及平民氏姓的完成,为我国尔后历史演变的重大关键;亦为把握我国两千年历史问题的重大关键。"(徐复观:《周秦汉政治社会结构之研究·自序》,第 1 页,台湾学生书局 1975 年)

在徐复观看来，公元前221年秦始皇统一中国建立专制政体，是中国历史最重要的分水岭。秦王朝的专制包括两个面向，一是指对封建政治下的诸侯分权政治而言的中央专制，也就是一般所谓之废封建行郡县；一是指就朝廷的政权运用上，最后的决定权乃操在皇帝一个人的手上，而皇帝的权力，没有任何立法的根据及具体的制度可加以限制。人臣可以个别或集体地向皇帝提出意见；但接受不接受，依然是决定于皇帝的意志；无任何力量可对皇帝的意志加以强制。

徐复观认为这种"一人专制"才是中国历代专制的实质内容，而郡县制的建立正好强化了皇帝一人专制的程度。在这种一人专制体制下，中国两千年来的政治家与思想家，只能在专制这副大机器之下补偏救弊。所有的人民只能环绕着这副机器，互相纠缠；纠缠到与专制机器直接冲突时，便立刻被机器轧死。这副机器以法家思想为根源；以绝对化的身份与权力为核心；以广大的领土与人民作为营养，而以军事与刑法为工具。"一切文化、经济，只能活动于此一机器之内，而不能轶出于此一机器之外，否则只有被毁灭。这是中国社会停滞不前的总根源。研究中国历史，不把握到这一大关键，我觉得很难对中国历史作正确的理解。"

因此，他得出结论："居今日欲言中国文化，首须辨清何者为中国文化之本来面目，何者为在专制政治压迫之下所受之奸污。必认定中国文化，应先向专制政治复仇，然后中国文化乃可继续担当其对人类之伟大使命。故凡讲中国文化而将其与专制政治并为一谈，甚且以中国文化作拥护专制之工具者，实皆中国文化之罪人。因此而招致社会对中国文化之误解，殆亦必然之势也。"（徐复观：《国史中人君尊严问题的商讨》，载于《儒家政治思想与民主自由人权》，第162页，台湾学生书局1988年）言下之意，将中国文化与专制政治混为一谈的钱穆已成为中国文化的罪人。

70年代末,钱穆重返新亚书院讲学,再次重申了他的"非专制说",立即遭到了徐复观的猛烈抨击。1978年12月,徐复观在香港《华侨日报》发表《良知的迷惘——钱穆先生的史学》,批评钱穆否认中国存在专制制度是刻意曲解。他说:

> 我和钱先生有相同之处,都是要把历史中好的一面发掘出来。但钱先生所发掘的是二千年的专制并不是专制,因而我们应当安住历史传统政制之中,不必妄想什么民主。而我所发掘的却是以各种方式反抗专制、缓和专制,在专制中注入若干开明因素,在专制下如何多保持一线民族生机的圣贤之心,隐逸之节,伟大史学家、文学家面对人民的呜咽呻吟,及志士仁人忠臣义士,在专制中所流的血与泪。因而认为在专制下的血河泪海,不激发出民主自由来,便永不会停止。"述往事,思来者",史公作史之心,应当是一切史学家之心。

他甚至称钱穆"假史学之名,以期达到维护专制之实……未免太不应当了!"批评的言词是相当的尖锐与激烈!

他对钱穆的批评性结论是:"从史学的基础在史料的立场来说,钱先生的史学著作,是不宜作一般读者之用的。钱先生天资太高,个性太强,成见太深,而又喜新好异,随便使用新名词,所以他对史料,很少有分析性的关联性的把握,以追求历史中的因果关系,解释历史现象的所以然;而常作直感的、片段的、望文生义的判定,更附益以略不相干的新名词,济之以流畅清新的文笔,这是很容易给后学以误导的"。(《儒家政治思想与民主自由人权》,第178页)

钱穆与港台新儒家的疏离,除了学术上的分歧,还有做人上的差异,或者说人格上的差异。虽然他们都属于现代新儒家的阵营,但钱穆信奉的是程朱理学,在做人上以不偏不倚的中庸或中道为理想人格,要做一个温良敦厚、循规蹈矩的谦谦君子,不偏激,更不放纵自我,努力做到"发乎情止乎礼"。

而师承熊十力的徐复观、牟宗三等人信奉的是陆王心学,追寻的是一种"狂者"人格。这种狂者人格或狂者精神由来已久。比如陆象山说:"仰天依南斗,翻身倚北辰。举头天外望,无我这般人。"这是陆象山之狂。王阳明更是前不见古人的"狂之圣者"和"圣之狂者",把"狂"视为成圣的必要条件。也就是说,他认为一个人只有拥有了狂者的胸襟和雅量,才有可能成为圣人。

现代大儒熊十力继承了这种"狂"的传统,以"天上地下,唯我独尊"的圣贤自居,认为"我有法眼,一切如量"。而这种"舍我其谁"的"狂者气象",在熊门弟子身上也时有反映。唐君毅被牟宗三称为"天梯石栈,独来独往,高视阔步,有狂者气象"。徐复观被钱穆认为带有"教主气"。牟宗三为熊十力得意弟子,颇得熊十力的赞赏,其精神意气最像乃师,因此"教主气"在牟宗三身上表现得最为明显。所以钱穆在1955年6月给徐复观的信中道出了他对牟宗三和熊十力的态度:"弟所不满于宗三者,唯觉其总多少带有宋儒教主气。弟前所不喜于十力先生者,亦正在此。"

钱穆拒签《宣言》之后,与港台新儒家的关系出现了明显的裂痕,最终走上了分道扬镳之路。从此再也不见他们之间有讨论学术思想的文字相呼应,这足以说明彼此之间"所同不胜其异"。钱门弟子甚至用"离则双美,合则两伤"来形容他们之间的关系。台湾学者龚鹏程总结钱穆与港台新儒家的关系时说:

> 原先号称当代新儒家主要基地的新亚,人员内部也产生了分化。新儒家中,如牟宗三、徐复观、张君劢先生,都与先生凶终隙末。牟先生

不同意钱先生尊朱的观点,徐先生、张先生不同意钱先生对中国政治传统较具温情的讲法。争论的结果,钱先生当然益行孤独了。本来是风雨如晦,故嘤鸣以求友,不料在共同对抗时代的阵营里,却因策略及见解之不同而分道扬镳。在我们后学看来,尚且觉得遗憾,先生本人,必然更为伤感罢。(龚鹏程:《多情怀酒伴》,第207—208页,上海人民出版社2008年)

六、耶鲁大学名誉博士

1959年秋,钱穆收到美国耶鲁大学来信,请他去东方研究系讲学半年。于是钱穆开始物色人选,以代替他在耶鲁讲学期间执掌新亚。刚好一起创办新亚的老同事吴俊升以台湾"教育部"次长的身份退休去美国,于是钱穆请他来新亚担任副院长。

当香港教育司司长毛勤得知此事后,前来告诉钱穆说:"以吴君的身份来新亚似有不便,港英政府将拒其入境。"钱穆听后问毛勤:"在英国是否有从政界退职转入学校任教的案例?现在吴君已正式从'国民政府'退职,转来新亚,有何不便?"

毛勤很为难地说:"新亚聘人很容易,您何必选择这种麻烦的途径?"钱穆说:"港英政府倘有正当理由予以拒绝,我自可改计。但倘若无正当理由,为何坚拒我的请求?"毛勤虽是英国人,但通粤语,也读过一些中国书。于是对钱穆来了句古文:"君心如石,不可转也。"一下子点出了钱穆的性格和做事风格。他说此事只有等港英政府作最后决定。

不久,有朋友来告诉钱穆,他听港英政府的人说,新亚申请吴俊升入境，会横生波折，目前港督休假离港，两天后就会回来，专待他最后决定。他劝钱穆说："万一港督坚决不同意新亚的请求，岂不有损新亚的颜面？不如暂撤请求，再从长计议。"钱穆说："不就是再等两日嘛，我必等港督回来作最后决定。"

港督回来后，对他的部下说："我们暂且勉从新亚的请求，将来再有这等事，到时候再作商议。"第二天，毛勤一大早就来新亚，见到钱穆，连声恭喜，说港督已同意吴俊升入境，并已直接通知纽约英国领事馆，嘱其就近转告吴俊升，尽快收拾行装前来报到。毛勤又说："您为此事已经延迟了美国之行，等吴君来港后，您也可以整备出发了。"

等吴俊升来港后，钱穆夫妇于1960年1月18日正式出行。第一站为日本东京，由日本亚细亚大学负责接待。亚细亚大学校长是太田耕造，留学英国，曾任文部省大臣，战犯之一。他曾经来香港拜访钱穆，钱穆赠以《中国历史精神》一书。他读完后告诉钱穆，从来没读过如此见解，如此议论，深为钦佩。又对钱穆说，正筹备成立亚细亚大学，拟每年派送两学生来新亚学习，希望新亚也能派两学生作为交换。

太田耕造邀请钱穆在亚细亚大学演讲，钱穆有感于中日之间的战争，专门谈了中国的"人"字观念。他说，中国有一"人"字的观念，如称中国人、日本人、英国人、美国人等，可见同是为人，应该和平相处，而西方语言不如是说。演讲得到了太田耕造的共鸣。钱穆在东京最大的感受是，日本慕效西化，社会经济日益繁荣，而传统的风教礼俗则日见腐蚀。

在日本住了六天后，钱穆夫妇经夏威夷前往耶鲁大学的所在地——美国康涅狄格州的纽黑文市。耶鲁大学创办于1701年，是美国最古老的私立综合大学之一，与哈佛大学、普林斯顿大学齐名。第一个去西方求学的中国留学生容闳于1854年毕业于耶鲁大学的耶鲁学院，成为第一个获得美国大学学位的中国人。

钱穆在耶鲁大学讲两门课，分别安排在白天和晚上。听课的学生中有三个美国人，一个加拿大女生和一个中国人。另外在耶鲁大学服务的十几个中国人，大都是耶鲁语言学校的教师，也来旁听。东方研究系的华人教授李田意随堂担任义务翻译。晚上的国学课专为华人师生讲授，钱穆更可随意发挥，畅所欲言。

由于这些讲课对钱穆来说驾轻就熟，不需要多作准备，于是他另外拟定了两项计划：一是补读英文，阅读《现代历史哲学》和《希腊哲学》等书；二是撰写《论语新解》一书。

自汉代以来，《论语》成为中国人启蒙的必读书，然而要明白其中的精深微妙，又必须读注，因为"解《论语》，难在意蕴，不在文字"。在新亚创办早期，钱穆就曾开《论语》课，逐章逐句讲解。沈燕谋听讲一月后，发现钱穆所讲与《朱子集注》多有不同，于是建议钱穆另撰一书，以供国人广泛阅读。钱穆于是有意撰写《论语新解》。开始准备用纯粹的白话文写，但不久就后悔，因为用纯粹白话文无法透彻地表达出《论语》的深义，于是决心改写。只是新亚校务烦杂，一下子搁了将近十年。如今上课有余暇，钱穆决心速成一个初稿，以便返港后再续加改定。于是从以前成稿处继续往下写，等写完全书，再从头仔细修改全稿。在离开耶鲁之前，全稿基本完成，十年来的夙愿终于在异国他邦得以实现。

耶鲁讲学期间，哈佛大学也请钱穆去作学术演讲。其时，哈佛大学有荣誉教授杨联陞。

杨联陞（1914—1990），字莲生，原籍浙江绍兴，生于河北保定。他是华裔著名学者，国际知名的汉学大师。早年毕业于清华，曾听过钱穆的课，后来留学哈佛，留校任教，是哈佛公认的汉学界"第一人"。从哈佛燕京学社赞助新亚开始，杨联陞多次去香港与钱穆会晤，对钱穆和新亚研究所帮助很大。

钱穆在哈佛大学的东方学研究所演讲，题目是"人与学"，由杨联陞担任翻译。钱穆此时正撰写《论语新解》一书，所以演讲主要从《论语》中发挥，并述及中西治学的不同。他以宋代欧阳修为例，说人人都知道欧阳修是一位文学家，但欧阳修也研究《易经》，怀疑《十传》并非孔子所作，所以他在经学上也有绝大贡献；欧阳修又撰写《新唐书》和《新五代史》，因而在史学上也有贡献；读他的全集，有许多思想言论可以自成一家，因此欧阳修也可称为北宋一子。中国传统学问经、史、子、集四部，欧阳修已一人兼之。其他中国大学者也都如此。因此，钱穆得出结论说，中国学问主通不主专，中国学术界贵通人，不贵专家。如果专在一门学问上，其学术地位就低人一等。

钱穆在哈佛大学的这次演讲，吸引了不少中外学者，当时台湾"中央研究院"的李济也恰巧在座。这位"平时喜作青白眼"的考古巨子对钱穆的讲法很不以为然，有人注意到他当时的反应是"白眼时多，青眼时少"。演讲结束后，他盛赞杨联陞的翻译不错，把钱穆演讲中的"语病"都掩盖过去了。后来有人告诉钱穆，他此次演讲的录音带现在仍保留在哈佛大学。

钱穆的朋友余协中在美国的家离哈佛不远，钱穆夫妇常去他家中做客。有一天，十几个在剑桥留学的台湾青年学生，群集在余协中家中与钱穆见面。双方无所忌讳，畅所欲言。青年学生站在追求民主自由的立场上批评台湾"政府"，而钱穆则认为他们是站在美国的立场上进行批评，如果站在国家民族的立场上他们应该维护政府。讨论的结果，让钱穆感到与青年学生不仅有了代沟，而且有了不同国家立场的"国沟"。

时光荏苒，钱穆在耶鲁的半年讲学很快结束了。1960年6月13日，鉴于钱穆在学术研究和教育事业上的杰出成就，以及为中西文化交流作出的重要贡献，耶鲁大学特授予钱穆名誉博士学位。在授予仪式上，耶鲁校长特请李田意以中文辞作介绍。这是耶鲁大学历史上第一次在毕业典礼中使用中文。耶鲁大学的校长在颁授词中说：

钱穆先生，你是一个古老文化的代表者和监护人，你把东方的智慧带出了樊笼，来充实自由世界。你是新亚书院的创办人和校长，在教育中国青年的事业上，耶鲁是你的同志和拥护者。耶鲁大学鉴于你个人的天才，和你在学术上的成就，特授你以人文学博士学位。

这是钱穆人生中极其难忘的一天。当他从耶鲁校长手上接过学位证书时，全场响起了热烈持久的掌声。众多外国友人真诚热烈的祝贺令钱穆心潮澎湃。钱穆心想，虽然他们以前并不了解自己，也不了解新亚，但他们的热烈鼓掌，表达了对中国人的同情和尊重，所以令人非常感动。

在离开耶鲁前，钱穆的好友，耶鲁大学雅礼协会的卢鼎教授请钱穆去家中做客。餐后闲谈，卢鼎问钱穆："听说您在课堂上告诉学生，中国史学重人，西方史学重事。人为主，事为从，有这事吗？"钱穆答："有。"卢鼎又问："您的观点自然有道理。但其人必演出历史事件，才能成为历史人物，可见事也不当轻。"

钱穆答："这就是中西历史观念的一大不同。中国史籍分编年、纪事本末与列传三种体裁，但正史是列传体。其人之所以得成其事，不是靠事件自身可以说清。如孔子辞去鲁国的司寇，不知孔子其人，就不能理解其事。所以，不详细了解其人，就无法全面了解事件的前因后果。而且，在中国正史中，所记载的人物有许多并没有演出轰动的历史事件，尤其是很多女性人物。这就是中国人的历史观念，与其他民族不同。中国历史是一部人生史，或说是一部文化史，非限于政治。"一番宏论，让卢鼎点头称是。

钱穆夫妇在纽黑文的半年中，除了结识很多耶鲁文学院的教授，还结识了不少中国友人。异邦相遇，更觉情深意厚，感觉与国内大为不同。如耶鲁教授李田意，既为钱穆讲课作义务翻译，而且在日常生活中，钱穆夫妇大小一切事，几乎都由他从旁相助。又有一个翁太太，是新亚同事翁龄雨的弟媳，已寡居，当时也在耶鲁语言学校任教，也来钱穆课堂旁听。每逢钱穆上课，她将自己所煮的香浓红茶装在热水瓶中带来。钱穆坐在讲台上，有烟可抽，有茶可喝，享受着在国内讲堂上从未有的乐趣。

其他中国友人，难以一一缕举。每一家都邀请钱穆夫妇餐叙，也多邀其他中国人作陪。他们也常常来钱穆寓所闲谈。因此，钱穆夫妇在耶鲁的生活，实在是一片热闹，为国内所未有。所以临离去时，两人不胜惆怅。

天下无不散之筵席。1960年7月1日，钱穆夫妇离开纽黑文前往纽约，开始了为期两个月的美国漫游。钱穆在纽约印象最深的是听说了哥伦比亚大学开设丁龙讲座的故事。

有一次，他受邀为丁龙讲座作演讲，燕京大学旧同事何廉向钱穆详述了丁龙讲座的来历。他告诉钱穆，美国南北战争时，纽约有位将军退休后，一人独居。他脾气暴躁，喜欢骂人，所用的仆人，都不久就辞去。有个叫丁龙的山东华侨，前去他家受雇，也不久辞去。后来将军家遭火灾，当时已无仆人，丁龙得知后忽然赶来相助。将军问他为何重来，丁龙说，听说将军受困，中国孔子教人忠恕之道，特来相助。将军说，不知你是个读书人，知圣人古训。丁龙说，我家世代为农，都不识字，孔圣人的话是历代口耳相传。自此以后，主仆两人成为朋友。一天，丁龙得了重病，告诉将军说，我单身在此，衣食所需已蒙照顾，每月积下的薪水想全部还给将军。等他死后，将军将丁龙历年薪水，又增添巨款，捐赠哥伦比亚大学，特设丁龙讲座。他说："中国有如此人，其文化传统必多可观。"从此，这讲座就专为研究中国文化而用。

故事听到这里，钱穆不禁感慨，甚至有些愤慨，因为以前在大陆时，留美学者认识不少，其中很多人是留学哥大的，如胡适和冯友兰等人，但从没有听他们谈起过丁龙。他抱怨说："胡适等人鼓吹的新文化运动总是说礼教吃人，丁龙虽不识字，但也可说是受中国礼教影响极深之人，他的所作所为，何尝是吃了人？反而是美国人深受感动，特设讲座，成为美国大学提倡研究中国文化的第一个地方。国内许多人都主张全盘西化，却未注意到丁龙。似乎丁龙其人其事绝不曾在他们心中存留有丝毫影响，实在让人感到奇怪。"

在纽约游览一周后，钱穆夫妇又先后游览了华盛顿、芝加哥和大峡谷，随后来到了旧金山。他们住在华人区的旅店里，感觉就像回到祖国一样。张君劢听说钱穆来到旧金山，特意请他们去见面。然而，道不同不相为谋，双方不欢而散。

钱穆又受邀参观斯坦福大学，得知该大学有一个图书馆，专门搜集中国共产党的材料。他在图书馆恰好遇到了当年的北大校长蒋梦麟，两人谈了近一个小时。蒋梦麟对钱穆说："您的《国史大纲》我已读了五遍，不过书中似乎叙述国史优处太多，而劣处较少。"钱穆问："我叙述的优处有不对的地方吗？"蒋梦麟说："那倒没有。"钱穆说："既然没有不对的地方，为何不能多写？以往史书都是叙述治世则详，叙述乱世则略，我的书也是继承国史旧例。如今国人喜欢批评中国旧传统，却绝口不提它的优处，我想以此矫正国人的褊狭，您说这样是不是合理？"蒋梦麟再三点头称是。

离开旧金山后，钱穆夫妇又游览了西雅图、水牛城和加拿大的多伦多，最后返回纽约。休整一周后，两人离开美国，前往英国伦敦。此时，返回英国的富尔敦特来邀请钱穆夫妇去他家做客。

吃完午餐后，两人不免讨论起香港创办新大学的事情，谈到校长问题时，两人仍各持旧见，互不相让。晚餐后，两人继续谈香港新大学的校长问题，仍不得解决。第二天上午再谈，仍无结果。午后，富尔敦亲送钱穆夫妇返回旅馆，车上接着谈这个问题。久谈不下，钱穆不免有点生气，他严肃地问："难道在您眼中竟然没有一个中国人有资格担任大学校长吗？"富尔敦听完也变了脸色，勉强地说："这个问题就按您的意思办吧，就此决定，不要再提了。"此事于是就此决定。

钱穆在伦敦参观了牛津大学和剑桥大学。当他看到这两所大学的许多建筑设施和生活细节古风犹存时，倍感亲切地说："我向来听说中国人一直以好古守旧自谴，现在访问了牛津和剑桥，才知道英国人的好古守旧之心也不弱。如伦敦的西敏寺、白金汉宫和国会大厦，并排矗立，分别象征着神权、王权、民权，新的已来，旧的仍存。尤其是唐宁街十号，最可作为英国人守旧不变的典型例子。"他发现英国社会的闲逸之情远胜于美国，因此更喜欢英国，尤其喜欢剑桥的静谧宜人，坐在溪桥旁的小咖啡馆中，就像坐在苏州的茶室，久久不舍得离去。

离开英国后，钱穆夫妇又前往巴黎游览。游完凯旋门和拿破仑墓后，钱穆发现法国的政治情况、商业情况和英国大为不同，而闲逸之情又超过英国。巴黎到处都有咖啡店。坐在香榭丽舍大道旁的长排咖啡座上，闲看游客南来北往，把杯闲话，此情此景，巴黎独有。又有人携带长条面包在塞纳河边散步，此情此景，也只有在巴黎才能看到。这不免让钱穆生出一番感慨："富强谁不想，而闲逸谁又不喜？如今世人羡慕富强，则美国居首，英国次之，法国最后。如果寻求闲逸，则法、英、美次序倒转。如果二者像鱼和熊掌那样不可得兼，何去何从，则要靠世人自己选择了。"

钱穆曾到巴黎的一家山东小面馆吃饭，发现饭馆的碗、筷、汤匙、碟子，乃至桌椅陈设，都是近百年前的旧物。这些东西即使在中国北方，也不容易找全。所以钱穆非常好奇：这家饭店的主人，是如何几代人都能维护好这些旧用具的？中国食馆遍布欧美，钱穆夫妇此次游览品尝了很多家，但没见过如此古朴简陋的餐馆。钱穆不得不得出结论说，中国人的好古守旧，举世无双。

正当钱穆夫妇在尽情享受巴黎的闲情雅致时，忽然接到新亚的来信，说学校有事，请他们急归。于是不得不取消周游欧洲其他各国的计划，匆匆离开巴黎转赴罗马，作为此行的最后一程。

到了罗马，除了畅游古堡和教堂外，他们特意去参观了庞贝古城。晨夕往返，沿途所见，才知道意大利人的闲逸，远胜于法国人。只是意大利人的生活水平稍低，所以情趣不如法国。而意大利古迹的丰富，则是英法远不能相比的。站在古城前，钱穆感叹文艺复兴虽起于罗马，但终究受到传统的影响，不能与英法一样享受崛起的新运。因此，"古今新旧很难和谐地融合在一起"，成为钱穆游历英、法、意三国的深切体会。然而，他仍然坚信"人类文化贵能推陈出新，不当舍旧谋新"。

钱穆这次出国访学历时近九个月，结识了不少中西方汉学家，大大补救了他从未出过国给他治学视野带来的不足，也让他对西方文化有了直接的了解和认识。西方科技的发达和社会的富足给钱穆留下了难以磨灭的印象，但他并没有因此妄自菲薄，仍然一如既往地反对"全盘西化"，主张在中西文化融合中使中国文化推陈出新。

七、毅然引退

等钱穆夫妇匆匆赶回香港,才知道新亚内部为了十月十日悬挂旗帜的事出现了矛盾。少数人主张升旗,绝大多数人置之不问,而另有少数人加以劝阻。钱穆告诉他们:"国家民族精神的体究与发扬,是我们全校师生积年累月所应共同努力的方向。悬挂旗帜,只是一个仪式,不应为此使学校前程生波折,乱步调。"钱穆想到自己的欧洲之游竟然为这种事而中断,懊恼不已。

大学不久,富尔敦前来见面,问钱穆关于校长之事是否仍然坚持最初的意见。钱穆说:"我现在所争的是原则问题,他日再物色校长人选,我决不发表意见。"富尔敦点头不语。此事最终拍板。在协商校名的过程中,有人提议为中山大学,有人提议为九龙大学,其他还有很多提名,各执一词,莫衷一是。钱穆提议,不如取其英文名(The Chinese University of Hong Kong)的中文译名,直接叫"香港中文大学"。大家没有异议,此事就此决定。不过钱穆所谓的中文,不是指中国语言文字,而是指中国文化。

1963 年 10 月 17 日,新亚书院与崇基书院、联合书院正式合并成香港中文大学,从此新亚迁入新界沙田马料水。中大成立之初,各书院要求实行"联邦"制度,保持教学和行政

香港中文大学

上的独立性。崇基是教会学校,深受美国影响;联合是几方力量合成的,后来倾向于英国;只有新亚是以培养中国传统的知识分子为目标。港英政府当然不支持新亚,因为殖民政府的教育是以经济为本,培养殖民地所需之人才。

在当权人物故意下,"连日常校务会议也说英文"。钱穆渐渐感到,"若此番不辞职,便和平日所抱做人之理想不相符"。于是在中大成立40天后,钱穆提出了辞职。

在辞职的演讲中,钱穆讲到了近代禅宗高僧虚云和尚创寺的故事。他说:

我在几年前读《虚云和尚年谱》,在他已跻七十八高龄之后,他每每到了一处,筚路蓝缕,创新一寺,但到此寺兴建完成,他却翩然离去,另到别一处,筚路蓝缕,又重新来建一寺,但他又翩然离去了。如此一处又一处,经他手,不知兴建了几多寺。我在此一节上,十分欣赏他;至少他具有一种"为而不有"的精神。他到老矍铄,逾百龄而不衰。我常想:人应该不断有新刺激,才会不断有新精力使他不断走上新道路,能再创造新生命。

虚云和尚的创寺精神,实际上就是老子"生而不有,为而不恃,功成而不居"精神的体现。钱穆在新亚书院最困难的时候,从没有轻言辞职,他常以"只有新亚能不关门,我必奋斗下去"相激励,发扬"千斤担子两肩挑"的豪情,使新亚书院在忧苦中不断发展、前进。当新亚加入中文大学,学校的基础已经奠定,他却毅然引退,这种"为而不有"的精神,正是他所欣赏的虚云和尚的人生态度。不过钱穆的这一次辞职,为新亚董事会所挽留。不久之后,他再一次提出了辞职。

钱穆第二次向新亚董事会提出辞职,"甚至拒绝以退休的名义领取薪水",主要是现实原因的刺激。1964年1月,新组建的中文大学确定于秋季开学。钱穆为新亚两个教授力争公平待遇,与时任校长的李卓敏发生争执。钱穆认为,成立后的中文大学在薪金待遇上应等同于港大,因为"港英政府所发薪金,取之于港地居民之税收,以中国人钱,为中国养才,受之何愧?"正是基于这一理念,他为新亚教授求公平待遇,与新任校长争执了三个多月未果,感到不可忍受,于是再次提出辞职。

校长李卓敏说:"如果辞职,便无法补发新亚自成立以来未发的薪水,如果退休,则可以补领薪水,还能领一笔数十万港元的退休金。"但讲究士大夫尊严的钱穆宁可放弃大笔退休金,也要辞职以示气节。

他在辞呈中不满地说:"我之辞职乃正为表示一种总抗议,不仅为反对征聘教授举措不当,有关创办一所大学之理想与宗旨,有关创办一所大学之一切应有的向前的步骤,乃及其他种种重大的问题,至少李校长没有和我商讨过。我从旁观察,有许多该向李校长进忠告的,也没法进言。"

与此同时,新亚加入中文大学后,虽然学生毕业资格获得承认,教师待遇较以前也得到改善,但是新亚初创时期的办学精神和文化理想却在大学制度下渐渐消失,理想的真世界与现实的俗世界发生了冲突。既然理想不能实现,而实现的又不是理想,他对自己过去十多年中用心血浇灌的学校也就没有多少留恋之心了,对于世俗世界所谓的名誉、地位也就不再留恋了。

对于钱穆的急流勇退,他的弟子严耕望深表赞同。严耕望认为他的老师天才横溢,境界甚高,在50岁之前,就出版了几部极有学术分量的著作,如《先秦诸子系年》《中国近三百年学术史》《国史大纲》、《庄子纂笺》,皆为传世的不朽之作。50岁之后,正是学养成熟、精力未衰的重要阶段,当在学术上有更高的发展,达到新的境界。然而世局不安，被迫到香港办学，十余年间，耗尽心力，虽有著述，但多为讲录散论之类，与前期著述相比，大为逊色。在严耕望看来，兴学育人虽有功于教育文化，但那只需中人之资即可胜任，自己的老师明显是奇才浪掷，对于今后学术界当是一项不可弥补的损失。（参见严耕望：《治史三书》，第257页）

1964年7月，获新亚董事会同意，钱穆辞去新亚书院院长之职。只是董事会决定以1965年为正式辞职之年，这一年为休假之年。钱穆自1949年秋在香港创办亚洲文商学院夜校，到1965年夏辞去新亚书院院长之职，居港办学长达16年之久。他称这16年是他"生平最忙碌之16年"。此时钱穆71岁，旅居香港的办学生涯遂告终结。

钱穆虽然辞去新亚书院院长之职，但对新亚书院，尤其对他倾注心血甚多的新亚研究所仍然关心依旧。他多次致信杨联陞，希望哈佛燕京学社继续在经费上给以支持，并且每月到所做学术演讲一次，参加月会两次，对学生的论文指导及《新亚学报》刊载文章，仍"襄助参阅"，贡献一己之力。

辞职后的钱穆，在青山湾租得一所避暑小楼。此楼临海面山，环境幽静，远胜沙田旧居。夜半在枕上听海涛汹涌，满身轻松，有凌空仙去的感觉。钱穆在此制定了今后闲居生活的计划，第一项就是撰写《朱子新学案》。于是，他每日面对大海，眺望远山，开卷读《朱子全集》，为新的撰述作准备。

1965年7月，钱穆应马来亚大学的邀请，由夫人陪同赴吉隆坡讲学，主讲"中国思想史"。讲课之余，钱穆日夜阅览《朱子语类》。这是钱穆第二次通读全书。其间，与马来亚各地侨胞，以及文教界人士相识甚多，又在怡保、太平、槟城等处讲学，弘扬中国文化精神。

讲学之余，钱穆在学生陈启云的陪同下游览了当地诸名胜。陈启云是新亚研究所第二届毕业生,其毕业论文《两晋三省制度之渊源特色及其演变》由钱穆亲自指导。他后来在哈佛大学研究院获博士学位,是钱穆颇为器重的一位学生。此次赴马来亚大学讲学,陈启云刚好在此任教,每逢星期日,陈常驾车陪钱穆夫妇出游,饱览马来亚诸胜景。讲学计划原定一年,但钱穆不适应南洋湿热天气,胃病复发,不得不在1966年2月提前返港。

此时的新亚书院,虽归属于中文大学,但事实上与另外两个书院各自为政,形成松散的"联邦"。不久之后,港英政府决定将三个书院全部迁入沙田马料水,也就是如今中文大学所在地。"联邦制"终于逐渐改为"中央集权制",书院只承担行政职能,教学和人事则由校方统管。自此,这个抱着人文主义教育理想的新亚"不再是桂林街、农圃道时代的新亚",已经慢慢地从"宋明书院"转变为"现代大学"的一部分。

张丕介因此忧伤成疾而去世。不久,另一创办人程兆熊亦退出,到台湾觅教职。这时在中大的新亚创办人就只有唐君毅一人。唐君毅对新亚感情深厚,为维护新亚原有之精神,力挽狂澜,孤军奋斗。他多次独力进行抗争,但当局无视他的教育理想,使他受尽洋人之气。在当时中大,人事、口舌、是非、恩怨又极多。身处其中,自如炼狱,因此忧劳成疾。

1967年12月24日,是一个惨淡的日子,新亚书院董事李祖法、沈亦珍、吴俊升、刘汉栋、郭正达、钱宾四、唐君毅、徐季良、任国荣等九人发表辞职声明。其中有言:"联合制终于被弃,改为单一集权制……同人等过去惨淡经营新亚书院以及参加创设与发展中文大学所抱之教育理想无法实现……"

1973年,中大推出新的改革模式,新亚董事会完全丧失行政权力,原属之建筑物及不动产移交大学。至此,宋明书院到现代大学的转变终于完成。

第七章 定居台湾

> 我把书都写好放在那里,将来一定有用。
>
> ——钱穆

一、台北素书楼

1966年,"文化大革命"开始,香港的极"左"派也随之闻风起舞。钱穆在香港也感受到了动荡与不安。于是夫妇俩商量,决定赴台定居,"谋建一家,以求终老"。就在此时,蒋介石发起"中华文化复兴运动",力邀散居海外的大师级人物赴台"共襄盛举",在香港的钱穆,在美国的林语堂,在巴西的张大千,都成为蒋介石极力敦请的对象。

钱穆向来是蒋介石非常尊重的学者。早在1942年,蒋介石就曾在成都两次召见钱穆。钱穆回忆两人第一次见面时的情景说:"谈话不到数分钟,已使我忘记所有拘谨,权畅尽怀,如对师长,如晤老友,恍如仍在我日常之学究生活中。"

第二次蒋介石请吃饭,钱穆看见餐桌旁有两个座位,一个背对房门入口,一个在房间右侧,钱穆于是走向房间右侧的座位,但蒋介石让他坐背向房门的座位。钱穆不敢移步,但蒋介石反复相劝。最后侍者说,委员长之意,不可坚辞。钱穆才坐上背对房门的座位。侍者看见钱穆移座,就将桌上预放的两副碗筷互换,钱穆这才确知这个座位是蒋介石的,"心滋不安,但已无可奈何"。

蒋介石曾经问钱穆,为什么不从政。钱穆说,读书人不一定都要从政。蒋介石又问,关不关心政治。钱穆说,读书人一定关心政治,但我不愿从政,各司其职就好。蒋介石就此不再提及。

1950年,钱穆创办的新亚书院面临绝境,不得不去台湾向蒋介石求助。蒋介石慷慨解囊,答应从办公费中节省,每月支持新亚三千元,帮助新亚渡过难关。

决定定居台湾后,钱穆先是暂住在台北市区的"自由之家",不久租居于台北金山街,与此同时着手在台北自建住房。当时胡美琦抛掉了香港汇丰银行的股票,以这笔钱作为在台北的购地建房款。夫妇俩踏勘台北各处,选中翠林幽谷的外双溪。此地靠近台北故宫博物院,钱穆当时的想法是在此处定居,可利用台北故宫博物院丰富的藏书从事著述。

外双溪的上游为内双溪,发源于阳明山山脉擎天岗附近,先向南流后转向西,与菁礜溪(碧溪)汇合之后,成为外双溪。外双溪一带属于台北士林区,这里背山临溪,景色秀丽,环境幽静,的确是一个读书静修的好地方。从1950年起,蒋介石就住在这里的士林官邸。始建于1962年的台北故宫博物院,也建在这里。就连张大千建造私宅,同样选

台北素书楼

中这里。

选定地址后,钱夫人胡美琦亲自设计,绘制了房屋设计图。夫妻俩商定的新居,有两个特点:一是楼上有一条长廊,是把几间房间连起来的一个长廊,可供沉思与散步用,不像现在的房子就一个小阳台;二是书柜特别多,而且都是从底到顶。至于房子本身,只是一个简单的二层楼。楼下有一间客房、一个客饭兼用的厅。楼上一书房,一卧室,一小书库,仅此而已。

此事被蒋经国得知后,从胡美琦那里索去图纸,说"老师不必费心",由他交给阳明山管理局办理施工。在蒋经国督办之下,小楼很快就在外双溪建成,没收钱穆一分钱,只让钱穆象征性地每月付租金一元而已。钱穆酷爱树木花卉,迁入新宅后,院内的一花、一草、一木都由钱穆夫妇亲自栽植,慢慢地形成花木繁茂、绿荫参天的景观。

钱穆命名此楼为"素书楼",其缘由是钱穆17岁那年得了伤寒病,因误用药物几乎不治,是母亲朝夕不离,整整陪护在钱穆身旁7个星期才使他转危为安。这次重生的生命是母亲挽回的,因此,钱穆将台北的住宅取名为"素书楼",就是纪念当年在七房桥五世同堂第二大厅素书堂母亲护养的那番恩情。

钱穆此次接受台湾当局的礼遇,也是经过了一番深思。他认为国家礼贤下士,是中国自古以来的文化传统精神,属公非属私。士人接受政府礼遇,也是社会佳话,并非完全是他个人的光荣。

1968年7月,钱穆夫妇喜迁新居。此后,钱穆在素书楼住了二十三年,过着舒适、平静的晚年生活。"素书楼"也是他晚年写作、讲学的场所。素书楼一楼的左侧为客厅。客厅颇大,如同课堂,可容四五十人。从1968年素书楼落成起,至1986年为止,钱穆在家中授课,客厅即讲堂。

钱穆崇敬南宋思想家朱熹。在一楼客厅里摆设有朱熹像，以及朱熹所书"立修齐志、读圣贤书、静神养气"等字轴。二楼是书房和卧室。书房里有高大的书柜，墙上挂着钱穆手书的对联："新春来旧雨，小坐话中兴。"卧室内只有简单的两张单人床、床头柜、一个小梳妆台和放衣物的五斗柜。卧室之外有一条长廊，透过长廊的玻璃窗，可以看见"故宫博物院"绿色的屋顶。钱穆和夫人常常坐在长廊上闲谈聊天，欣赏美景。

钱穆在八十二岁时，曾经写下一首五绝，描述自己的素书楼：

开窗北山下，日出竹光朗。
楼中人兀然，鸟雀时来往。

钱穆定居素书楼以后，因为得地利之便，与同住在阳明山的林语堂往来频繁，成为晚年的挚友。

林语堂，福建龙溪人，现代著名作家，有幽默大师之称。与钱穆同年，都生于1895年。从处事风格而言，林语堂是个洋气十足的留美留德派，思想激进偏激，行为卓然不群，我行我素；而钱穆则是谦谦君子，思想传统保守，性情宁静，不喜躁动。让这样的两个人去深交并成为知己，那几乎是不可能的。但事实上，两人却能在晚年成为知己朋友，有着非同寻常的友情。

这是因为在钱穆看来，林语堂"在国外受教育，又在国外长期居留，以他外国语文之高深修养，不返国凭崇洋为炫耀，而却在国外宣扬祖国。只此一端，可谓为人所不为，堪当中国传统观念中一豪杰之称。迄今外国人，不论美、欧，乃及其他地区，多有对中国另眼相看的。他们约略知道，在此世界，有此中国和中国人之存在，语堂长期在美的这一系列成名新著，总不得谓其无影响"（钱穆：《怀念老友林语堂先生》，载《百年国士》，第32页）。因此把他引为弘扬中国文化的同道。

在日常交往中,钱穆也觉得林语堂的日常生活,言谈举止,洋气少,土气多,俨然不失为一个中国传统的书生。钱穆曾经参观林语堂的书房,发现书房内外堆满了中国古籍,但林似乎忘记了自己已是七十以外的老人,拥此书城,尚嫌不足,还时时向钱穆问这书,问那书,问何处有买,屡问不已。

而林语堂也对钱穆钦佩有加。他将钱穆看成是一位平正笃实的经师,看成是不持门户之见的史学家,看成是承前启后和嘉惠百世的专家学者。林语堂说:"宾四先生的学问,不能以训诂、章句、音韵之学视之。惟其他是史学家,所以他对中国文化、伦理、哲学,及学术隆替,三致意焉。"他对钱穆的《国学概论》和《中国近三百年学术史》尤为推崇,他说:"学者取此二者细读之,便知道钱先生十日乃一行,不肯放只字的工夫,然后知道他学问之精纯,思想之疏通知远,文理密察,以细针密缕的功夫,作为平正笃实的文章。"(林语堂:《谈钱穆先生之经学》,载万平近编《林语堂论中西文化》,第192页,上海社会科学院出版社1989年)

二、迟来的"院士"

1968年7月,在台湾中央研究院第八次院士会议上,钱穆以接近全票当选为"院士"。但这个荣誉称号对于钱穆来说,显然来得太迟。太迟的原因,是钱穆一直受到由胡适、傅斯年等人主持的台湾中央研究院的排斥。

钱穆与胡适、傅斯年的关系,可分为相互欣赏,逐渐疏离,公开决裂,以及受到排挤几个时期。

在钱穆1930年进京任教前后,那时钱穆治学的特点是,逐渐走出传统，与新学问接触并有所靠拢，试图用考证的方法，爬梳、整理中国古代学术。这使他的著述，得到科学考据派史家胡适和傅斯年的赞赏，成为当时"整理国故、再造文明"的学术主流的一部分。虽然他对中国传统文化的态度，与胡适等人有明显区别，但是还没有机会具体论述。

这正如他的学生所说："钱先生自民国十九年到北平以后，表面上他已进入中国史学的主流，然而他的真正立场和主流中的'科学'考证或'史料学'，又不尽相合。"

不相合的原因是科学考证派接受的海外学术影响较大，更多的是把历史研究作为一种科学研究，首先强调实证，用可靠的（当然，有时候是自认为可靠）史料作为证据研究历史的原貌，更多的是把还原历史真实作为主要努力方向。他们特别重视科学与道德之间的差异，就像19世纪法国史学家古朗士（1830—1889）所说："爱国精神是种美德，然而历史却是一门科学，两者不应该混淆。"傅斯年将"史料学"的观念发挥得淋漓尽致，提出了"史学便是史料学"的口号，并且号召史语所的研究者"上穷碧落下黄泉，动手动脚找东西"。

而钱穆更多是传统的学术思维，他的研究过程并没有跳出他所处的传统文化背景，继续用传统学术的一些思维去研究传统的历史文化，就像信教的人研究自己信仰的宗教一样，更多突出自己对研究对象的体悟与认识，即主观的判断，而对新史料、新方法采用的不是很多，与史语所学派所倡导的实证主义存在着较大的偏离。

1931年九一八事变以后，随着民族危机的加深，提倡科学史学最力的傅斯年，在当时也提出了"书生何以报国"的问题。他借助历史语言研究所的人力、物力，对中国古代文明进行田野考察，希望用考古发掘的事实来批驳"疑古"的论调。而对于东北的丧失，他则以写作《东北史纲》来驳斥日本政府认为东北不属于中原大陆的说法。只是由于写作匆忙，他的《东北史纲》里面包含不少史实的错误，由此引起一些学者的嘲讽，认为他一方面提倡"史学就是史料学"，另一方面又不尊重史料。但该事件说明，当时中国的学术界，几乎没有人可以对九一八事变无动于衷。

钱穆自然也不例外。钱穆希望通过对中国历史的考察，强调中国文化的长处和价值，树立国人的民族自信心，鼓舞国人的抗争士气。也就是说，由于时局的关系，钱穆逐渐改变了治学的方向，由"考史"转向"著史"。东北沦陷以后，由于民族主义的高扬，各校都遵教育部之命开设"中国通史"。傅斯年等人都支持这一课程，但在如何教授"中国通史"上，钱穆与傅斯年却有不同的意见。

从傅斯年的立场出发，现代史学的特征就是史家对史料的发掘和考证，以求得对某一阶段历史的认知。他说："历史学不是著史；著史每多多少少带点古世中世的意味，且每取伦理家的手段，作文章家的本事。近代的历史学只是史料学……"而从钱穆讲授中国通史的目的和内容来看，正好像傅斯年所批评的那样，其中既讲儒家的伦理道德精神，又追求文采和微言大义。所以从这个时候开始，钱穆与傅斯年的关系就逐渐疏远了。

与此同时，钱穆与胡适在老子的年代问题上，以及对儒家的认识上也是反复争论，分歧越来越大。有一年，系主任陈受颐休假，有人提议系主任是否由钱穆接替。胡适说："钱先生刚来北大时是副教授，现在已是教授了。"没有往下说。这个建议便搁浅了。

《国史大纲》的写作和发表，是钱穆与胡适、傅斯年等人公开决裂的一个重要标志。该书的出版，表明钱穆已经不再以"考史"为治学的主要手段，而是以弘扬中国文化、强调中国生生不息的历史文化精神为己任。他的《国史大纲·引论》就是这一立场的公开宣言。自此以后，一直未有改变。

有人指出："钱先生自《国史大纲》起才公开讨论中西文化问题。他以鲜明的民族文化的立场表明了他在学问上的'宗主。'"换言之，从那时开始，他已经决定公开向西化的思潮反击了。钱穆自己也说，写作《国史大纲》是他学术生涯的一个改变。《国史大纲》以前所为，乃属历史性论文，仅为古人申冤，作不平鸣。而《国史大纲》则是他声明立场，确定学问宗主的开始。

自从钱穆在《国史大纲·引论》中对科学考据派进行公开批评后，引起了胡适、傅斯年的强烈不满。从此双方形同陌路，相互攻击。如胡适做驻美大使期间，读到钱穆在《思想与时代》杂志发表的文章后，说作者是一位"从未出国门的苦学者"，其见解"多带反动意味，保守的趋势甚明"。

随着双方积怨的加深，1946年北大复校时，钱穆没有受到代理校长傅斯年的邀请。当时未收到聘书的原北大教员，大都是因为在抗战期间与日本有所妥协，而钱穆没有此等"污迹"，可见他与傅斯年在学术上的分歧，是他未获聘书的主要原因。

1948年初，傅斯年远在美国就医，多次接到关于院士选举的文件，等他8月从美国治病回来，国内形势已经不可同日而语，国民党政权已经江河日下，摇摇欲坠。就在这风声鹤唳、风雨飘摇的政局下，傅斯年依然积极组织并参加了中央研究院遴选中国第一批院士的会议。这次会议一共选出81名院士，囊括了各学科的顶尖专家。院士分人文、数理和生物三组。各组院士都是业界赫赫有名的顶级高手，生物组接近世界最高水平，数理组与世界顶尖水平不相上下，人文组几乎达到世界一流水平。

人文组的遴选由胡适和傅斯年各拟一个名单，胡适提名17人，傅斯年提名21人，相同的人选有15人。所谓英雄所见略同，两人都提名了郭沫若，虽然郭沫若政治立场与他们不同。但对治学门径不同的钱穆，他们却没有那么大度。在选出的81位院士中，人文组多达28人，却无钱穆的名字，甚至钱穆没有进入候选人的名单。所以这让后人诟病傅斯年有"学霸"作风。多年以后，钱穆还相当愤慨地对弟子严耕望说："民国三十七年第一次选举院士，当选者多达八十余人，我难道不该预其数？"

1949年，国民党政权在大陆的溃败已成定局。在傅斯年的主持下，"抢救"著名学者去台湾的计划也在紧张进行着。钱穆自然未被列入"抢救"名单之中，随着史语所迁台和傅斯年出任台湾大学校长，钱穆去台湾已无发展的空间，只能选择客居香港。

虽然分居港台，钱穆与胡适、傅斯年之间的对立有增无减。国民党退居台湾，钱穆等人反思其失掉大陆的原因，开始追究胡适的"思想责任"，认为胡适倡导的新文化运动破坏中国传统文化，造成"价值空白"，致使马克思主义乘虚而入，一发而不可收拾。这种口诛笔伐直到钱穆暮年也未停止。

新亚书院初创时，为筹措办学经费，钱穆常常奔走于香港与台湾之间。1950年冬，钱穆去台北。一天晚上，"行政院"院长陈诚在官邸设宴招待他，请台大校长傅斯年作陪。这可能是抗战胜利后钱、傅二人仅有的一次会面。两人不谈往事，而是"畅论有关前清乾嘉学术方面事"。此时的钱穆以弘扬宋学精神为己任，他与傅斯年对于乾嘉学术的理解已有本质的不同，两人的所谓"畅论"，恐怕是所同不胜其异。

1950年12月20日，一代"学林霸才"傅斯年倒在了台湾省议会厅的质询会上。在后傅斯年时代，科学考据派对钱穆的排斥并没有因傅的去世而稍减。

钱穆在致余协中的信中说:"台湾方面学术门户之见太狭,总把弟当作化外人看待,而且还存有敌意……胡适之在台中农院讲演,公开指名张君劢、唐君毅等四人之外,又把弟名字加进,共五人,谓此五人决不懂中国文化云云,亦可想见其意态之一斑矣。"在致徐复观的信中也说,"胡氏之害在意见,傅氏之害则在途辙",对胡适、傅斯年一派的不满溢于言表。这也是他在傅斯年、胡适有生之年,长期客居香江,不愿作迁台之想的主要原因。

1958年,胡适回台出任台湾中央研究院院长,时在历史语言研究所任职的钱门弟子严耕望认为,研究院不能网罗著名学人,令他的老师独树一帜于院士团体之外,已不应该;别人担任院长,事犹可谅,胡适为学界领袖,如果仍不能注意此一问题,更属遗憾。所以他勇敢地给胡适写了一封长信,陈述此项意见。严耕望在信中直率地说道:"我此番心意不是为钱先生争取此项无用的荣衔,因为先生学术地位,中外声誉早已大着,独树一帜,愈孤立,愈显光荣;但就研究院而言,尤其就胡先生而言,不能不有此一举,以显示胡先生领袖群伦的形象。"

胡适对严耕望的建议表示同意,在1959年台湾中央研究院第四届院士选举筹备会上,与在台的几位年长院士筹议提名,但少数有力人士门户之见仍深,提名未获多数通过。

对于此次院士选举,钱穆在1959年5月6日致学生的信中亦曾提及:"此次推选院士,台北方面事先亦有人转辗函告,窥其意似亦恐穆有坚拒不接受之意,唯最后结果据闻乃提鄙名而未获多数通过。穆对此事唯有一笑置之。穆一向论学甚不喜门户之见,唯为青年指点路径,为社会阐发正论,见仁见智,自当直抒己见。凡属相邀做公开讲演,穆岂能闭拒不应……穆自问数十年来绝意入政界,此下亦将如是,历年赴台邀讲演者多与政府有关,然如台大、'台中研院'岂闻有邀之讲演之事乎?"

信中又称:"数月前严君耕望来信,亦甚道胡君(胡适)对穆著书极表同意云云,其意似亦谓穆于胡适或有所误会。实则穆之为学向来不为目前私人利害计,更岂有私人恩怨夹杂其间。"

据说,在当时台湾中央研究院领导层中,对钱穆成见最浅的还是胡适,这说明当时的台湾中央研究院对钱穆这一类思想性学人的确有一种牢不可破的"成见"。

1964年,钱穆辞去新亚书院院长之职后,打算赴台定居,但仍然担心台湾主流学界对他的排拒。他在致萧政之的信中说:"穆流亡在此(指香港),衷心何尝不一日关心国家民族之前途,苟无此心,亦何苦在此艰难奋斗。至于在台久居,在穆岂无此心,然台湾学术界情形,吾弟宁岂不知?门户深固,投身匪易,而晚近学风尤堪痛心。穆纵远避,而谩骂轻讥之辞尚时时流布,穆惟有置之不问不闻而止。若果来台,岂能长此装聋作哑,然试问又将如何作对付乎!"

在20世纪五六十年代,台湾史学界的治史理论和方法基本处在史料学派的笼罩之下。台湾学者杜维运说当时"考据仍然是史学的主流,台湾中央研究院历史语言研究所可以说完全笼罩在考据风气之下,台湾大学历史系、历史研究所与考据有极深的渊源,学术著作的审察以及奖励,也以其是否有考据分量作最重要的标准之一"(杜维运:《二次大战以后我国的史学发展》,载《史学与社会科学论集》,第51—52页,台北明文书局1983年)。

曾经有人问长期在史语所任职的李方桂,治史有成的钱穆为什么没有被吸收为史语所的成员,李的回答是:"他搞的历史研究与我们不同,我们或多或少是根据史实搞历史研究,他搞的是哲学,是从哲学观点来谈论历史,因而跟我们搞的大不相同。"

在谈到钱穆与傅斯年的关系时,李说:"我想钱穆和傅斯年之间有些误会,肯定有误会。因为傅斯年的历史观更重史实,而钱穆的历史观则是某种哲学化的历史,所以他们彼此观点各异。这在任何地方都是一样的。比如在美国,两个教授观点如不一致,某所大学聘请了其中一位,就不会再聘另一位。这就是傅斯年为什么不特别赏识钱宾四之故。"(《李方桂先生口述史》,第62—63页,清华大学出版社2008年)

李方桂(1902—1987),著名语言学家,1948年当选为中央研究院第一届院士,长期在傅斯年主持的史语所语言组任职。他与傅斯年的关系并不太融洽,而与钱穆的交往却相对较密。抗战时,两人曾同在华西坝任教。1960年钱穆赴耶鲁大学讲学,钱穆夫妇还专程到西雅图李方桂家中拜访,在其家住了两周,关系相当亲近。对钱穆治史并不存在什么偏见的李方桂对他的评价尚且如此,那些门户之见甚深的科学考据派巨子对他的排拒便可想而知。

例如,可以科学考据派巨子、考古派的领袖李济为例。当年傅斯年创建史语所时,分为历史、语言、考古三组,由李氏出任考古组主任。傅斯年、胡适去世后,李济曾担任过史语所所长、台湾中央研究院代理院长。这位中国现代考古学派的领袖,恪守史语所"以事实决事实,不以后世理论决事实"的治学门径,反对谈思想、谈价值,凡是从事实去导出思想、价值,或以思想、价值去评判事实,都在他的排斥之列。

据徐复观回忆,有一次,许多朋友在一块儿吃饭,大家正在谈笑风生的时候,李济突然以轻蔑的口吻对他说:"徐先生研究中国的伦理道德,这在学问上算哪一门呢?"当时就引起了徐氏的强烈不满和抗议。李济对钱穆的治学方法更不以为然。如前所述,钱穆在耶鲁大学讲学,其间应邀到哈佛燕京学社演讲,李济也恰好在座。这位"平时喜作青白眼"的考古派巨子对钱穆的讲法深不以为然,当时的反应是"白眼时多,青眼时少"。

对于胡适、傅斯年一派对钱穆及其带有思想性的学人的排斥,当年与钱穆关系一度非常密切的徐复观发出了愤怒的声讨。他说傅斯年把台湾中央研究院历史语言研究所抢搬到台湾,并"抢救"了一部分学人到台湾大学,这是他很大的功劳。但是自傅斯年去世后的10年以来,这一批学人,"若从学术的思想性来说,有点像寺院里的尼姑,高贵而没有生育";"对于中国学问,真有研究而带有思想性的学人,如方东美、钱穆、陈康、唐君毅、牟宗三诸氏,一概都采取排斥的态度"。

徐复观认为台湾中央研究院对思想性学人的排斥所形成的门户壁垒极大地损害了学术的发展,他在给研究院院长王世杰的一封公开信中愤怒地抨击道:学术不能避免派系之争,但台湾中央研究院不能落入一派一系之手,所以我们要求有一个向纯学术开放的台湾中央研究院,要求一个向学术独立的方向努力的台湾中央研究院,凡固守派系立场的人,都应离开台湾中央研究院;凡在近十年没有值得称道著作刊行的人,取消他们评议员的资格和院士的资格。彻底改变院士的选举方法,被提名的院士,应先向社会刊布其被提名的著作,先经过社会的考验。史语所以"反思想"为他们学派的重大标志,他们在学术上还不能了解反思想即是反学术。他们不断的以学术上的霸占,捍卫他们的幼稚无知。所以严格地说,他们没有资格成为一个派系。台湾中央研究院应成立中国思想史研究所,以苏醒中国文化的灵魂。使孔、孟、程、朱、陆、王,能与"北京人"、"上洞老人"同样地在最高学术机构中分占一席之地。凡在这一方面有研究成绩的人,都应当加以罗致。

1966年夏,台湾中央研究院举行第七次院士会议,台北几位年长院士终于有所醒悟,同意提名钱穆为候选人。这时已在新亚书院任教的严耕望得历史语言研究所同仁的信函,请他就近征询钱穆的意见。钱穆对台湾中央研究院的长期排斥非常愤慨,竟然拒绝接受提名,严耕望只能通知院方撤销提名。

直到 1968 年 7 月，即钱穆定居台湾的第二年，台湾中央研究院举行第八次院士会议，钱穆才接受提名，以接近全票当选院士。严耕望称他老师的当选，"对于中国史学界，尤其对于台湾中央研究院意义重大"，它"象征中国学术界之团结，也一洗台湾中央研究院排斥异己之形象！"

三、"当代朱子"

"晚学得新知，汇百川以归海；忘年为述古，综六艺以尊朱。"1965 年的这幅自撰春联，表达了钱穆晚年决心以"尊朱"作为其一生学术的归宿。他晚年居台，用力最多、用心最专的就是研究朱子之学。

在钱穆看来，中国传统文化以儒家文化为主干。在儒家文化发展史上，孔子与朱熹无疑是两个承先启后、继往开来的杰出人物。孔子集前古学术思想之大成，开创儒学；朱子则集北宋以来理学和孔子以下学术思想之大成，使儒学重获生机，益臻光昌。

钱穆对孔子、朱熹推崇备至。他说："在中国历史上，前古有孔子，近古有朱子，此两人，皆在中国学术思想史及中国文化史上发出莫大声光，留下莫大影响。旷观全史，恐无第三人堪与伦比。"他早年对孔子多有研究，因此晚年最大的计划是研究朱子，撰写《朱子新学案》。

他认为研究朱子，"不仅为治中国八百年之学术思想史者一重大课题，实亦为治中国两千年来之儒学史者一重大课题。凡属关心中国文化大传统中此一主要骨干之精神所在，大旨所寄者，对于此一课题，皆当注意"。因此，他晚年以"尊朱"作为一生的学术归宿。

钱穆治朱子学的基本方法就是"就朱子原书叙述朱子"。因此，他研究的第一步就是从头到尾认真研读朱子的著作。朱子的著作可分为两大类：一为自著书，最为后世传诵的有《四书集注》、《周易本义》、《近思录》等；二为《文集》、《语类》，两书卷帙浩繁，合为280卷。

钱穆特别重视阅读《文集》、《语类》，他说："若专读其著述书，而不读其《文集》与《语类》，则如朱子教人常云吃馒头仅撮一尖，终不得馒头之真味。本人为《朱子新学案》，于其《文集》、《语类》两百八十卷书，逐篇逐条均经细读，乃见朱子著述各书，其精义所在，其余义所及，多为只读各书所未易寻索者。又见朱子为学之会通处，有在其各著述之上之外者。乃知不读《文集》、《语类》，即无以通朱子之学。"

钱穆第一次通读《朱子语类》，是在抗战时期的四川，当时他在华西大学任教，因胃病大发，卧床达数月。1944年夏，他在华西坝居处楼廊中置一沙发，白天卧其上，通读《朱子语类》。暑假移居灌县灵岩山寺，向寺中方丈借阅《指月录》全部。数月内，一气连读《朱子语类》及《指月录》两书，"对唐代禅宗终于转归宋明理学一演变，获有稍深之认识"。

1964年，钱穆辞去新亚书院院长一职后，在青山湾避暑楼中，又将朱子的《文集》《语类》通读一遍。此次通读用心在《文集》上，读《语类》费时仅两个月。1965年7月，钱穆去马来亚大学讲学，课暇之时，"尽日夜专读《朱子语类》"，这是他继成都华西坝病中通读全书后的第三次。在讲学期间，钱穆还撰成《朱子早年思想考》，这是他撰述《朱子新学案》过程中的第一篇文章。

1964年至1966年两年间，是钱穆撰写《朱子新学案》的准备阶段。钱穆自述，"其先读《大全集》，读《语类》，抄撮笔记，做准备工夫，亦历二年"。在阅读《文集》和《语类》时，钱穆边读书边摘录书中要旨，并加以分类，共得三千余条。这三千余条涉及广泛，几乎包括朱子学的各个方面，为他正式撰写《朱子新学案》打下了扎实的材料基础。

1966年2月，钱穆返港后在沙田寓所里正式开始了《朱子新学案》的撰写。他主要就前两年阅读《文集》《语类》所录笔记，分专题阐述。

钱穆此项研究得到了哈佛燕京学社在经费上的资助。钱穆在卸下新亚书院校务后，曾以个人名义向哈佛燕京学社提出撰写《朱子新学案》的三年计划，希望能得到经费上的补助，作为日常生活费的来源。由于哈佛燕京学社的补助对象一向都是学术机构，不是个人，这就给该社出了一道难题。后来，在杨联陞的鼎力帮助下，才使这一破天荒的申请案得以顺利通过。因此，在撰写过程中，钱穆常与杨联陞通信，报告写作进展，讨论问题。杨联陞建议《朱子新学案》除在朱子思想、学术部分用力外，还须研寻朱子学对此下的影响，得到了钱穆的采纳。

1969年11月，钱穆在素书楼完成了《朱子新学案》的写作，先后历时近四年。这是他一生中最长的单部著作。分五卷两大部分。第一、第二卷为思想之部，由理气和心性分而论之，讨论宇宙本体之形上学；第三卷为专论，详析详解详察朱子思想之发展及其在当时理学界之地位；第四、第五卷为学术之部，以经、史、文学三足而辉映成章。此种架构，条清缕晰，贯通了朱子思想之渊源、要义及演进，将全面认识朱子之学提升到一个新高度。

钱穆在书中颠覆了长期定位于朱子身上的哲学家、思想家之限，以思想、经学、史学、文学之四脉，全方位还原朱子的哲学家、思想家、史学家、文学家本色，大力彰显朱子纳吐百家、博采众长之儒宗气魄，使其与孔子呈双峰对峙之势。

在正式出版之前，钱穆又续写《朱子学提纲》一小册，作为全书的概论。这篇提纲集全文论点、思想之精粹，以诗化的语言，对儒学史、中国学术史进行了简明扼要的归纳与概括，其匠心其凝练其深刻，举世无二人能及。正如杨联陞所称赞的:"钱先生的中国学术思想史博大精深,并世无人能出其右,像这样的《提纲》,胡适之先生恐怕是写不出来的。"

1971年9月,《朱子新学案》由台北三民书局正式出版。出版后立刻在海内外汉学界引起广泛共鸣,成为一部享有世界声誉的中国文化名著,有不少学者据此把钱穆尊称为"当代朱子"、"新时代的新朱熹"。

钱穆自谓此书是"晚年一惬意之作"。弟子严耕望说:"我对朱子虽然所知甚浅,但观此书立论与辨析过程,无疑为先生晚年又一部境界很高而论证密实必可久传的大著作。"

著名学者杜维明评价说:"钱穆在阐释朱熹之学上确实作出了重大贡献。自从王懋竑的《朱子年谱》在18世纪出版以来,在中文著作中,还没有哪一部作品对朱熹的思想和学术作出过这样广泛深入而且又慎重负责的研究。从钱穆的五卷著作中所呈现出来的朱熹的形象,表现了汉学文献中难以找到的完整性。钱穆这种整体性的观点,无疑将为今后评判对朱熹的各种偏见提供资据。毫无疑问,朱熹的哲学在牟宗三的《心体与性体》中得到了更明白的分析;朱熹的生平历史则在王懋竑的《年谱》中得到了更生动的描绘;但是,对朱熹的伟大体系的完整构图,我们是在钱穆的著作中找到的。钱穆的著作做到了把朱熹在整个儒学传统中承前启后的主要关系都加以了展现。"

当然,也有学者指出,钱穆对朱子偏爱有加,一味回护,绝少批评,而对象山、阳明等"心学"人物则颇多贬斥,态度有失公允。朱子固然伟大,其体系固然宏伟,但并不能尽包象山。钱穆一再强调治学要破除门户,但他自己一味回护朱子,贬斥陆王,有些地方已经陷入他自己所竭力反对的门户意气之中而不自知。

四、弦歌不辍

1969年《朱子新学案》成稿后，钱穆接受张其昀的邀请，担任中国文化学院史学研究所教授，以及首任博士班班主任。

张其昀是钱穆相交数十年的好友，一向将钱穆视为兄长。1949年他邀请钱穆入港办学，成为新亚书院的最初由来。居台时期，他颇得蒋介石的器重，曾任国民党高官。

自新亚书院创办后，钱穆每年必到台北与他会晤，各项学术会议也多参与；凡新亚书院事，有所请托，他也无不应允，对新亚书院的支持，可谓不遗余力。张其昀在任期间，曾请钱穆担任文化教育访问团团长带队赴日本访问。钱穆定居台湾后，张其昀也多有帮助。

1962年3月，张其昀从"国防研究院"卸任后，在台北阳明山华冈创建了一所私立大学——中国文化学院。他以"质、朴、坚、毅"为校训，以通才教育为培养目标，以"承东西之通统，集中外之精华"为办学理念，深得钱穆的称赞和欣赏。当时钱穆正在全力撰写《朱子新学案》，因得到哈佛燕京学社的津贴补助，不好再就他职，于是婉谢中国文化学院礼聘之意。不过他答应到学校作学术讲演，以答谢张其昀的好意。1969年书成，张其昀又来相邀，于是接受了他的聘请。

此时的钱穆已逾古稀之年。为了照顾他的身体，校方答应他在素书楼家中上课。从此，素书楼就成了"铁打的营盘"。在学生这些"流水的兵"中，有人坚持18年连续听课，从学生听成教授，又带着学生来听课。每次听课学生们按辈分或与先生同桌，或坐在厅内一隅。通常座位不够，钱夫人胡美琦总是一一张罗。安坐完毕，这时济济一堂的学生们

钱穆晚年授课情景

安静地听老师侃侃而谈,每次钱穆的"大鸣"都让学生们接受一次文化的洗礼。

当时来素书楼听课的人很多,除中国文化学院的研究生外,还有台湾大学、台湾师范大学等校的研究生,以及一些已任职的社会人士。据台湾学者阮芝生回忆,1969年秋,他刚升上台湾大学历史研究所博士班二年级,听说钱穆在家中授课,于是央请所长许倬云介绍,与张元、徐温、孙铁刚等诸友前往素书楼旁听。"上课之时,室内一片宁谧,先生坐餐桌前,神情肃穆泰然,缓缓开讲,三四十双眼睛齐向前投视,静听先生'通古今,究天人,合内外'地谈着世事、人情与学理……九时课毕,来者各行所获,满心欢喜而出。在黝黯的夜色中或月光掩映下走出素书楼的大门,隐约之间常有经历一次心灵洗涤的感觉。"

从1969年夏至1971年夏的两年中,钱穆为中国文化学院博士班的学生讲授中国史学名著课,共讲了两次,每次12讲,从《尚书》一直讲到章学诚的《文史通义》。在第二次讲授时,台湾大学学生戴景贤来素书楼旁听,将讲授内容录音,再加以整理,从1970年12月起,陆续在中国文化学院的《文艺复兴》杂志上连载。1973年2月，《中国史学名著》一书由台北三民书局正式出版。

《中国史学名著》是一本简明的中国史学史著作，钱穆从学科史的角度，以点带面、提纲挈领地勾勒出中国史学发生、发展的过程，阐发中国史学乃至中国学术的精神与大义。该书不仅阐述了中国古代史学名著的内容、体例和主要成就，而且还将自己几十年的治学经验与方法融入其中。

例如，他在第一讲中说："当知做学问本来是要工夫的，没有不花工夫的学问。诸位每做学问，好问方法，做学问最大第一个方法就是肯花工夫。"又如，他在讲《史记》时说，每次读完书后"要有一番掩卷、深思，这是做学问千万要记得的一个习惯，或说一番工夫。能学到这一点，做学问一项很大法门已开在这里了"。

像这样的治学经验，犹如散落的珍珠，在《中国史学名著》中随处可见，给人以启迪与深思。所以，戴景贤听完此课后说，"当时感觉，乃如登宝塔，一级还胜一级；又如环山而上，柳暗花明，一景未去，一景又来……尤深叹师每逢上课，仅据各书之序言、目录，即用以剖辨源流，可谓令人叹为观止。余后知留心目录之学，亦始自此课获启示"。

讲完"中国史学名著"后，钱穆又为文化学院史学研究所的学生改开"宋明理学"、"朱子学"、"经学大要"、"中国学术思想史研究"等课。在1971年秋至1972年夏的一学年中，他给学生讲周濂溪的《易通书》，朱子、吕祖谦合编的《近思录》，以及元代刘因所编的《朱子四书集义精要》三书，阐发宋代理学家的共同要义。边讲边写札记，最后合编为《理学三书随札》一书，交由台北东大图书公司印行出版。

理学三书讲完后，钱穆继续为史学研究所的研究生讲授中国思想史，由晚间授课改为下午4时上课。据当时在台湾大学中文系读书的何泽恒回忆:"我初去听讲的那一年,已在学期中,当时宾四师正在讲中国思想史。一进素书楼,客厅便是讲堂,早已黑压压坐满了一屋子人。当时有一不成文规矩,宾四师坐在圆形餐桌旁讲课,只有文化大学正式选修的研究生才有资格围坐于圆桌旁,旁听的学生则在客厅他处自行觅座听讲。宾四师给我的第一印象是身材不够高大,但却'望之俨然',自有一股威严。讲课开始时,声音颇为舒缓,偶然啜一口盖碗茶,或划一根火柴,点燃烟斗,但往往刚把烟斗点着,才吸得一口,便又将烟斗搁下,继续讲课。渐渐声音转趋激越,直是中气十足;讲到吃紧处,有时用烟斗轻敲桌面,有时则干脆用手来拍,真是'听其言也厉',闻者无不动容。"

钱穆讲中国思想史,以孔孟、宋明儒学为主,旁及老庄,尤于心性之学多所发挥。就讲堂所讲内容,撰写成文,共得30篇,陆续在《文艺复兴》杂志上刊出。因上课在素书楼,对着外双溪,而所讲的内容"又多为时人所少言者",于是把该书取名为《双溪独语》。稿成后由台湾学生书局出版。

1974年秋,钱穆为中国文化学院研究生开经学大要课,共32讲,一年讲毕。钱穆晚年有意写一部简明的中国经学史,故决定先开一门经学课,上堂讲授,然后再依据讲辞整理成书。但此工作在他生前并未完成,留下一大遗憾。经学大要讲稿后来经听课学生和夫人胡美琦整理,今收入到《钱宾四先生全集》第52册《讲堂遗录》中。

钱穆晚年授课时,有弟子问起其四十年前所著《中国近三百年学术史》,钱穆空手而谈,其人名、书名、学说,不下数百种,皆如数家珍。每谈一人,必言其乃某省某府人,又必言其亲族师承,交游何人,较何人年辈为先为迟,长迟多少岁,等等。其记忆之清晰与要言之不烦,常令人叹为观止。

受聘中国文化学院后，钱穆又应台北故宫博物院院长蒋复聪的邀请，以特聘名义担任研究员。台北故宫博物院就在素书楼对面，蒋复聪特辟一个研究室，使钱穆在其中遍读《四库全书》中宋元明三朝理学文集，并有相关撰述。

不久，台湾孔孟学会来邀请钱穆写孔子、孟子两本传记。钱穆因为以前写过《论语要略》《孟子要略》两书，又因此引申推广写出《先秦诸子系年》，近年又完成《论语新解》，感觉对孔孟两家所知尽此，此事似乎应由他人去做，于是婉却。没想到对方强邀，钱穆不好推辞，于是开始写《孔子传》。

在写作时，钱穆发现自己虽然"学问门径多，撰述范围广"，也时有心得，但都有待进一步深入。所以交稿后，意犹未足，感到愧疚。没想孔孟学会召开评议会审稿时，认为其中若干说法不同于主流意见，要求钱穆修改。

这一下让钱穆大为不满，他心想，学术著作不比行政事务，怎么可以由会议决定，学术著作应由作者本人负责。古往今来稽考孔孟的生平和事迹，意见分歧，抉择取舍各有不同，而自己的稿子，也是字字斟酌，语语谨审，集几十年个人研究心得，也算有据有证，并非另创新说，怎么可以听凭评议桌上一二人的点评，就放弃自己的主张；即使自己主张孔子并未撰写《易传》，既是自己毕生的主张，也是依据前人陈说，远有来历。此事即使未臻定论，也可申诉自己的意见。

于是，他要求将原稿退回，获得了对方的同意。他想到此稿也是经过了一年的辛苦，而且自认有所创见，所以不忍弃置。刚好有记者听说孔孟学会评议会批评此书，于是特来访问。钱穆把事情的经过告诉了记者，经记者披露报端后，出版社争相要求出版此稿。钱穆对他们说，此稿印行，不仅是我钱穆一人的私事，也牵涉宏扬孔道。他指着一位出版商说:"他最先来索稿,而且他们出版社不算知名,我把稿子交给他出版,请大家见谅。"于是,此稿由此付梓。

这是钱穆生平第三次遭遇"出书难"。第一次是《先秦诸子系年》,由顾颉刚推荐给清华大学列入"清华丛书",但冯友兰批评该书体裁不当,让钱穆修改,钱穆不愿,转送商务印书馆印行。第二次是《国史大纲》,经当时政府出版委员会审查,指令钱穆修改书中"洪杨之乱"一章,后经钱穆的争持,才按原稿印行。第三次就是《孔子传》,本来是应对方的反复请求才写稿,没想到审稿时遭到指责,要求修改,又遭到钱穆的拒绝。钱穆因此感叹道:"著书不易,出书亦未易也。"

钱穆撰写《朱子新学案》时,又曾随手选钞爱诵的朱子诗为一编。此时,恰好中日恢复邦交,台湾被逐出联合国,消息频传,令钱穆心情不安,不能宁静读书,于是诵读邵雍、陈献章等人的诗聊作消遣。后来又增王阳明、高景逸、陆桴亭三家,编成《理学六家诗钞》一书。钱穆在宋、元、明、清四代理学家中,爱诵之诗不少,惟以此六家为主。每当钱穆吟诵这些诗,如出自己肺腑,也是人生一大乐趣。

1975年,钱穆把居港台时期所发表的有关中国传统学术方面的论文汇编成《中国学术通义》,由台湾学生书局出版。钱穆在书中认为文化不能与学术相分离,欲了解中国文化传统,即不能不了解中国的学术传统。所以该书集中从经、史、子、集、学术方法、学问德性的学术整体上,来阐述中国传统学术所具有的独特价值和演进途辙。

随后,1976—1979年间,钱穆又全力编《中国学术思想史论丛》,共八册。第一、第二册为上古至先秦;第三、第四册为两汉魏晋南北朝和隋唐五代;第五册至第八册则起自两宋,迄至清代。主要收集钱穆一生的散篇论文。每篇文章钱穆都亲自阅读,小作改订,而大体上则保持旧貌,但所费精力也不少。等编到明代,钱穆因患目疾,排印后已不能亲校。清代一编，则未能逐篇亲自阅读，直接付印。

其他有关学术思想史方面的散篇论文，汇为专集者，有《庄老通辨》、《两汉经学今古文评议》、《灵魂与心》等书。有关中国文化的，除《文化学大义》外，还有《中华文化十二讲》、《中国文化精神》、《民族与文化》、《中国文化丛谈》、《中国文化与世界局势》等。有关文学方面的，则仅有一册，即《中国文学讲演集》。他希望国人能喜欢中国旧文学，多读中国古书旧籍。他毕生写作，都是在为国人读古书旧籍开门路。而他自己"爱读古文辞，爱诵古诗词，则终生不变不倦"。

晚年的钱穆先生

五、八十忆亲友

时间的流逝可以冲淡许多往事，但有一种情愫是永远割舍不去的，那就是亲情。即使有一天，亲人离去，但他们的爱却永远留在人们心灵的最深处。

转眼之间，钱穆已近80高龄。1974年夏，夫人胡美琦陪钱穆南游台湾。先住梨山宾馆，又转武陵农场，再转天祥，最后经花莲，先后住四处，共八日。在这八日中，钱穆写成《八十忆双亲》一书，怀念父母教养之恩和兄长扶持之情。

钱穆在书中深情地说，这是他一生之中最值得怀念的东西，也是他生命中最有意义最有价值的所在；自己的八十年生命，深根固柢都在这里。他感念自己毕生苦学，勤读勤写，始终是一书生，未尝改变；然而，国事则始终在大变之中，即使自己的家庭也是如此。

他感叹在《八十忆双亲》中所讲的话，三十年前在大陆时无暇告诉子侄，现在希望写在书中告诉他们，但又不知他们何时能看到文章，又不知他们看到后作何感想。他很感伤对往事的回忆，已无旧日亲友可说，只能常常向夫人倾诉，可是夫人对他所讲的东西，都无一面之缘，难以产生共鸣……

《八十忆双亲》发表后，众多报刊竞相登载，那一句句朴实无华却情真意切的话语深深地打动着读者的心。美国史学家邓尔麟读过后深受触动，他认为钱穆在文中所展现的中国传统文化精神和价值，可帮助西方人充分感受和了解中国传统文化的魅力。

在《八十忆双亲》之后，钱穆又完成《师友杂忆》一书。书中详细记载了钱穆一生中所遇之师友和所遭之机缘，亦文亦史，亦庄亦谐，娓娓道来，感人至深。

钱穆认为自己对于学问著述有所成绩，都是靠师友的帮助。否则孤陋独学，难有今日。即使有时师友与他途径相异，意见相左，但他山之石，可以攻错，对他也有启发和帮助。他说，所有他能追忆的，都是他的真生命所在。而在记忆之外的，则非他的真生命。因为这并不是凭自己的好恶加以选择，而完全是靠记忆记录而成。

书中用了很多篇幅记述他的教学生涯，追忆他同许多著名学者的交往、友谊以及学术思想上的异同。所记师友，都是在现代学术史中有所作为、有所贡献的学者。对于后来的人们，了解20世纪学术界人士的音容笑貌和思想言行，乃至整个民国学术史，都是弥足珍贵的史料。

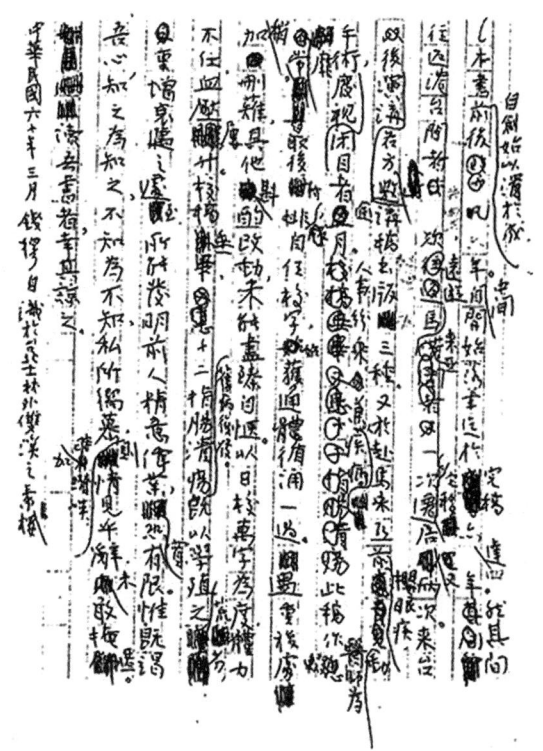

钱穆《八十忆双亲》手稿

　　该书近 20 万字，自钱穆 83 岁高龄开始撰写，88 岁完稿。撰写这书时，钱穆双目已不能见字。夫人胡美琦辞去文化学院兼课，帮忙抄稿改稿，夫妻俩足足花了五年时间才完成他这本自传。

　　该书出版时与 1974 年所著《八十忆双亲》合刊，影响很大。如著名学者朱学勤评价说："《八十忆双亲》、《师友杂忆》那样的书名，未及开卷，就让人体味到儒家的生命观照，是那样亲切自然：身体发肤受之父母，精神生命则发育于师友，两种生命皆不偏废。"又说："钱穆以研究中国文化史著称，他的回忆录本身就提供了一部中国近代文化变迁的

可信注解。"(朱学勤:《想起了鲁迅、胡适与钱穆》,《作品》1996年第1期)

两书出版后,钱穆怀念逝去的父母,想念昔日的师友,更思念自己留在大陆的三子两女,思念自己的长侄钱伟长。可惜三十年来,如居隔世,音讯难通。

1980年,86岁的钱穆终于和儿女们重新取得联系。他们通了几封信后即匆匆约在香港见面。此时离钱穆1949年只身南下,已经整整32年。当年钱穆与张一贯结婚之后,从1931年至1940年先后生有四子二女,其中第四子早夭,三个儿子分别为钱拙、钱行和钱逊,两个女儿为钱易和钱辉。南下广州时,子女们都未成年。

尤其是幼女钱辉,生于1940年,出生时钱穆在四川成都,未能见其生,抗战胜利后,又去云南昆明任教,所以钱辉在父亲身边的时间很少。等钱穆南下广州时,她未满九岁,尤让钱穆感愧未能尽到一个父亲的责任。所以他在给幼女钱辉的信中说:"我对你们兄妹五人,最感负疚的是你。因我离家,你年太幼,我未尽少许为父之责,但我离家亦出不得已。此三十年来,我写了几百万字的著作,自问对国家民族前途有贡献。只有如此向你们道歉,盼你们能原谅。"

1980年8月底,钱穆的三子钱拙、钱行和钱逊,以及幼女钱辉,坐上了前往香港的列车。等到见面的那一刻,当钱穆的子女们跟着黑压压的人群从香港红磡车站出来后,正在东张西望地寻找时,胡美琦先凭着照片认出并招呼了他们。他们发现在继母胡美琦旁边站着一个身穿长袍的老人,那就是与他们分别了三十多年的父亲。

此时钱穆因患有青光眼,视力模糊,他常常走到子女们身边,从近处审视每一个人,不时"晤晤"说着,好像奇怪他们怎么会一下子变大了,变老了。虽然子女们头发已见花白,但他依然把他们当作孩子,每天,他先自己正襟危坐,然后令子女们挨次坐下。他问他们每个人的经历、生活、读什么书,当他知道子女们都是小学、中学、大学教师时,十分高兴,连声说"很好,很好"。知道十个孙子和外孙都在重点中学和大学读书,更是眉开眼笑。谈到子女们遭遇过的艰难困苦,钱穆歆歆说:"吃点苦没有什么,我希望你们做好一个中国人,用功读书做学问。"

1981年,钱穆夫妇两人再去香港,见到了长女钱易和长侄钱伟长,相聚半个月。特别是与侄子钱伟长的见面,使他尤为激动。在1949年的那场人生抉择中,叔侄俩各自选择了不同的路。钱穆选择离开大陆,钱伟长则留在清华大学,迎接新中国的诞生,从此云水相隔,天各一方。此次见面,钱伟长才得知叔父在1949年以后的情况。钱伟长也向钱穆介绍了自己在新中国成立后的复杂经历。钱穆听完侄子的叙述后也不加评论,只是说:"你不莽撞,我就放心了。"

在见面时,钱穆还特地向侄子讲述了他父亲生前圈注的《资治通鉴》失而复得的故事。钱伟长的父亲钱挚喜读史书,有手圈明版《资治通鉴》一部。钱穆在北平任教时,将兄长的圈注本带在身边,视为珍藏。抗战胜利后,他未返北平,所藏5万册书流散坊间,这其中就有钱伟长父亲的《资治通鉴》圈注本。他居港办学时,新亚书院在当地旧书店购书,得《资治通鉴》一部,一看正是其兄生前的圈注本,手书笔迹清晰可辨。他告诉钱伟长,这部书现在藏在台北素书楼,以后一定想办法还给他,因为这是他父亲遗留下来的唯一书籍。多年以后,圈注本由钱夫人胡美琦转交给了钱伟长。

钱穆此次能够见到自己的长女和长侄,离不开新亚院长金耀基的大力帮助。早在1977年夏天,新亚书院新任院长金耀基想为新亚创设一学术讲座,以钱穆的名字冠名,想每年邀请对中国文化有研究的中西著名学人一位,来新亚作演讲,想请钱穆作为该讲座的开讲人。金耀基的计划得到广大师生、校友以及大学内外友人的热烈反应和支持,很快就筹集到港币40万元。为此，金耀基专程赴台拜谒钱穆，敦请他入港讲学。由于金耀基的坚请，钱穆决定忍着日益严重的胃病和眼疾，扶病而行。

1978年，钱穆在夫人的陪同下，扶杖赴港，担任钱宾四先生学术文化讲座第一讲的主讲人。钱穆重返新亚，受到了中文大学校方及新亚书院的热烈欢迎，书院举行了隆重的欢迎仪式来迎接这位曾作出过重大贡献的创始人。金耀基在欢迎词中说：

我们以钱宾四先生之名名此讲座，固然为感念钱先生创院建院之功德，但亦因钱先生为当代学术巨子，在学术文化上有超卓贡献。钱先生著作宏富，真正称得上著作等身。先生许多书，皆已成经典，必将传之百世。

钱先生正式受学，不过中学，而却能卓然成家，领袖学界，群推为一代宗师，形成学术文化上之大气候，诚学术史上罕有之现象。以钱先生之名名此讲座，应该是最恰当不过。

钱穆在新亚演讲的题目是"从中国历史来看中国民族性及中国文化"。这实际上是钱穆近三十年来治学的总方向。演讲共分六讲，每周两次，为时三周。除第一讲引言和第六讲结论外，主要由"中国人的性格"、"中国人的行为"、"中国人的思想总纲"和"中国人的文化结构"四讲构成。

钱穆认为中国人重人文性、后天性、和合性多于分别性，他以"通天人、合内外"、"统之有宗，会之有元"作为中国人的思想总纲。他认为中国人的文化结构偏重于道德与艺术，其中儒家偏近道德，道家偏近艺术，"儒道两家，一正一反，得成为中国文化结构中之两大主干，乃中国人生两大精神之所在"。钱穆称此六次演讲的内容是他"三十年向学一总题"、"数年来运思持论之大纲领所在"。

在重返新亚书院的演讲中,除大力弘扬中国文化的基本价值外,钱穆仍不忘对全盘西化思潮作不遗余力的批评。他说中国千万不应该想用连根拔起并摧毁过去遗产的"文化革命"方式来得到解放,它只能透过中国文化本身,不管它的好坏都应面对它,中国人的未来实植根于中国固有文化。

钱穆在演讲中反对全盘西化,但又不拒斥西方文化。他说:"今日我中国人及中国自救之道,实应新旧知识兼采并用,相辅相成,始得有济。一面在顺应世界新潮流,广收新世界知识以资对付。一面亦当于自己历史文化传统使中国人之成其为中国人,与夫中国之成其为中国之根本基础,及其特有个性,反身求之,有一番自我之认识。然后能因痛求药,对症下放。"

针对有人批评他太看重中国文化,钱穆在演讲中坚定地回答道:"中国文化是中国的,西洋文化是西洋的,我是中国人,我当然看重中国文化。"他向师生大声疾呼:"你是中国人,不要忘了中国,不要忘了中国的文化。"

钱穆在新亚书院讲学一月,吸引了大批听众,极一时之盛。据金耀基回忆,他在新亚书院主持过多次学术讲座,他的夫人很少参与。唯一例外的是,钱穆的六次讲座,她次次都在座,并且听得津津有味。他说:"钱先生的演讲,是名副其实的又演又讲,并且深入浅出,曲曲传神。他自己讲得很投入,听众也投入,无怪乎当年他在北大成为最受欢迎的教授之一,而有'北胡南钱'之说。"

当年钱穆在离开新亚书院的辞职演讲中说,他目前正在从事朱子学的研究,将来有机会重返新亚书院,他会抱着研究朱子的书稿回来。14年后,钱穆果真兑现了自己的诺言。他这次不但重新回来讲学,而且还与夫人一道带来了《朱子新学案》的手稿,送给新亚书院钱穆图书馆展藏。

金耀基代表新亚书院接受这份礼物时说,这是一份无比珍贵的礼物,这份礼物的意义是学术性的,也是历史性的,一间伟大的学府,要能垂之久远,除以制度为重外,还须靠人物赋予风格与精神。而最能传人物之风格与精神的莫如其书稿,"我们能得到钱宾四先生的书稿,则五百年后新亚的后之来者,亦得于摩挲手稿之余,想见创校者一番创校之苦心与理想,而有所奋发,而兴见贤思齐之心,岂不美哉!"

当年钱穆怀着极不愉快的心情辞职离开新亚书院,又带着诸多的委屈与遗憾离开香江,十多年后,在新亚书院院长金耀基的诚恳敦请下重回新亚书院讲学,这多多少少弥补了过去的遗憾。金耀基入主改制后的新亚书院,以其特有的魅力和学术行政才能,把新亚书院办得有声有色,特别是举办钱宾四先生学术文化讲座,邀请中外著名学者前往香江讲学,扩大了新亚书院在国际上的影响,重续了它昔日弘扬中国文化的志业。

钱穆与夫人在素书楼

晚年的钱穆对此也多有称赞。他说:"桂林街时代的新亚像是小学生,农圃道时代像中学生,现在才变成了真正现代大学的大学生。"在致金耀基的信中也说:"兄接任新亚职瞬达八年,新亚一校精神命脉赖以不坠,此不仅对新亚有大贡献,即对港台教育界亦为益匪浅",对改制后的新亚书院在传承新亚精神方面给予了很高的评价。

演讲完成后,新亚方面怕钱穆劳

累，让他多休息。后来将演讲的随堂录音，以及相应的文字稿，一并寄到台北。胡美琦为钱穆再开录音机，钱穆随处加以改定，再由胡美琦笔录成书，交由香港中文大学出版。在钱穆去香港前，已稍能执笔作字。只是写下一字，即不认识上一字，必须由胡美琦誊正，读给钱穆听，再加改定。他晚年目盲后大多数文章都是这样完成的。

对于夫人的照顾和帮助，钱穆在给幼女钱辉的信中写道："你们继母，姓胡名美琦，今年52岁，我们结婚已二十五年，但未有子女。她亦以教读为生，最近和我同在一大学里任课，亦有几本书出版，最具学术性的是《中国教育史》……我此数年来，双目失明，但还能写稿，都由你继母先誊正再改定。若非她，我此两年亦不能再写此许多稿。"表达了对夫人的感激之情。钱穆在信中特别嘱咐女儿："黄埠出瓜子，勿忘带一小包给你后母一尝。"

说起师母的贡献，钱门弟子严耕望说："先生壮年时代，虽体魄强健，但为传统书生，不能自我料理生活。'抗战'期间，辗转后方，无家人照顾，常致胃病大发，苦受折磨。直到香港成婚，生活始上轨道。夫人笃爱情深，加又心向学术，以为维护先生健康，即为学术尽一分神圣责任，故于先生起居饮食，精心照顾，意趣情怀，体贴入微。伉俪情浓，老而弥笃，旧新友生，同声归美。"钱门另一个弟子何泽恒也说："大凡到过素书楼的人，无不承认钱师母对宾四师的贡献。确切地说，没有师母，便没有宾四师的晚年。"

钱穆晚年常常是写完一篇得意的文章就会得一场病。亲戚朋友都劝胡美琦限制钱穆的用功时间。他们说钱穆辛苦耕耘了一辈子，已经是垂垂暮年的人，也该休息休息享享清福了。胡美琦心中虽感激他们对钱穆的爱护，但从来没有限制过他的读书写作。

1981年，金耀基邀请钱伟长与钱易到香港新亚书院讲学，借此机会与钱穆在港重逢。数十年未见的叔侄、父女,在香港中文大学宿舍里共度了半个月的天伦之乐,了却了多年的夙愿。

就这样,钱穆在两年内终于分别见到了自己的五个子女和长侄。但自己的三个媳妇和两个女婿,以及自己的十个孙儿孙女,却未能见到,也未能见到自己的侄媳和侄孙。钱穆感念,自己以穷书生,初意在乡里间得衣食温饱,家人和乐团聚,心愿足矣。不料现在这也成为奢望。自己余年无多,不知何年再得与其他未相见者见上一面。这成为钱穆余生唯一的期望。虽然古人说,老而不死是谓贼。但钱穆虽然自认年老,却仍愿为贼偷生,以等待与未见亲人的相聚。

皇天不负苦心人。1984 年,是钱穆九十岁寿辰。这年 7 月,钱穆夫妇前来香港参加新亚书院为他举办的寿庆活动。在新亚书院院长金耀基的精心安排下,他的儿女和孙辈,也从大陆赶来拜寿。7 月 7 日晚上 7 时,新亚书院校友会暨新亚教职员联谊会借尖沙咀弥敦道 26 号国宾酒店联合为钱穆举办寿筵。

钱穆的子孙、新亚书院校友会及教职员百余人参加了寿宴,这恐怕是钱穆一生中最为高兴、也最为难忘的一次生日宴。寿宴后,钱穆和子孙入住新亚书院会友楼学人宿舍。会友楼面对吐露港,一湾静静的海水,在湛蓝的天空下轻轻浮荡着。钱穆身穿白纺绸短衫,盘坐在沙发上,与大陆的二子、二女、一孙子、一孙女,团聚一堂,共享天伦之乐。

1985 年,新亚书院院长金耀基赴大陆,钱穆得知消息后致信于他:"极盼返港后能有机会与兄一晤,亲听尊见,必能更展新知,此则穆所深望也。"流露出他急于想了解大陆情况的心情。当他得知金耀基要去无锡、苏州时,特别高兴,嘱咐他游览苏州拙政园、网师园等名园之外,不要忘了去耦园。他当年在耦园隐居,老母弱子,其乐融融,是一生中最快乐的时光。

第八章 隐入历史

中国近百年来,国运与文化,都一蹶不振。然而,几千年的文化精神,终究孕育了几位为中国文化作后卫战的学术巨人,宾四先生是最后走的一位。——许倬云

一、现代中国的士

钱穆曾经对新亚书院的学生们说：所谓"士"，乃是有理想而能肩负道义之人，不以恶衣恶食为耻。从他对"士"的定义中，可以看出传统的"士"，或者说士的精神，有三个特征：第一是要有理想；第二是能肩负道义，能把理想付诸实践；第三是不以恶衣恶食为耻，不谋求个人物质享受。

在钱穆看来，士的精神，就是中国文化的精神，也即中国历史精神。"士"就是中国文化的传播者和弘扬者。他说："中国的文化精神，要言之，则只是一种人文主义的道德精神。"而这种道德精神主要体现在中国知识分子，即"士"阶层身上。又说："士"十足地表现了中国文化传统之完整性，担负着中国社会人群之所以成其为社会人群之"理想"。"欲复兴中国文化，又乌得不复兴中国传统之所谓士？"

他是这么说的，也是这么做的。不仅终身宣扬着这种士的精神，而且毕生实践着这种士的精神。

从有理想来说，钱穆认为"士"作为中国社会的中心，应该有最高的人生理想，应该能负起民族国家最大的责任。更重要的，是在他们的内心修养上，应有一副宗教精神，时刻不忘民族文化道统之维系。他在演讲中宣称："今天我对中国历史的看法，在我自己，已像宗教般的一种信仰，只要有人肯听我讲，我一定情愿讲出我知道的一切。"

从担负道义、付诸实践来说，钱穆虽然一生没有参与实际政治，但一生传道授业，始终承担着为中国文化延续命脉的使命。他说，"今日之国运，吾侪从事学术教育工作者皆不得辞其咎"。短短一句话，道出了"以天下为己任"的胸襟。

创办新亚书院，使钱穆真正有机会实践他理想中的"新国士"的培养，他以"宋明书院讲学精神"培养学生，就是要恢复宋明士大夫"心忧天下"的担当意识。有一次，他在素书楼家中为学生授课，讲课将毕，他更加直截了当地说："其实我授课的目的并不是教学生，而是要招义勇兵，看看有没有人自愿牺牲要为中国文化献身。"

再从不以恶衣恶食为耻而言，所谓"士谋道而不谋食"，钱穆认为一个士应该志于道，不事生产，不考虑他私人及其家庭的物质生活享受。钱穆虽然姓"钱"，但他脑中装的全是中国学术文化，却没有一个"钱"字。

钱穆不善于或者不屑于理财，常以孔子所说的"君子固穷"自勉。当年钱穆从新亚辞职时，校长李卓敏劝他用退休的方法，就可拿到数十万元退休金，即使只是十多万元，也是一笔可观的数目，但钱穆为维护士大夫尊严，坚决要求辞职。否则用这笔钱投资一个房产，夫妻俩晚年就不用挨苦了。

钱穆晚年任职文化学院和"故宫博物院"后，各得 1 万元台币，仅能过俭朴清淡的生活，自无积蓄可言。结果在 1990 年被迫迁出素书楼后，连买一间两房一厅的小居所亦无法凑够首付，幸好有家书局讲义气，预支一笔版税才得以买成。钱夫人胡美琦于 2013 年 3 月病逝于老人院，因家中养病根本请不起佣工。

晚年的钱穆，有一次在台北素书楼给学生讲课，当讲到什么是"读书人"，什么是中国的"士"时，他有感而发，激动地说："外边有人说我是什么史学大师，又是什么国学大师。我哪里只是研究史学，其实我最喜爱的是文学。我哪里要当什么大师,其实我心里真正想做是要做一个现代中国的士。"

钱穆认为,今天中国的知识分子,接受了西方的权利观念,没有接受他们的宗教精神,只讲个人权利,不讲仁爱和牺牲,于是"四民中少了一民——士",社会骤然失了中心,变成了一个没有重心、失去灵魂的社会。所以他大声疾呼,在当今的社会里,应重新恢复"士"的精神来做社会中心的主持与领导,应弘扬"士"的精神来重建民族文化之"道"。

(陈勇:《国学宗师钱穆》,第 313—314 页)

二、告别杏坛

1986 年 6 月 9 日下午,92 岁高龄的钱穆在素书楼为中国文化大学史学所博士班的学生上告别讲坛的最后一课。他以"正视历史、胸怀中国"为题,发表告别演说。消息传来,老学生们纷纷回台共襄盛举,曾是新亚书院学生的台大教授逯耀东,曾是北大学生、担任过台湾"警政署长"的孔令晟,担任国民党文工会主任的宋楚瑜,都赶赴外双溪素书楼上课。东吴大学历史系主任也带着十几位学生赶来旁听。

在告别杏坛的最后一课中,钱穆意气风发,思如泉涌,神采不减当年。他在讲授中谆谆告诫众学子:"最要一句话,我劝诸位'你们不要忘了自己是一中国人',这是一切大本大源之所在。第二点,要根据这本源来规定自己学问路向,来改良社会风气。"

为了表彰钱穆在学术和教育上的杰出贡献,台湾当局在 6 月 20 日晚为他举行执教 75 周年荣休纪念会。"行政院"院长俞国华在"行政院"接待室以晚宴款待钱穆夫妇,并赠予"鸿儒硕望"镜屏;"教育部"也赠予他"一代儒宗"的贺匾。

虽然已经告别杏坛，但钱穆依然笔耕不辍。1986年11月，钱穆完成了一生中最后一部著作——《晚学盲言》。《晚学盲言》是钱穆在两眼已盲的情况下，费时六年撰写的一部著作，也是他晚年最重要的著作之一。

钱穆70岁时，已患青光眼，自此目力日减。1977年冬，胃病剧作，几乎不治。1978年春，有一天起床后，两眼已不识人，不见字。眼科医生束手无策，只是说能暂时不全盲就已万幸。

钱穆自此再也无法读书看报，枯坐无聊，偶有所思，就拿起笔来摸索着写在纸上。状态好的话一上午能写四五百字，一天可写八百至一千字，连续四五天可写成一篇文章。只是写这一个字的时候看不到上一个字，经常字与字重叠，出现误笔。有时忙于应酬，或体力不支，间隔时间一长，往往忘了以前所写，又不能看到成稿，所以顿时不知从何下语。勉强成篇，也不知何处重复，何处缺漏。只能等胡美琦抄录后诵读一遍，两人才能一字一句地增删改定。70余万字的《晚学盲言》就是在这样的困难状态下断断续续、却又兢兢业业地写成的。

全书共90篇，分三大部分：一为宇宙天地自然之部，二为政治社会人文之部，三为德性行为修养之部。虽然书中每篇各自独立，但宗旨一以贯之，就是讨论中西文化的异同，弘扬中国文化精神。可以说，此书是钱穆自40年代以来从事中西文化比较研究的一个总结。

大陆学者傅杰在评价此书时称："这部经过6年笔录口授、反复增修至92岁高龄完稿的《晚学盲言》是他的天鹅之歌，也是他对国家民族之一腔热忱的集中体现"，"年登耄耋的作者自知其书不免'漫天条理，又语多重复'，不可能像他的早年著作那样结构严整，文气磅礴；但好处是意兴盎然，所涉广泛，纵横开阖，娓娓而谈，更容易使不同的读者得到不同的收获"。

"问我何所有,山中惟白云。"钱穆教读一生,甘于淡泊,视富贵名利如浮云。他自称:"由小学中学而大学,上堂教书,是我的正业。下堂读书著书,是我业余的副业。"从18岁初登讲坛,到92岁告别杏坛,再到告别讲台后著述不辍,充分体现了他学而不厌、诲人不倦的精神。与胡适、傅斯年、张君劢等人相比,他们是两种不同类型的学人,前者介于学术与政治之间,热衷于政治,而后者自始至终是一位纯粹的学者,一位勤勤恳恳的读书人。

柳无忌在纪念钱穆的文章中说过这样一段耐人寻味的话:"在我认识的一些前辈学人中,颇有几位走上了学而优则仕的道路,而宾四(钱穆)却能终身守住其学术岗位,著作等身,诲人不倦。他实践了儒学的理想,有气节,有操行,那些善变的新儒家不能与他同日而语。"(转引自陈勇:《钱穆传》,第353页)

三、最后的澈悟

小时候

乡愁是一枚小小的邮票

我在这头

母亲在那头

长大后

乡愁是一张窄窄的船票

我在这头

新娘在那头

后来啊

乡愁是一方矮矮的坟墓

我在外头

母亲在里头

而现在

乡愁是一湾浅浅的海峡

我在这头

大陆在那头

晚年的钱穆在怀旧与展望的时空里踽踽前行。和他同居一岛的诗人余光中,早年以《乡愁》一诗名播海内外,他的"乡愁"在煎熬了近半个世纪后,终于有了登上大陆化解离愁的机会。而对于钱穆来说,那"一湾浅浅的海峡",却只能在梦里神游,魂里飞渡。

在《读书与游历》一文中,钱穆自述说:"我是江南太湖流域人,上有天堂,下有苏杭,洞庭西湖,名胜古迹,庙宇园亭,人情风俗,花草树木,饮膳衣着,自幼浸染,一到外地,亦懂得欣赏新异,但总抹不去我那一番恋旧思乡的情绪。"在《晚学盲言》中,他深情地提到苏州的园林、杭州的西湖,还一往情深地回忆起无锡荡口的酒酿铺、北平的肉铺、昆明的米线锅、成都的豆花店、苏州城中的稻香村和采芝斋……

正因为如此,钱穆对两岸的时局非常关心,希望两岸能够早日和平统一,他也能够早日回到太湖边隐居。1986年3月,他应台北《联合月刊》的请求,发表了《丙寅新春看时局》一文。他站在一个历史学家的角度,发表了对时局的看法,提出了两岸和平统一的主张。

他说:"我是研究历史的,我更看重历史的传统文化精神。我所说的'和平统一',是根据我一生钻研历史对传统文化的了解而言,这是我们的民族性。将来的中国,不论由谁一政府来领导,我认为如果此一政府违背了历史文化传统文化的民族性,恐怕都难以成功。这个原则是可信又可预知的";"就中国民族文化前途之大原则大理想而论,则大陆与台湾终必统一,更应是一和平的统一。不能专就眼前事状,而抹杀其理想大原则之所在。这是我民族我国人当前最当努力注意一问题。"

钱穆对"台独"思想一贯持批评的态度,认为"台独"主张对中国历史毫无所知,必无出路。他在文章中说:"我认为此下的中国,只有全中国和平统一始是个大前途大希望,说是台湾'独立',或大陆与'中华民国'永远对立,这在原则上讲,是非理想且不可能的。"此文刊出后,备受注目。《人民日报》也摘录刊出,这是钱穆离开大陆几十年来文章首次在内地报纸上刊出。

1989年9月28日,是香港新亚书院创校40周年庆,新亚来信请钱穆写篇纪念文,并邀请钱穆夫妇赴港与新亚师生共同庆贺。此时钱穆已九五高龄,且正在养病之中,所以钱夫人想婉言谢绝,就与钱穆商量。没想到钱穆不以为然。钱夫人说:"你不能走路,怎么上飞机呢?就是用轮椅,也得自己要能走几步才行。"钱穆立刻反驳说:"你没有送我去机场,怎么知道我自己走不上飞机呢?"钱夫人于是说:"如果你肯每天在廊上走几步,到时我一定陪你去香港。"

过了两天,钱夫人忽然发现,钱穆自己一个人悄悄地在楼廊上开始散步了。于是赴港参加新亚书院创校40周年庆的事,就这样决定了。

到了香港以后,除参加新亚安排的三次聚会外,钱穆夫妇都在旅店中休息。有一天早晨,钱夫人正要扶钱穆出门散步,钱穆忽然紧握夫人的手,笑着说:"这几天我一直在思考一个大问题,我发明了一个从未想到的大发现,真高兴,等下我要讲给你听。"在过道散步时,他又告诉夫人:"我今天发明了中国古人'天人合一观'的伟大。回家后,我要写篇大文章了。"又说:"这将是我晚年最后的成就了。"

他正说得高兴,钱夫人忽然脱口而出:"'天人合一观'你不是早已讲过多次了吗?你怎么自己忘了呢?"钱夫人以为丈夫记忆力衰退,忘记了自己从前讲过的话,而误认为是什么新发现。钱穆对夫人的误解显然不太开心,立刻说:"讲过的话,也可再讲。理解不同,讲法也不同。哪里有讲过的话就不许再讲的呢?"但也不再往下说了。

当天下午,新亚书院的老同事罗梦册夫妇,学生叶龙、唐端正、梁思朴、刘若愚以及当时在新亚研究所读书的几位学生到旅店去看望钱穆,他立即神采奕奕地把新近澈悟的"天人合一观"讲给他们听。他说:"我近来悟到了一个人生的最高真理,是以前所未曾想到的。人生的最高真理是'天人合一',人生自天,这是中华民族最高的教训,是中国最高的宗教思想和宗教信仰,西方人是没有此一观念的。我们应向普天下传讲,把中国三千年、四千年的传统文化一口气用一句话,把人由天生的道理讲述出来。"

钱穆这一讲便是两个小时,除讲的声音较以前低沉了一些,偶然有一些重复的语句外,其浩浩荡荡如长河直泻般的思维与敏捷的口才比以前毫不逊色。可惜的是,大家除了感染到钱穆的好兴致,为他的健康高兴外,也未能了解到钱穆的真意。到了晚上,钱穆自己仍兴奋不已。

10月1日,在由港返台的飞机上,钱穆又一次向夫人提起了他最近体悟的"天人合一观"。他说:"这一趟去香港真好,想不到我竟在这趟旅行中,发明了我自己从来没有想到的大理论。我已经九十五岁了,还能有此澈悟,此生也足以自慰。"

回到台北后,钱穆想把他的大文章写出来,但始终没有真动笔。1990年,是中华书局创办80周年,欲编一本讨论中国文化方面的学术论文集以资纪念,主编向钱穆约稿,他这时才决定将晚年的澈悟诉诸文字，公之于世。可钱夫人深感当时的学术风气不求律己，但求责人，恐怕钱穆再写文章会惹来闲气，不得不再次扫他兴，又一次提醒他"天人合一观"是他早就讲过的，劝他写了不必发表，自己尽兴就好。

钱穆对于夫人的不理解颇觉失望，他长叹一声说："学术是不能乡愿的。我从前所讲，和现在所讲，大不相同。我从前虽讲到'天人合一'的重要性，我现在才澈悟到这是中国文化思想的总根源，我认为一切中国文化思想都可归宿到这一个观念上。两者怎能相提并论。这是我对学术的大贡献啊！你知道吗？"

直到此时，钱夫人才终于引起了足够的重视。于是由钱穆口述，由夫人笔录，几经修改、增补，最后在他搬出素书楼的前三天，终于完成了生平的最后一篇文字《中国文化对人类未来可有的贡献》。钱穆在文中说：

中国文化过去最伟大的贡献，在于对"天""人"关系的研究。中国人喜欢把"天"与"人"配合着讲。我曾说"天人合一"论，是中国文化对人类最大的贡献。

……以过去世界文化之兴衰大略言之，西方文化一衰则不易再兴，而中国文化则屡仆屡起，故能绵延数千年不断，这可说，因于中国传统文化精神，自古以来即能注意到不违背天，不违背自然，且又能与天命自然融合一体。我以为此下世界文化之归趋，恐必将以中国传统文化为宗主。

这是钱穆最后的心声。他认为"人生"的意义就在于体证"天命"；"人生"的价值就在于成就"天命"，在"人生"之外别无"天命"。"人生离去了天命，便无意义价值可言"。"人生"的最高境界是在"体悟"天命的基础上实现"天人合一"。他认为这是"中国文化对人类最伟大的贡献"。

文章写完后，钱夫人怕文章太短，不合适在论文集上发表，又担心钱穆未能多加阐释，怕读者也会和自己当初一样，体会不到作者的用心。没想到钱穆认为这是世俗之见。

他说："学术思想岂能以文字之长短来评价，又岂可求得人人能懂、个个赞成？不懂的人，就是你写一本书来说明，他还是不会明白。能懂的人，只要一句话，也可启发他的新知。我老矣，有此发明，已属不易。再要作深究，已非我力所能及，只有待后来者之继续努力。我自信将来必有知我者，待他来再为我阐发吧！"钱夫人听完后深受感动。

四、落寞中离世

钱穆90岁生日那天，他的学生们在素书楼为老师祝寿，老人点燃一根烟后，晃了一晃手中的火柴，火柴渐渐熄灭。他说人生真的就像这根火柴一样，摇一摇，不知道什么时候就会熄了，活到我这个时候有了体会，其实人生真的是很辛苦的，需要努力活过每一天，所以你们要珍惜你们的现在。

古人说，寿则多辱。随着蒋介石、蒋经国父子的去世，民进党在台湾崛起。当时民进党作为在野党，千方百计地攻击执政的国民党。尽管钱穆本人晚年埋头书斋，并不过问台湾政治，但是这位国学大师毕竟是蒋氏父子"礼贤下士"的象征性人物，而素书楼是蒋氏父子的厚礼，于是钱穆和素书楼也就成了民进党攻击国民党的靶子。

1988年，钱穆轻微中风，加上年事已高，两月不能起床，不能正常进食。在清华大学环境工程系任教授的长女钱易，这时正以访问学者的身份在荷兰阿姆斯特丹的德福特工业大学从事研究工作,听到父亲病重,心急如焚。

好在此时台湾当局已开放大陆民众赴台探亲,虽说规定的条件相当严格,从大陆直接赴台的手续也相当烦琐,但钱易是从阿姆斯特丹这个"第三地"前往台湾探亲,所以很快获得了台湾当局的批准,从而使钱易成为两岸分隔四十年来第一位赴台探亲的大陆人士。

当钱易飞越阻隔两岸同胞四十年的海峡,踏进父亲生活了二十多年的素书楼时,兴奋、激动的心情难以形容。她直奔二楼,一下子扑倒在坐在楼廊藤椅上的父亲的面前,大声地喊道:"爸爸!女儿来了!女儿看望您来了!"钱穆满脸笑容,抚摸着女儿的手说,"好!好!你终于来了!"

能和女儿在外双溪素书楼共聚天伦,让钱穆激动而欣慰。此后几天,94岁的钱穆醒来便问:"我的女儿在哪里?"有一天钱易为他洗澡擦背,钱穆连说:"好舒服呵!这是我女儿第一次为我擦背!"钱易不禁泪水盈眶,哽噎得说不出话来。

有一天,当钱穆听到女儿细数家乡景物的变迁时,黯然地说,"看来我是回不去了"。钱易听了心酸,赶紧安慰他说:"好好保养身体,父亲是能够回去的。"

钱穆希望女儿这次来台是趟单纯安静的旅程,民进党却在钱家一偿难得的天伦之乐时把枪口悄悄对准了钱易。民进党中常委陈水扁首先发难,称钱易在入台时,"隐瞒"了曾经是共青团员的身份。紧接着,民进党又进一步"揭发",称钱易是中共党员,曾经在政协任职。于是有人要告钱穆"知匪不报"。1988年底,台湾最高法院检察官孙长勋为此还发出传票,要钱易依期到庭应讯,从而引发轩然大波。

钱穆一生以弘扬中国传统文化为己任,对于孝道天伦自是看重,骨肉生离，让他情何以堪！钱穆对此痛心地说："这些人已经完全抛弃了中国的文化传统，他们不理解为什么我的女儿会从这么远的地方来看望父亲，他们是不承认父女之间的亲情的。"最后，还是钱穆作出决定，在未接到传票前，提前两日乘飞机离台返回荷兰。等钱易向钱穆鞠躬告别时，他的面容立即凝重起来，竟然没有对钱易说一句话，而钱易一开口也是泣不成声……

"钱易风波"刚刚过去，"素书楼风波"接踵而至，民进党继续炮轰钱穆。1989年，当时担任台北市议员的周伯伦，指责钱穆"非法占用市产"。在民进党党内，流传着所谓的"一长二仁三伯伦"，即谢长廷、丘义仁与周伯伦，他们被称为民进党内"最聪明的三颗脑袋"。周伯伦这颗民进党内"最聪明"的"脑袋"之一，在台北市议会中提出，钱穆所住素书楼是公共财产。经他调查，素书楼是当年蒋经国委托阳明山管理局所建，产权当属阳明山管理局，现在属于台北市政府的"市产"。两蒋的"威权时代"早已经过去，钱穆不能再依仗国民党的权势"非法霸占公共财产"，钱穆必须迁出素书楼。

这时陈水扁马上跟进，以书面质询方式强烈要求台北市府收回素书楼。他点名批判钱穆，给国民党政府与钱穆带来相当大的压力与羞辱。但作为国民党领袖的李登辉对"素书楼风波"装聋作哑，保持沉默。

这时钱穆夫人胡美琦不得不出来表态："我们并非想永久住在这栋房子里，因为钱先生对这房子已有很深厚的情感，加上最近身体状况又不好，希望能够等他心情比较平衡了，再行搬迁。"

此时，钱穆正在病中，所以胡美琦不敢详告。有一天夜里，胡美琦独自坐在楼廊上沉思，钱穆忽然起床走过来对胡美琦说："要是我再年轻几岁，宁可到国外去流浪。唉！可惜我现在已经太老了。"紧接着一声长叹。停了一下，他又说："我有一句话要交代你，将来千万不要把我留在

钱穆晚年在素书楼家中

这里。"又是一声长叹。胡美琦的泪水随着他的长叹而长流,为他感到无限辛酸。

此时钱穆的身体确实大不如前。据金耀基回忆,在钱穆从素书楼搬到杭州南路新居前不久,他去看他,"像往时一样,他坐在素书楼客厅同一位置,同一张红木椅上,面容消瘦,但那天精神比一年前所见似要好些,只是绝少开口了。记得他要了支烟,静静地抽着,听到我与钱夫人提到熟悉的事,他安安地点头,偶尔还绽露一丝笑容……近两三年来,钱先生的健康明显差了,记忆力也消退了,我已再也享受不到宾老昔日谈话之乐了"。

其实,周伯伦、陈水扁也明白,逼迫已经九旬高龄、在学术界享有崇高地位的一代大师搬出素书楼,虽然可以用来攻击国民党,但是弄得不好会激起民愤，因为谁都知道这并非钱穆"非法霸占"，而是蒋介石、蒋经国的礼遇，何况当时钱穆已经准备了建房之款。如果当时钱穆自己购地建屋，不但不必受陈水扁之流的气，房屋的价格已经在二三十年后涨幅达数十百倍了。

于是，周伯伦、陈水扁提出了一个匪夷所思的建议：在钱穆搬出素书楼之后，把素书楼改为"钱穆纪念馆"！此时，恰好有一些研究史学的年轻学者前往素书楼探视，为钱穆整理、校订旧作。钱穆问他们："这些人急着要这房子做什么？"年轻学者们答："要做纪念馆。"钱穆气愤地说："我活着不让我住，死了纪念我干什么？"

面对周伯伦、陈水扁的猛烈攻击，素来讲究士大夫尊严的钱穆为了维护自己的名节，毅然决定迁出素书楼，黯然离开这块伤心地。1990年6月1日，双目失明且已95岁高龄的钱穆搬出了居住了二十多年的素书楼，在台北市杭州南路辟屋居住。

三个月后，心情郁闷的钱穆于1990年8月30日在风雨交加的早晨病逝于杭州南路新寓所。一代大师隐入历史，享年96岁。

钱穆逝世的消息传来，士林震悼。台北《中央日报》在次日以"承传中华传统、创新中国文化——敬悼国学大师钱穆先生"为题对这位学人的学术贡献作了极高的评价。台湾当局，如宋楚瑜、毛高文等政府官员也纷纷前往钱宅吊唁。

钱门弟子及台湾学术界也纷纷发表文章，悼念这位国学大师。台湾政治大学哲学系教授沈清松撰文说："在风雨交加的日子里，钱宾四先生离我们而去，使我们这些曾在成长过程中读过他的书，听过他讲演的人，骤然感到生命中一阵撕裂的伤痛。翻开大学时代读过的《国史大纲》、《先秦诸子系年》、《中国近三百年学术史》，抚书思人，愈益感到今日逝去的，是一个不朽的生命。"

得知父亲去世的消息，钱穆的次子钱行、三子钱逊、长女钱易、幼女钱辉立刻申请赴台奔丧（此时长子钱拙已因病去世），准备参加9月26日在台北举行的公祭。

然而，台湾方面受到民进党的舆论诱导，各界关注的却是钱家后人是否会按照台湾官方规定，宣告脱离共产党后来台。这让钱家子侄左右为难，终究放弃申请来台奔丧，改往赶赴香港，参加9月30日在香港新亚书院举行的公祭。

"父死而子不能送终"，对于以慎终追远为文化传统的中国人来说，尤其对一生卫护中国传统文化的钱穆来说，不能不说是一场人间悲剧。

"一代儒宗八方共仰，两岸学子四海同悲。"钱穆逝世的消息传到大陆，他过去的同事、朋友，如冯友兰、贺麟、缪钺，学生如钱临照、邓广铭、胡厚宣、杨向奎、何兹全、张政烺、纽经义、郦家驹、钱树棠、吴沛澜、洪庭彦、戴执礼等人，中国和平统一促进会、中华孔子学会、无锡台胞联谊会，以及北京大学、清华大学、西南联大上海校友会等纷纷发去唁电，表达悼念之情。例如，中华孔子学会会长张岱年发去的唁电称：

宾四先生毕生弘扬我国固有文化，举世共仰。惊闻先生与世长辞，我代表中华孔子学会致以沉痛哀悼，祈节哀珍重。

钱穆学识广博，著作等身。按现代学科门类划分，他的治学范围广及史学与史学史、哲学及思想史、文化学及文化史、政治学与制度史、文学、教育学、历史地理学等，在人文学科中可以称得上是一位百科全书式的学者。按中国传统的分类法，其学问兼及经、史、子、集四部，是传统国学中的"通儒之学"。所以，有人把他称为"中国最后一位国学大师""最后一位读书人"，他的离去"代表着一个时代的结束，也是传统国学的终结,此后国学大师四字成为绝响"。

3个月后,1990年11月26日晚,冯友兰病逝于北京友谊医院。钱、冯同生于1895年,均享年96岁。民国学术大师中得此高寿的还有梁漱溟,比钱、冯二人长两岁,于1988年去世。随着三位世纪学人的相继归于道山,生于19世纪的民国一代学术大师,已全部隐入历史。海内外知识界舆论一时哗然。

钱穆的去世,也引发台湾社会对于周伯伦、陈水扁的强烈谴责。1994年,陈水扁当选为台北市长,"素书楼事件"始终是他无法遮掩的诟病。当"钱穆纪念馆"在素书楼开馆时,作为台北市长的陈水扁在讲话中反复表达了对钱穆的道歉。陈水扁的讲话如下:

今天我特别指定要来钱穆宾老纪念馆素书楼,以吊唁这一位"一代儒宗",我觉得我有这个义务和责任来向我们宾老说一声:"宾老不死,不是隐入历史,而是活在历史。"所以向他献花、致意,在心里我是这样来默祷,我是亲自来向宾老表达歉意和说声"对不起"。政府,特别是台北市政府,在过去做得不够,也许是由于一些杂音和压力,忽略了对一代儒宗所应该要有的特别的礼遇。我一直觉得当初让我们的宾老迁出素书楼搬到杭州南路的住宅,不到三个月的时间就离开我们,并且在八十一年(即1992年)归葬中国大陆的江苏太湖之滨,是我们最不愿意看到的事宜,但是这样的事实终究还是发生了。现在我有机会担任台北市行政首长的工作,我唯一能做的、应该做的、最想做的就是今天特地来宾老的铜像面前来跟他致歉,来跟他说一声"对不起",我希望未来类似事情的处理一定要非常审慎。

马英九主政台北市政府后,为钱穆遭受的不公平待遇继续致歉,并为钱穆平反。他强调,素书楼虽是市府财产,但登记为宾馆,是以招待重要贵宾的名义,邀请钱穆夫妇长期居住,因此毫无占用房舍的问题,而是台北市的莫大光荣。

2010年8月30日,为了纪念钱穆先生去世二十周年,国民党主席马英九来到素书楼,表达对钱穆的敬意。马英九说,他以饮水思源、追念大师的心情来参加追思会,但也很感慨,钱穆先生在蒋介石邀请下来台,却因政治因素被迫迁离居住二十余年的素书楼,以至于在搬迁后三个月辞世。他说,这段风波让他耿耿于怀,这是对文化的暴力,希望台湾再也不发生这样的事情。

此时正在养病的钱夫人胡美琦也在追思会上说,二十年来常想起先夫去世前写的一副春联:"尘世无常,性命终将老去;天道好还,人文幸得绵延。"她说,"这句话正是我此刻心境"。

五、归葬故里

"人言落日是天涯,望极天涯不见家。已恨碧山相阻隔,碧山还被暮云遮。"由于两岸的政治现实,自1949年钱穆南走香港,此生再也没有机会踏上故土,但他对故乡、亲人、师友的思念,始终魂牵梦萦,不能释怀。他盼望祖国能够早日和平统一,暮年能够归隐太湖之滨。

1981年,钱穆与长侄钱伟长在香港相见,侄子劝他回家乡看看。钱穆立下誓言说,如果活着不能回去,死后也要归葬故里。所以钱穆逝世后灵骨一直安放在台北永明寺,等待着魂归故里的那一天。

钱穆生前想归葬故里的遗愿,经过新闻媒体的报道,引起了有关部门、有关人士的关注。落叶要归根,大地敞开了胸怀。钱穆祖籍无锡,又曾在太湖之滨的江南大学任教;钱穆在苏州生活多年,他的名著《刘向歆父子年谱》、《先秦诸子系年》、《史记地名考》等都在苏州古城写成。所以，无锡、苏州两地都盼望这位学术大师的魂兮归来。

由于海天相隔，钱穆的子女在父亲身边的日子不多，一直以来以未能尽到孝道为憾。为了实现父亲生前的遗愿，他们决定帮助在台湾的继母在太湖之滨寻找一块墓地，作为父亲最后的归宿之地。

1990年11月27日，钱夫人胡美琦在大陆子女及长侄钱伟长的陪同下来到无锡西南的马山镇。他们考察了一个叫"龙头渚"的地方，四周环境清幽，眺望太湖，碧波万顷，水天一色，一望无际，是归葬的好地方。但胡美琦对子侄们说，这里虽好，却富有帝王气度，你们的父亲是一个清寒的读书人，不宜归葬于此。

离开马山后，一行人来到了无锡东南的鸿山。鸿山距钱穆的老家七房桥不远，可以说回到鸿山就是回到了老家。鸿山高十余丈，满山青松翠柏，紫竹红梅，景色宜人。山上有泰伯墓、梁鸿和孟光墓，都已被列为文物保护单位。钱穆幼年多次到此山拜祭先贤，他在晚年回忆中说："我家乡三四华里内，有一鸿山，亦名皇山。相传西周吴泰伯，逃避来此，即葬此山。东汉梁鸿孟光，亦隐居在此。每逢清明，乡人来此瞻拜祭奠者麇集。我幼年即常游此山。稍后读书愈多，于吴泰伯梁鸿，仰慕备至。"可见，钱穆对鸿山这一片故土是怀有深厚感情的。钱穆的子女认为这里也不错，但钱夫人说，鸿山再好，这里却有古迹，你父亲一个读书人怎么可以去占一席之地？

接着，他们来到了无锡东面的东山。东山是个半岛，在苏州吴县洞庭山东，周围五十余里，相传吴国伍子胥曾迎母居于此，名"胥母山"；又传隋朝将军莫匡曾居于此，又名"莫里山"。这里交通便捷，有公路直通苏州，且风光秀美，物产丰富，有着悠久的历史和深厚的文化底蕴。当地的领导称此地有一片果园的土地可以提供方便，果园原有办公用房、水、电、路都是现成的。园内环境优美，春天万紫千红，秋天硕果累累，唯一遗憾的是离湖远了些。也许是接受了"素书楼风波"的教训，钱夫人听后说，即便是能见到湖也不能要，因为这里是公家的地，我们去用不合适。

11月24日，钱夫人一行来到西山。西山在吴县西南太湖中，是太湖中最大的岛山，这里有被道教誉为"天下第九洞天"的林屋洞和明月湾、毛公埴、包山寺、石湖诸名胜。钱夫人来到西山后，很快就选中了俞家渡的那块石坡地，石坡面向东南，站到坡上，只见满坡的翠绿一直流向太湖边，农田掩映在茂密的橘树、银杏、枇杷、杨梅等果树丛中，湖中有小岛两三座点缀其间，近山青翠，远山如烟，间或有驶过的小船划破宁静的湖面，更增湖光景色。此地此景，与钱穆夫妇在香港沙田的旧居所见颇有相似之处，这怎不令钱夫人喜出望外。

"太湖三万六千顷，一日相思十二时。"当年钱穆夫妇居沙田和风台八年，伉俪情浓，在楼廊中观海赏月时，曾多次谈到过那烟波浩渺的太湖，谈起有朝一日能在太湖边建一小屋安度晚年。所以，当钱夫人站在半山腰这块石坡地上，不到三分钟就选中了这块地方。

1992年1月7日，钱夫人在钱穆居台时期的学生辛意云、钱穆生前的秘书邵世光的陪同下护送丈夫的灵骨，由台北经香港飞上海，于傍晚到达苏州。1月8日，在灵岩山寺做了一天安魂法会，当晚灵骨到西山"入室"。

1月9日是既定的安葬日期。前两天，时阴时雨，令人担心。子女们都希望当天不要下雨。没想到天从人愿，真的晴了。随着从北京赶来的钱伟长夫妇及在苏州的其他亲人陆续到达，葬礼于上午11时正式开始。

葬礼以传统家祭礼仪举行。墓中的随葬品是一包书。钱穆一辈子从事教学、著述工作，著作等身。从这些著作中选出一部分代表作，共有《先秦诸子系年》《中国近三百年学术史》《论语新解》《国史大纲》《新亚遗铎》《朱子学提纲》《现代中国学术论衡》《中国历代政治得失》《中国文化史导论》《理学六家诗钞》《庄老通辨》《中国文学论丛》《双溪独语》《八十忆双亲·师友杂忆合刊》等十四种。由这些书陪伴钱穆长眠地下。

钱穆一生质朴，是笃实型学者的典型，而他墓碑的质朴也如同他的笃实为学一样显得朴实无华，简洁方正的墓碑正中仅刻有"无锡七房桥钱穆先生之墓"11个大字。镌刻的文字，是选择台北故宫博物院馆藏碑帖中的隶书体复制后，由吴县工匠刻制而成。墓地也很简单，几级台阶，一圈围栏，前置条案，旁种松柏，如此而已。行人走过只会匆匆看上一眼，谁又会想到墓中的这位老人曾在中国现代学术史上留下了如此辉煌的篇章呢。

吴县海外联谊会、台办、教育局、文化局、文联、西山石公中学、石公中心小学，以及西山镇海外联谊会等单位致送了花圈，并有代表在墓前行礼。参加葬礼的孙辈，除了孙女钱婉约外，都没有见过祖父（外祖父），没有亲聆过爷爷的教诲。当天晚上，钱夫人特地请辛意云讲述他们祖父（外祖父）的学问与为人。大家怀着敬仰和沉痛的心情，肃静恭听辛意云的介绍，对其先祖的一生，有了较为具体的了解，深受教益和鼓舞。

钱穆的墓地背山临湖，面向东南，从山中放眼远眺，太湖之水静静地从山脚涌过，泛起微波，湖光山色，相映成趣。钱穆临终前对中国文化的"天人合一观"有了全新的体悟，此时他静卧在湖天之间，眼观群山，耳听水声，和他挚爱的祖国山水真正地相融为一了。

六、不朽的生命

春秋时期,鲁国大夫叔孙豹提出了"三不朽"的信念:"太上有立德,其次有立功,其次有立言,虽久不废,此之谓不朽。"(《左传·襄公二十四年》)从此以后,"三不朽"逐渐成为儒家士大夫心目中最神圣的价值追求。

钱穆一生立志要做一个中国传统的"士"。传统士大夫毕生追求的最高人格理想就是"立德、立功、立言"的三不朽。对此,钱穆解释说:"所谓立德立功立言,推其用意,只是人死之后,他的道德事功言论依然留在世上,便是不朽。所谓留在世上者,明白言之,则只是依然留在后世人的心里……"(钱穆:《灵魂与心》,第23页,台北联经出版事业公司1976年)又说:"中国人的不朽,不在小我死后之灵魂,而在小我生前之立德,立功,立言,使我之德,功,言,在我死后,依然存留在此社会,在此人群之中。"

简单地说,"立德"系指道德操守而言,"立功"乃指事功业绩,而"立言"指的是著书立说,传于后世。无论"立德"、"立功"或者"立言",其实都旨在追求某种"身后之名"、"不朽之名"。而对身后不朽之名的追求,正是古圣先贤超越个体生命而追求永生不朽、超越物质欲求而追求精神满足的独特形式。

作为中国最后一代士大夫中的代表,钱穆承继并实践着传统士大夫所信仰的"三不朽"。他曾对学生们说:"在我的青年时代,正是满清末年,当时的一般父兄师长,通常是以诸葛亮、王阳明、曾文正,这三位道德、文章、事功兼备的人物,作为勉励子弟们师法的楷模。我一径遵奉诸葛武侯的'谨慎',王阳明的'知行合一',曾文正的'扎硬寨,打死仗',作为做人的格言,生平受他们三位先贤的影响最深。"

具体来说,从立德而言,钱穆一生表现出了强烈的爱国主义精神和"以天下兴亡为己任"的文化担当精神。他的一生,与中国甲午战败以来的时代忧患相终始,所以他的治学,蕴含着强烈的民族意识和民族感情。他多次提到自己年轻时,因读到梁启超"中国不亡"这句话,才开始注意研究中国历史,他要在中国历史中为"中国不亡"寻找确定的答案。

他自述说:余对中国传统文化之深博伟大,所知甚浅。然自问爱国热忱,则自幼年迄于今兹,从未后人。凡我所讲,无不自我对国家民族之一腔热忱中来。他的著述讲演,无不是"在不断的国难之鼓励与指导下困心衡虑而得"。

他不辞辛劳地讲学、办校、教书育人、著书立说,把全部的爱心、情感、智慧、生命都奉献给了中华民族的文化伟业。他是中国文化坚定的捍卫者、弘扬者,他毫不掩饰他一辈子传道授业,目的就是要为中国文化招魂。尽管他对中西文化比较研究所得出的一些结论存在争议,他的一些思想主张与这个时代多少也有一些隔膜和疏离之处,但是他维护和弘扬中国文化的热忱和勇气令人感佩。

所以金耀基在纪念钱穆时写道:"宾四先生的一生,承担是沉重的,他生在文化倾圮、国魂飘失的历史时刻,他写书著文有一股对抗时流的大力量在心中鼓动。他真有一份为往圣继绝学的气魄。"(金耀基:《敦煌语丝》,第119—120页)而著名学者霍韬晦也说:"在迷惘的时代,能够终生不渝地捍卫中国文化,并显示读书人的风骨,钱穆先生堪称楷模。他一生爱国家、爱民族,虽然从不涉及政治,但是没有一天忘记注意指出历史上治学者对于天下治乱用心之所在。"

从立功而言，钱穆虽然没有像他崇敬的诸葛亮、王阳明、曾国藩等古圣先贤那样建立治国平天下的伟业，但"也是一个非常能干的行动者"。面对欧风美雨的侵袭和中华民族精神的泯丧，钱穆不顾一介书生的弱小之力，大声呼唤民族精神之魂，孜孜不倦地培养"新国士"，为中国文化复兴招募义勇兵。其心也忠，其志也坚，其业也伟，其路也难。

尤其是1949年来到香港后，在艰难困苦之中，他赤手空拳创办了新亚书院。通过坚持不懈的讲学，传播思想，培养贤才，使新亚书院成为弘扬中国文化的重镇。在中国近现代教育史上，由学者出任大学校长、兴办教育成绩卓著者不乏其人，但像钱穆这样白手起家，凭着一股"扎硬寨、打死仗"的苦撑苦熬精神创办书院，并使其在国际上享誉盛名者却鲜有其人。

新亚书院并入香港中文大学是它在发展过程中的一个里程碑，而且在香港教育史上也是一件破天荒的大事，它不仅打破了殖民地只设一所大学的旧规，更因此以中文授课，也打破了殖民地政府官办大学只以英语为官方语言的惯例，为在香港这块文化沙漠上保存和传播中国文化起了重要作用。

钱穆一生以教育为业，执教75年，培养了大批弟子，这批弟子遍布学林，又各自培养了自己的学生……虽然钱先生弦歌已止，但无数的接棒者——现在、未来的弟子门生，必将承其无穷余音，使未学斋（钱穆早年的书斋名，钱穆自号"未学斋主"）的书香越来越浓，越飘越远，从而使中国文化的精神生生不息，薪火相传。

从立言而言，钱穆精通经史文学，擅长考据，一生勤勉，著述不倦。他去世后，钱夫人及钱氏门人搜集、整理成约1700万言的《钱宾四先生全集》三编（甲编：学术思想，乙编：史学，丙编：文化人生及其他杂著），共54巨册，1998年由台北联经出版事业公司出版。2011年，作为海峡两岸出版交流中心筹划引进的重要项目,《钱穆先生全集》"一字不改"地以"繁体直排"的方式在中国大陆发行。这套全集出版后,成为学术界的畅销书,成为国人争相观摩学习的新经典。

对于钱穆著述的价值,他的弟子严耕望作出了较为公允的评价,他说:

近六十年来,中国史坛甚为兴盛,名家大师辈出。论根底深厚,著作宏富,不只先生一人;但先生才气磅礴,识力深透,文笔劲悍,几无可伦比。直到晚年,后辈学人从先生问学,仍常感到先生思如泉涌,能随时提出新观点。退而思之,大多实有理据,并非恣意想象之说。惟先生天分太高,所提论点,往往如天马行空,读者未必人人都能理解,都能接受。但先生任何论点,多富启发性,好学深思者读先生书,不论能否接受,皆能获得一些启示,激发读者别开蹊径,不致执着,拘守成说,不能发挥。此为先生著作除了建立本身论点之外,对于史学教育之另一项贡献,殊为难得。先生今以九六高龄谢世,亦标识前一辈史学界之落幕。先生虽已作古,但遗留述作极为丰富,供今后学人含英咀华,必将有更深远之影响!

对于自己学术的传世,钱穆生前也是自信满满。他说:"自古以来的学人很少有及身而见开花结果的。在今天讲文化思想,似乎不像科学家的发明,不论别人懂与不懂,即可获得举世崇拜,因为科学有一个公认的外在价值,而讲文化思想只有靠自己具有一份信心来支持自己向前,静待时间的考验,来给予公平的裁判,而且他会使我们的生命充满了意义,具有了价值。"钱穆自信他对中国传统文化的认识,可以经得起时代的考验,百年后自有公论。

钱穆曾说过:"古来大伟人,其身虽死,其骨虽朽,其魂气当已散失于天壤之间，不再能搏聚凝结。然其生前之志气德行、事业文章，依然在此世间发生莫大之作用。则其人虽死如未死，其魂虽散如未散，故亦谓之神。"

这段话同样也适用于钱穆自己。他虽然离开了人世，但他的志气道德、事业文章将留传后世，流布于天壤之间，发生莫大之作用。

《中庸》有言，"君子之道，暗然而日彰"，意思是说，君子的道深藏不露而日益彰明。钱穆先生一生为故国招魂，如果中国传统文化还有魂兮归来的一天，一定会有更多的人翻阅他的著作，倾听他的声音！他也将活在更多人的心中……

主要参考书目

（一）著作

钱穆：《八十忆双亲·师友杂忆》，北京：生活·读书·新知三联书店，1998年。
钱穆：《八十忆双亲·师友杂忆》，北京：九州出版社，2012年。
钱穆：《国史大纲》，北京：商务印书馆，2002年。
钱穆：《国学概论》，北京：九州出版社，2011年。
钱穆：《国史新论》，北京：生活·读书·新知三联书店，2001年。
钱穆：《论语新解》，北京：生活·读书·新知三联书店，2002年。
钱穆：《钱宾四先生全集》，台北：联经出版事业公司，1998年。
陈勇：《钱穆传》，北京：人民出版社，2001年。
陈勇：《国学宗师钱穆》，北京大学出版社，2007年。
胡美琦：《楼廊闲话》，北京：九州出版社，2012年。
钱伟长：《跨越世纪——2000年至2001年文集》，上海大学出版社，2002年。
钱行：《思亲补读录——走近父亲钱穆》，北京：九州出版社，2011年。
徐国利：《一代儒宗——钱穆传》，武汉：湖北人民出版社，2011年。
李振声主编：《钱穆印象》，上海：学林出版社，1997年。
无锡县政协编：《钱穆纪念文集》，上海人民出版社，1992年。
李木妙编撰：《国史大师钱穆教授传略》，台北：扬智文化事业股份有限公司，1995年。

严耕望:《治史三书》,上海人民出版社,2011年。

严耕望:《怎样学历史——严耕望的治史三书》,沈阳:辽宁教育出版社,2006年。

韩复智:《钱穆先生学术年谱》,北京:中央编译出版社,2012年。

李埏:《不自小斋文存》,昆明:云南人民出版社,2001年。

金耀基:《敦煌语丝》,北京:中华书局,2011年。

杨绛:《杂忆与杂写》增订本,北京:生活·读书·新知三联书店,2010年。

张耕华:《人类的祥瑞——吕思勉传》,上海:华东师范大学出版社,1998年。

罗义俊:《现代新儒家学案Ⅱ·钱穆评传》,北京:中国社会科学出版社,1995年。

郭齐勇、汪学群:《钱穆评传》,南昌:百花洲文艺出版社,1995年。

汪学群:《钱穆学术思想评传》,北京图书馆出版社,1998年。

印永清:《百年家族——钱穆》,石家庄:河北人民出版社,2003年。

邓尔麟:《钱穆与七房桥世界》,北京:社会科学文献出版社,1995年。

王泛森:《近代中国的史家与史学》,上海:复旦大学出版社,2010年。

陆玉芹:《未学斋中香不散:钱穆和他的弟子》,广州:广东教育出版社,2007年。

张建安:《低学历的五大师》,北京:商务印书馆,2012年。

朱维铮:《走出中世纪二集》,上海:复旦大学出版社,2008年。

杨树达:《积微翁回忆录》,北京大学出版社,2007年。

周为筠:《在台湾——国学大师的1949》,北京:金城出版社,2008年。

郭齐勇:《守先待后:文化与人生随笔》,北京师范大学出版社,2011年。

陈平原、夏晓红编:《北大旧事》,北京大学出版社,2009年。

王大鹏编:《百年国士》,北京:中国文联出版社,1998年。

周勇:《江南名校的中国文化教育》,北京:教育科学出版社,2008年。

张晓唯:《今雨旧雨两相知:民国文化名人史事钩沉》,天津:百花文艺出版社,2005年。

(二)论文

葛兆光:《1895年的中国:思想史上的象征意义》,《开放时代》,2001年第1期。

罗义俊:《论士与中国传统文化——钱穆的中国知识分子观》,《史林》,1997年第4期。

陈勇:《钱穆与新考据派关系略论——以钱穆与傅斯年的交往为考察中心》,《上海大学学报(社会科学版)》,2007年第5期。

陈勇:《和而不同:民国学术史上的钱穆与顾颉刚》,《暨南学报(哲学社会科学版)》,2013年第4期。

陈勇、兰永海:《贺麟与钱穆》,《宜宾学院学报》,2013年第10期。

陈勇、张慧:《中国现代史学学脉的传承——吕思勉与钱穆》,《中国图书评论》,2010年第11期。

陈勇、张云孟:《论钱穆与陈寅恪的交谊与学术》,《中国图书评论》,2012年第5期。

王晓黎:《钱穆论"中国文化的精神"》,《贵州大学学报:社会科学版》,2012年第6期。

王晓黎:《"君子不器"——钱穆"士"思想研究》,《鲁东大学学报(哲学社会科学版)》,2009年第2期。

何晓明:《论钱穆学术研究的内在理路》,《江海学刊》,2013年第2期。

谢进东:《"士"与钱穆的文化历史观》,《求是学刊》,2014年第2期。

罗智国:《钱穆的教育理念与新亚精神》,《齐鲁学刊》,2009年第3期。

张先飞:《钱穆与中国现代学术史体制的创制——以〈国学概论〉为中心》,《史学月刊》,2008年第8期。

任剑涛:《文化卫道与政治抉择——以徐复观、钱穆为例的讨论》,《文史哲》,2007年第2期。

高美苏:《民国史学家钱穆与傅斯年》,《兰台世界》,2014年第1期。

郑大华:《抗战时期钱穆的文化复兴思想及评价》,《齐鲁学刊》,2006年第2期。

翁有为:《求真乎？经世乎？——傅斯年与钱穆学术思想之比较》,《文史哲》,2005年第3期。

陈启云:《中国人文学术的近代转型——胡适、傅斯年和钱穆个案》,《河北学刊》,2010年第1期。

蔡慧昆:《钱穆〈论语〉学述论——以治学历程及方法为主轴》,《逢甲人文社会学报》,第14期,2007年6月。

卢元伟:《钱穆七房桥世界的前世今生——兼评〈钱穆与七房桥世界〉》,《中国图书评论》,2011年第9期。

孔祥增:《文化两昆仑：钱基博与钱穆》,《船山学刊》,2009年第4期。

陈东辉、钱谷:《经世致用与宏博会通——钱穆治学精神之精髓》,《南京师范大学文学院学报》,2006年第1期。

魏兆锋:《钱穆告别杏坛时间考》,《兰台世界》,2012年第22期。

李帆:《从〈刘向歆父子年谱〉看钱穆的史学理念》,《史学史研究》,2005年第2期。

李桂花:《钱穆〈刘向歆父子年谱〉与现代疑古运动》,《思想战线》,2001年第4期。

赖晨:《顾颉刚力荐钱穆入大学任教》,《湖北档案》,2012年第10期。

傅宏星:《钱穆〈师友杂忆〉三师事迹补正》,《长沙理工大学学报(社会科学版)》,2012 年第 4 期。

严红:《钱穆与中国文化传承问题研究——新亚书院与新亚精神》,《沈阳教育学院学报》,2011 年第 4 期。

何仁富:《钱穆、唐君毅对新亚校训"诚明"的释义》,《湖南科技学院学报》,2007 年第 11 期。

山秋:《慈爱与严厉之间——钱穆父亲钱承沛的教子之方》,《中华家教(上半月)》,2013 年第 5 期。

吴亚明:《探访国学大师钱穆先生故居》,《两岸关系》,2010 年第 12 期。

郑善庆:《房谋杜断?——论钱穆与顾颉刚的分野》,《书屋》,2010 年第 8 期。

刘桂秋:《新发现的钱穆佚文〈与子泉宗长书〉》,《江南论坛》,2005 年第 4 期。

胡美琦:《中国文化对人类未来可有的贡献》之《后记》,《联合报·副刊》,1990 年 10 月 26 日。

刘悠扬:《钱穆和新亚的"桂林街时代"》,《深圳商报》,2014 年 4 月 28 日。

刘悠扬:《钱穆为何离开新亚书院》,《深圳商报》,2014 年 4 月 30 日。

叶龙:《钱穆和他精选的〈四部选粹〉推想》,《深圳商报》,2014 年 4 月 29 日。

叶龙:《钱穆老师写给慷烈师六十封信读后》,《深圳商报》,2014 年 4 月 30 日。

吴娟:《新亚 60 周年传承新儒学的一脉香火》,《时代周报》,2009 年 12 月 11 日。